歴史文化ライブラリー

465

埋葬からみた古墳時代

女性・親族・王権

清家 章

JN203915

吉川弘文館

目　次

女性首長の墓が語るもの——プロローグ

1　女性首長の墓が語るもの

二〇一五年九月、一五年来の念願だった熊本県宇土市向野田古墳（むこうのだこふん）の女性人骨と対面した。これまでにもレポートされていたとおり、壮年の華奢（きゃしゃ）な女性だった（図1）。

向野田古墳は、残存長八九メートルを測る前方後円墳である。前方部が一部破壊されていたので、墳丘はそれよりも大きかったと考えられる。一〇〇メートル級前方後円墳と呼んで良い。古墳時代前期の産物で、女性首長墳の代表的事例である。詳しくは次章以降で述べるが一〇〇メートル級前方後円墳は複数の首長を束ね、律令時代における郡の半分程度の領域を代表する盟主的古墳である。このような勢力を持つ女性首長が古墳時代前期には一般的に存在した（今井一九八二・清家二〇一〇）。古墳被葬者のイメージは、男性被葬者を思い浮かべることが多いが、それは間違いだ。女性首長は古墳時代前期には一般的に存在したし、首長層だ

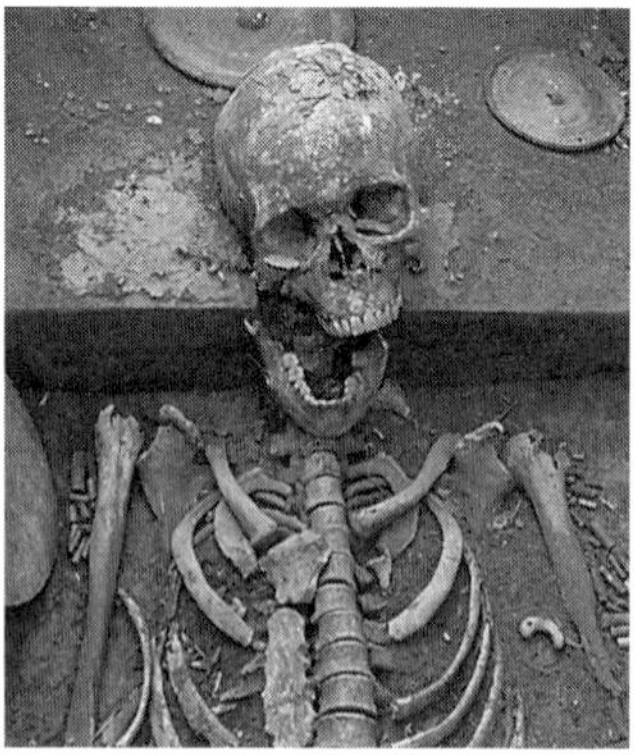

図1　向野田古墳の女性人骨

けでなく一般層（非首長層）でも女性のリーダーは活躍していた。ただ、そのような女性の地位が変化するのも古墳時代である。本書は古墳被葬者の性別・親族関係から、古墳時代における男女の地位とその変化、さらには王位継承のあり方に迫ろうとするものである。

本書は大きく二部から構成される。前半の「埋葬原理研究のこれまで」から「首長墳の埋葬原理」では、埋葬施設・副葬品・人骨研究から古墳時代の親族や首長について問うものである。とくにこれまで軽視されていた被葬者の性別に注目して記述を進めていく。

後半の「大王墓の埋葬原理」と「埋葬原理研究からみた『王朝交替論』」では、前半での検討をもとに王権、とくに王位継承とそれに付随するいわゆる「王朝交替論」について私見を示す。詳しくは本文で示すが、近年では「王朝交替」を認める研究者は少数だが、古墳時代に「王統」や「政権」の交替やそれにともなう政治的変動があると説く者は多い。これまで「王朝交替論」では、王墓の築造位置や王宮の所在地が考古学的には問題にされてきた。しかし、「王朝」なり「王統」なり「政権」を検討する際には、王位の継承のあり方を分析することが不可避であろう。その視点がとくに考古学には欠けていた。前半で首長位の継承を分析した上で、それを基礎に王位の継承を考えてみたいのである。そういった意味では前半は実証的であるが、後半は試論的性格を持つ。ただそれは荒唐無稽な試論ではない。実証的研究を基礎とした試論なのであって可能性の高い議論だと考えている。読者の皆さんには批判的読解をお願いしたい。

埋葬原理研究のこれまで

古墳の被葬者は何人か

古墳の埋葬原理

埋葬原理という聞き慣れない用語が冒頭から出てきた。埋葬原理とは、古墳に葬られる人びとの埋葬にかかわるルールのことである。とくに被葬者の性別・年齢、被葬者どうしの関係（親族関係）にかかわるルールを指す。すなわち、古墳にはどちらの性別の、何歳の人がどのような順位で葬られているのか、そして被葬者どうしの親族関係はいかなるものか、これを明らかにすることが埋葬原理を研究するということである。

「それがどうした？」と、問う方もいるだろう。しかし、プロローグで紹介したように一〇〇メートル級前方後円墳の中心埋葬に成人女性が葬られる事実を知れば、埋葬原理が古墳社会を明らかにする手がかりになることは容易に想像されよう。古墳の中心に女性が多く埋葬されうる社会と、その埋葬の被葬者が男性に限定される社会では、男女の地位や家族のあり方が大きく異なることが予想されるからだ。

古墳の複数埋葬

私は「古墳に葬られる人びと」と書いた。そう、古墳には複数の人間が葬られることが一般的である。これを多葬、あるいは複数埋葬といったりする。本書では複数埋葬の語を用いる。これに対し、被葬者が一人の場合は単体埋葬や単葬という。

私が学生のころは、とくに首長墳は単体埋葬が基本と考えられており、そのように述べるテキストや論文があった。「たった一人の人物のために古墳は築造された」というイメージで語られていたのであった。しかし、調査と研究が進むにしたがって、単体埋葬の古墳はかえって少ないことが明らかとなってきた。それまでは古墳の中心部に注目が集まっていたが、その後、中心部以外の古墳平坦面や墳丘斜面、そして周溝の内外が詳しく調査されるようになり、複数埋葬の古墳が一般的であることが明らかとなっていったのだ。古墳時代終末期を除くと複数埋葬はむしろ普通なのである。

現在知られている最多の複数埋葬は長野県森将軍塚古墳（もりしょうぐんづかこふん）で、この古墳は珍しく長期にわたって埋葬が行われる事例で、計八一基の埋葬が検出されているのである（図2）。森将軍塚古墳の事例はかなり極端でレアなケースであり、被葬者は二人から数人が多い。た

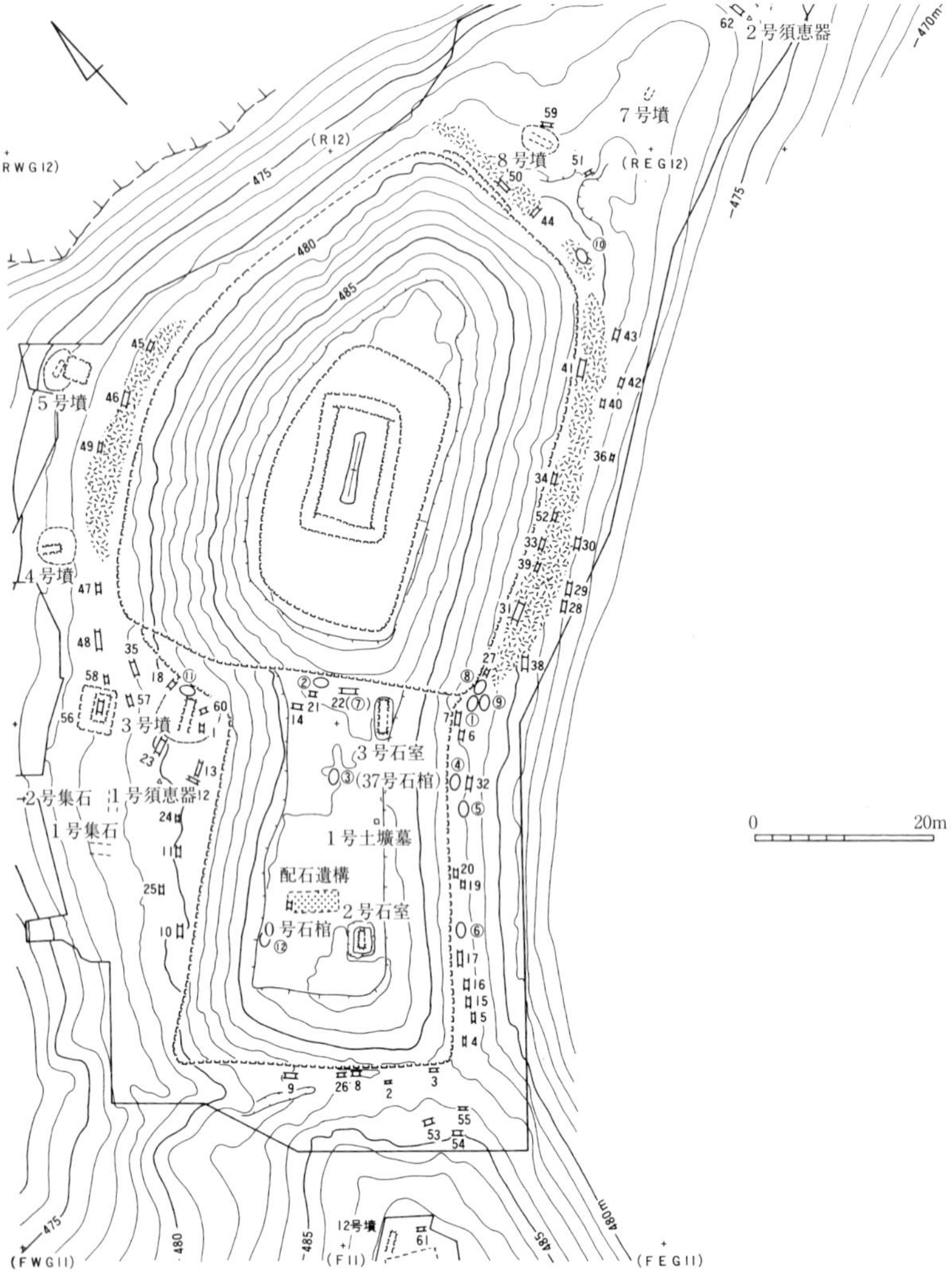

図2　森将軍塚古墳の複数埋葬

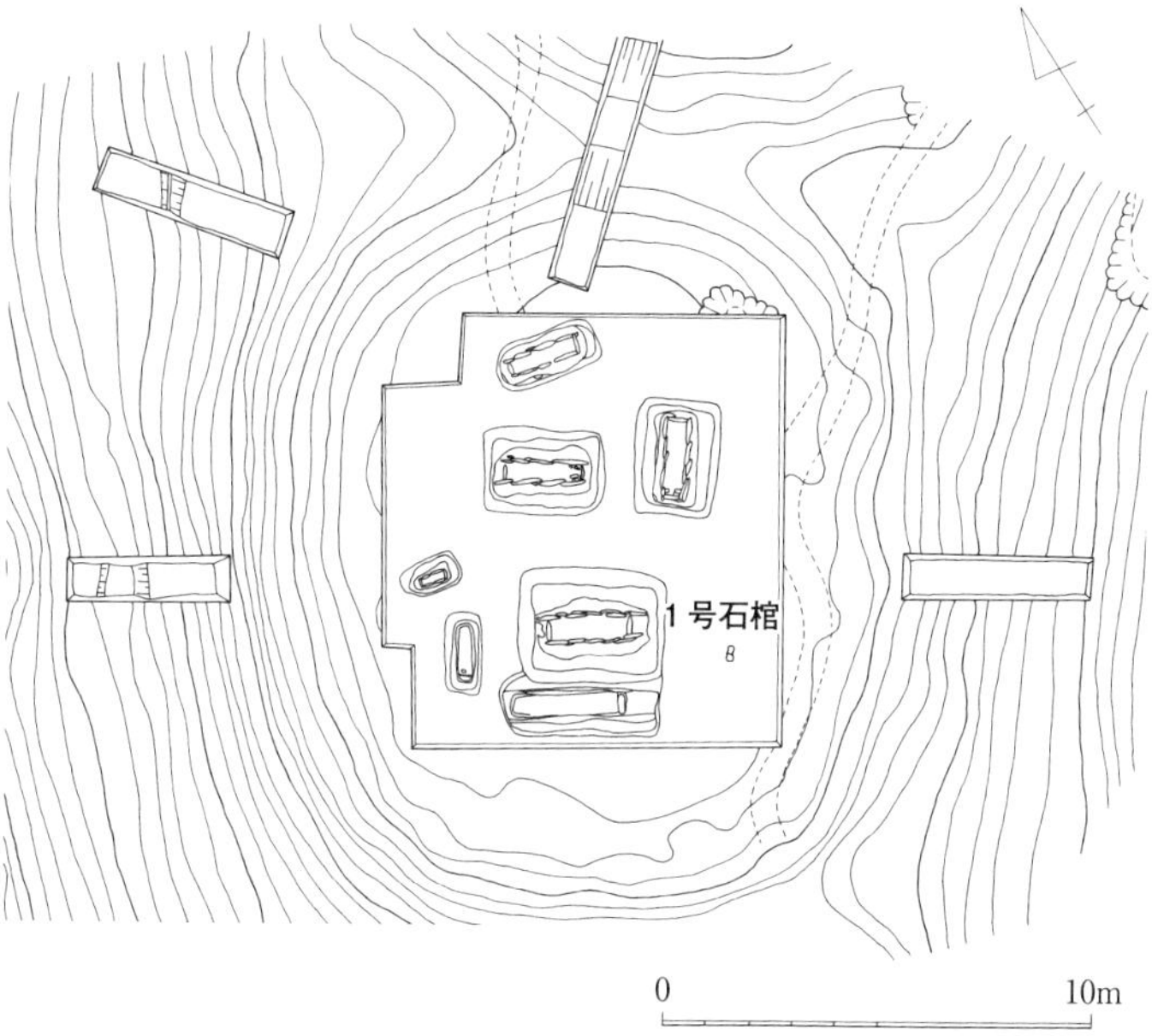

図3　糸谷3号墳埋葬施設配置

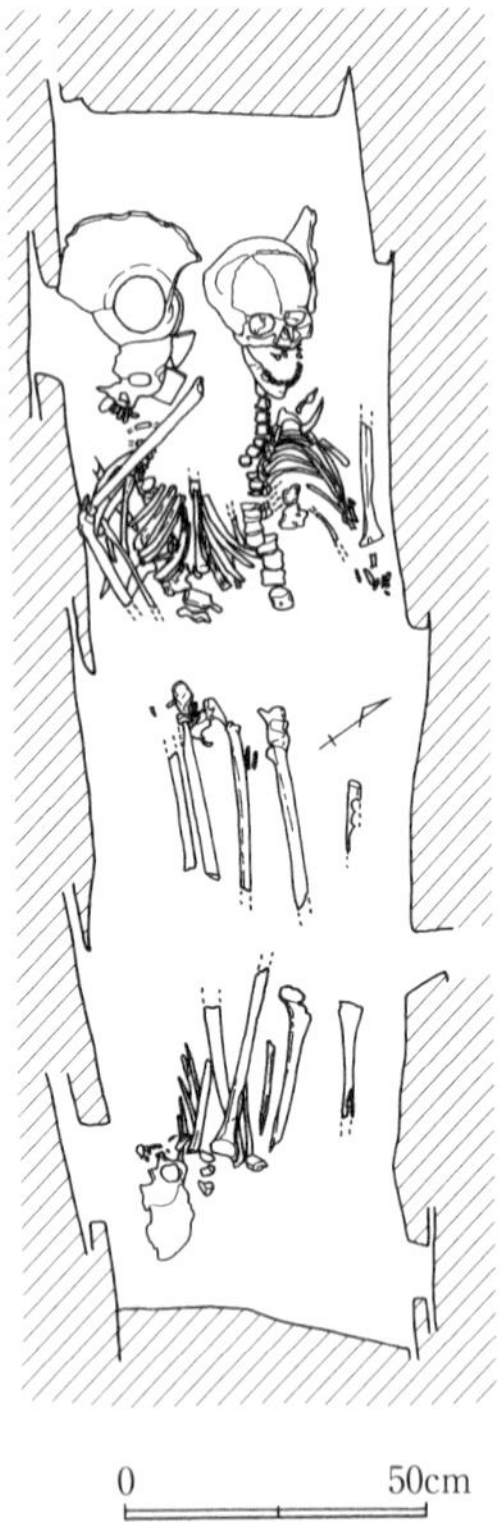

図4　糸谷3号墳1号石棺の出土人骨

とえば、六世紀の豪華な馬の鞍をはじめとして国際色豊かな副葬品で有名な奈良県藤ノ木古墳では、未盗掘の家形石棺に成人二名が埋葬されたことが知られている。そうかと思うと鳥取県の糸谷三号墳は一辺二〇メートルの方墳であるが、墳頂部に八基の埋葬施設が配置されていた（図3・4）。

用語と定義

複数埋葬の種類

このように複数埋葬にもいくつか種類がある。その種類について分類を示しながら紹介していこう。石部正志（いしべまさし）は早くから複数埋葬の研究を行い、その分類案を示している（石部一九六一）。石部案は良くできているが、竪穴系か横穴系かをあまり意識していないので、竪穴系と横穴系を意識しつつ石部分類を筆者風にまとめ直すと、複数埋葬は図5のようになる。

竪穴系とは竪穴式石室・粘土槨（ねんどかく）・石棺直葬・木棺直葬など、文字通り竪穴を掘って棺や棺を納める石室あるいは粘土槨を造り、石室や槨全体を埋めてしまう埋葬施設である。それに対し横穴系とは、横穴式石室や横穴墓などのように、棺や遺体を納める部屋（玄室（げんしつ））につながる通路（羨道（せんどう））を持つ埋葬施設である。前者は土中にあるため追葬が困難である

【竪穴系埋葬施設】

- 単体埋葬墳
- 複数埋葬墳
  - 単体多棺タイプ
  - 同棺複数埋葬タイプ
  - 複合タイプ

【横穴系埋葬施設】

- 1室タイプ
  - 単体多棺タイプ
  - 同棺複数埋葬タイプ
  - 複合タイプ
- 複室タイプ
  - 単体多棺タイプ
  - 同棺複数埋葬タイプ
  - 複合タイプ

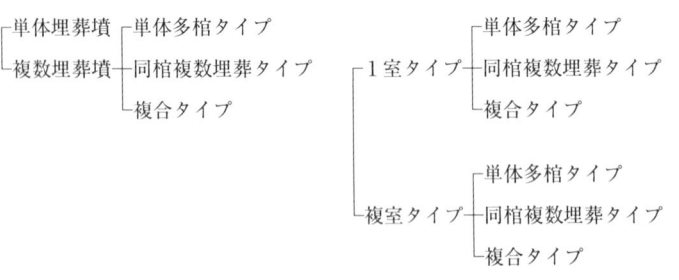

図5　複数埋葬の主な種類

が、後者は通路の入り口を開ければ何度でも玄室に入ることが可能である。竪穴系と横穴系は、追葬の有無を含めて祭祀のあり方や棺の数・配置など、埋葬形態が大きく異なることが指摘されている。

竪穴系の中には、きわめてまれであるが古墳にたった一つの埋葬施設しかなく、その埋葬施設にも一人しか葬られない場合があるので、これを単体埋葬と呼ぶ。一基の古墳にどのような形であれ複数の被葬者がいれば複数埋葬と呼ぶ。複数埋葬の中には一人用の棺（単体棺）が複数配置される事例がある。これを単体多棺タイプと呼ぶ。一基の棺に二体以上の被葬者が納められる場合があるが、これを同棺複数埋葬タイプと言う（図4）。時には単体棺と同棺複数埋葬が混在するタイプがあるので、これを複合タイプ呼ぶ。先に挙げた糸谷三号墳（いとだにさんごうふん）は、三体の人骨が納められた一号石棺をはじめとして、同棺複数埋葬の棺と単体棺が混在していた（図3）。糸谷三号墳は複合タイプなのである。

横穴系は、一基の古墳に横穴式石室が一基あるものと複数の石室が築かれるケースがある。前者を一室タイプ、後者を複室タイプと呼ぶ。そして、そのそれぞれの石室に単体多棺タイプ・同棺複数埋葬タイプ・複合タイプが存在する。先の藤ノ木古墳は墳丘に一基の横穴式石室があり、その横穴式石室に一基の家形石棺があって、その中に二人の被葬者がいた訳なので一室・同棺複数埋葬タイプとなるのである。

また少数であるが、横穴系と竪穴系の埋葬施設が古墳に共存する場合がある。これを横穴系・竪穴系複合タイプとする。近畿では横穴式石室導入期の六世紀に多く、私が調査に携わった兵庫県勝福寺古墳（しょうふくじこふん）は後円部に二基の横穴式石室、前方部に二基の木棺が配置されていた。

用語・年代の定義

本書は古墳時代を主として扱う。古墳時代は巨大な前方後円墳が出現し、それが終焉するまでを言う。おおよそ三世紀半ばから六世紀末までを指す。七世紀以降もマウンドを持つ墓は存在する。たとえば奈良県のキトラ古墳や高松塚古墳（たかまつづかこふん）などがそれである。これらは終末期古墳として知られ、七世紀を古墳時代終末期として取り扱うこともある。私は、原則として六世紀末までを古墳時代として理解している。巨大な前方後円墳の出現が古墳時代の始まりの画期であるとされているので、その終焉も巨大な前方後円墳の消滅に求めるべきだと考えるからである。七世紀は美術史の時代区分を借りて飛鳥時代と呼ぶべきだと考えているが、本書では三世紀から七世紀の墳墓を取り扱うので、いちいち古墳時代と飛鳥時代に分けて記述するのはたいへん煩雑である。したがって、ここでは便宜的に七世紀を終末期と呼ぶことにする。古墳時代前期は三世紀中頃〜四世紀後葉まで、中期は四世紀後葉〜五世紀までを指し、後期は六世紀、そして上述のとおり終末期が七世紀である。

埋葬施設の位置関係による呼び方も定義しておこう。被葬者の地位や互いの関係はその配置される場所にも反映される。とくに重要なのは古墳の中心部の埋葬である。この埋葬はもっとも早くに設置され、埋葬施設はもっとも重厚で丁寧な作

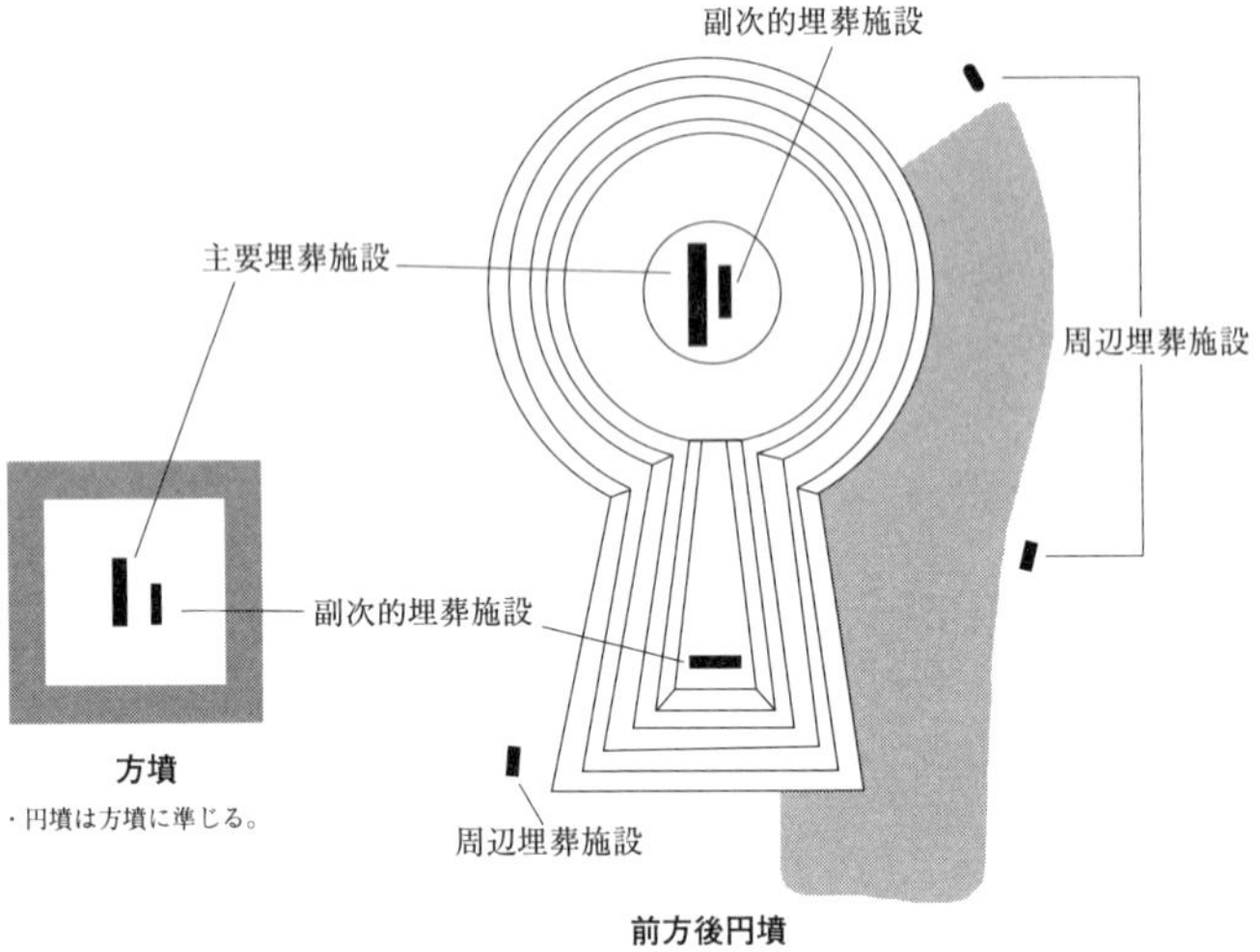

図6　埋葬施設の名称

りであり、副葬品も豊かである。この埋葬施設を主要埋葬と呼び、墳丘の主要平坦面に設置されたその他の埋葬施設を副次的埋葬施設と呼ぶ（図6）。また、墳丘斜面・裾ならびに周溝の内外に設けられた埋葬施設を周辺埋葬施設あるいは周辺埋葬墓とする。

人骨の年齢表記

本書では、考古資料・文献史料とともに古墳から出土する人骨も分析の対象となる。人骨から被葬者の年齢・性別が明らかとなる。被葬者間の血縁関係が判明することもある。古人骨の分析のあり方については片山一九九〇、馬場編一九九八、谷畑・鈴木二〇〇四等に詳しく書いてあるので参考にしていただければ良い。ただ、年齢表記については本書で頻繁に出てくるので、改めて記しておく。

乳児（〇―一歳未満）
幼児（一―五歳）
小児（六―一五歳）
成年（一六―二〇歳）
壮年（二〇―三九歳）
熟年（四〇―五九歳）
老年（六〇歳以上）

ただし、人骨による年齢の判定は、未成人のそれはかなり細かく判定が可能である一方、成人の判定は難しく、表記の年齢幅が大きいことは注意が必要である。たとえば壮年と熟年の間が四〇歳できっちり区分されるものではない。あくまで目安と考えるべきだろう。

田中良之の基本モデルと課題

被葬者の親族関係を分析する

古墳で複数埋葬が見つかると、夫婦を中心とした核家族であるという想定がなされることが一九九〇年代までは多かった。とくに成人用の棺が並んで検出されると、人骨がなくても夫婦であると理解されることが多かったのである。それは現代の家族観や埋葬観から推測されていただけで、実のところ被葬者間の関係を問う根拠は何もなかったのであった。

「人骨がなくとも」と書いたが、古墳で人骨が遺存していることは実はまれである。日本の気候は湿潤で微生物が繁殖しやすく、有機物（この場合は遺体）は分解されやすい。さらに酸性土壌が基本なので遺体はもともと残りにくい。さらに古墳時代の棺はさまざまな種類があるけれども、その中でも木棺が最も多い。木棺はそれ自体が分解され、その中にある遺体も同様に骨までも分解されてしまう。木棺が用いられた古墳が発掘された場合、木棺の痕跡である長方形の穴とそこに置かれた副葬品の一部だけが残されていることが多いのである。

人骨は密閉された環境や地下水が豊富な場所、その逆に砂丘などの特殊な環境で遺存する傾向がある。また石棺など腐朽しない棺材の場合、酸性土壌から遺体が保護され、かつ密閉空間が維持される場合は人骨が残りやすい。

遺存した人骨を用いて、複数埋葬の被葬者間関係を明らかにし、時代ごとの埋葬原理を示したのが田中良之であった。田中の著書『古墳時代親族構造の研究』は古代親族構造研究の金字塔としてたたえられるべき名著である。じつは田中以前にも、古墳から出土する古人骨を分析して複数埋葬の親族関係を明らかにしようとした研究者は存在した。たとえば水野正好（みずのまさよし）は被葬者の血液型（ＡＢＯ型）から、池田次郎は頭蓋（とうがい）の小変異から親族関係を復元しようとした（水野一九八二・池田一九八五）。頭蓋の小変異とは、わずかな人にだけ認められるちょっとした骨の異常のことを指す。この異常は日常生活にとくに支障はないとされ、多くは遺伝性が高いという。複数の古人骨に同じ異常が認められるのであれば、遺伝的要素を共有している、すなわち血縁者である可能性が高いと考えられる。しかし、古人骨の血液型が判明する事例はきわめてまれで、頭蓋の小変異も、出現率がわずかであるため応用できる古人骨はきわめて少数なのだ。結果、水野や池田の分析は単発に終わり、体系的な埋葬原理や親族構造の研究を示すことなく終わったのであった。あるいはＤＮＡ分析が期待されるところではあるが、古墳人骨は遺存が悪いこともあって、縄文人骨や弥生人骨にくらべて、ＤＮＡ分析が活用されているとは言いがたい現状である。筆者もその研究に着手したところである。ＤＮＡ分析の成果は今後に期待されたい。

そのような研究状況の中で、土肥直美（どひなおみ）・田中良之・船越公威（ふなこしきみたけ）は、埴原和郎（はにわらかずろう）が用いた歯冠（しかん）計測値法（けいそくちほう）を発展させ、複数埋葬における被葬者の親族関係を明らかにする方法を示したのであった（土肥ほか一九八六）。

歯冠計測値法

歯冠計測値法とは、いかなるものか。歯は遺伝的要素が強い部位とされる。そこで歯のサイズの類似度を見て、被葬者間の関係を探ろうとするものである。歯は、顎の中に収まっている歯根と歯ぐきから見えている歯冠からなる。この歯冠のタテとヨコのサイズを計測する。歯のサイズにおける数値の並びが複数の被葬者間で似ていれば、血縁関係があるとみなすのである。具体的に言えば、計測した歯冠サイズの類似度を相関係数という関数でもって示すのである。相関係数は－一～＋一までで表され、＋〇・五以上で血縁者の可能性があると見なす（筆者は＋〇・六以上と条件を厳しくしている）。

田中はこの方法を用い九州〜中国地方の古墳時代人骨を中心として分析を進め、古墳時代の埋葬原理を明らかにしたのであった。その内容は、本書と同じ吉川「歴史文化ライブラリー」における田中の著書『骨が語る古代の家族—親族と社会』（二〇〇八年）を参考にしていただければよい。ここでは簡単にその内容を紹介しておこう。

三つの基本モデル

田中は、同一墳丘から検出された古人骨間の関係を歯冠計測値法から明らかにしていった。その結果、埋葬原理には三つの基本パターン（田中は基本モデルと呼ぶ）があることを明らかにし、それが時系列で並ぶことを主張したのであった（図7）。

まず古墳時代前期から五世紀の後半までは、古墳の被葬者はキョウダイを中心とした血縁者が埋葬される。これを基本モデルⅠという。古墳の被葬者には男女の区別がない。なかでも古墳において最初に葬られる人物（初葬者という）が、男女どちらもあり得ることを明らかにしたことは重要である。古墳はこの初葬者の死を契機に築造される。初葬者は古墳の主要埋葬にあり、その埋葬施設は最も大きく入念な造りをしていることが原則である。副葬品が最も多く副葬され、それらは質的に優れている。およそ古墳の主人公と言うべき人物は初葬者なのだ。首長墳（しゅちょうふん）であれば主たる首長はこの人物であり、家族墓（かぞくぼ）であれば家長と言うべき人物なのである。この後も初葬という言葉が何度も出てくるので覚えておいてほしい。

五世紀後半以降は、成人男性とその子供の世代が葬られる基本モデルⅡが中心となる。つまり初葬者は男性に限定される。基本モデルⅡに家長の妻と考えられる人物が埋葬され

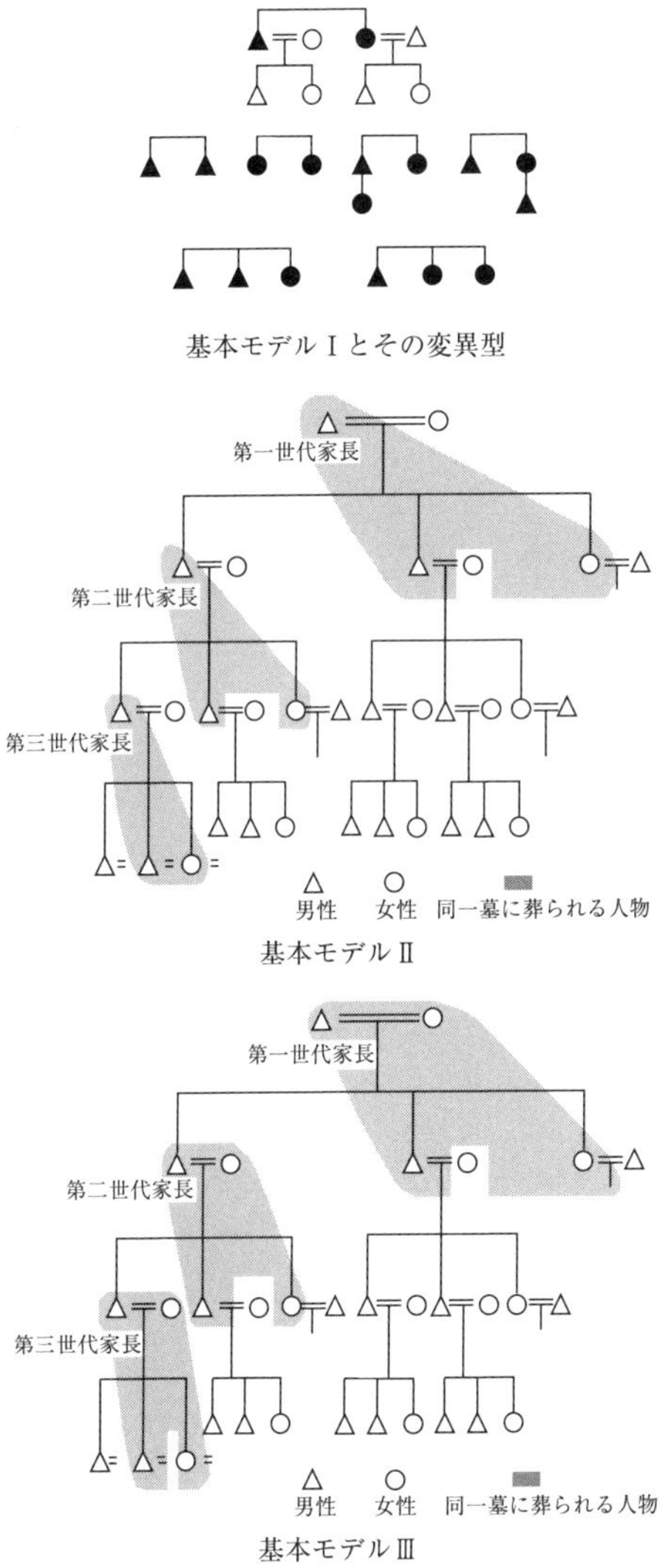

図7　田中良之の基本モデル（田中一九九五より）

るようになったのが基本モデルⅢである（図7）。基本モデルⅢは六世紀前半〜中頃から出現するという。

基本モデルⅠでは被葬者の選択に男女の違いがなく双系的である。首長や家長の地位は男性でも女性でも継承しうる。男女間で地位の差はないか、あったとしても小さかった。しかし、初葬者が男性に限定される基本モデルⅡとⅢは父系的、すなわち首長・家長の地位が男から男へ引き継がれている。双系的な基本モデルⅠから父系的な基本モデルⅡへ変化する五世紀後半が大きな画期として理解されている。

田中のこの学説は、当時の考古学界にとって衝撃的で革命的な内容であった。基本モデルⅠの存在だけでも考古学者にとっては刺激的であった。先に述べたとおり、それまでの考古学は被葬者と被葬者の関係を知る手段を持っていなかった。それに甘んじてか、人骨などの情報がなくても二体の被葬者がいる場合は、何の検討もなく夫婦であろうと想定することがあったのである。キョウダイであると考えていた研究者はわずかに過ぎなかった。そのような状況であったので、歯冠計測値というある一定の科学的基準をもって、キョウダイを中心とした血縁者が埋葬されるという結果は驚きをもって迎えられた。また、古墳時代父系社会説は戦後の考古学界の中で強く信じられていたため、双系的な基本モデルⅠは革命的なモデルであった。古墳時代は当初から父系社会だと考えられていたから、古墳時代中期後半にあたる五世紀後半に父系的モデルへ移行し、夫婦モデルとも言える基本モデルⅢが六世紀から出現するという埋葬原理の変化も予想外の結論であったのである。

田中説への異論

革命的な研究であったにもかかわらず、いや革命的な内容であったからこそ、田中の研究には異論・反論も存在した。その一つは方法論である。歯冠計測値法に対しては以下のような疑問が寄せられた。歯冠計測値法で判定される血縁者にはいわゆる「他人の空似」が比較的多い上に、血縁者どうしでも非血縁と判断される場合があるので、きわめて不安定であるという異論である（松村・西本一九九六）。歯は母方からも父方からも遺伝するので、たとえば「父親似の子供」と「母親似の子供」はキョウダイであっても、両親がもともと非血縁者であれば、他人と判定されてしまうのだ。だからと言って歯冠計測値法が無意味であるのではない。血縁者であれば歯が類似していることは確かである。多くの資料が同じ傾向を示すのであれば、一つの原則がそこにあったと考えることができる。そういった意味で歯冠計測値法は数多くの資料が必要な方法論であるということなのだ。

また当初、田中が用いた資料は九州を中心とし、それに中国地方の資料を数例加えたにすぎなかった。その後、近畿の資料も追加されたがその数はわずかであった。このことに対し、都出比呂志（つでひろし）は畿内などの資料では異なる結果を示すかもしれないと述べ、地域性が存在する可能性を示していたし（都出一九八九）、白石太一郎は基本モデルⅢが渡来系氏族の親族モデルではないかとして、倭人系と渡来系の間で系統差が存在する可能性を指摘したのであった（白石一九九三・一九九六）。また、文献史の関口裕子は、先に述べた歯冠計測値法の限界を示した上で、基本モデルⅡとⅢは証明ができておらず成立しがたいとし、とくに基本モデルⅢにみられるような夫婦合葬は文献史料からは認めがたいと力説したのであった（関口二〇〇〇・二〇〇一）。

田中の研究は、問題をはらみつつも一定の科学的基準をもって埋葬原理あるいは親族構造を明らかにしようとしたという点で輝きを失っていない。彼の研究をベースに親族構造の研究は今後も進められていくであろう。

筆者の視点

だとするならば、田中の研究の弱点とされた部分、そこを新たな資料や分析を行うことによって補いつつ、もし間違いがあればそれをただし、あるいは新たな視点を追加していくべきである。一つは、地域性の問題である。古墳時代における古墳文化の中心は、少なくとも中心的な地域の一つは近畿である。近畿とその周辺の埋葬原理を調査する必要があろう。近畿は王権の所在する地域である。この地域の埋葬原理を無視して古代日本の親族構造を語ることはできないと考える。次に方法論である。歯冠計測値法が決定的な分析法でないとするならば、それを補完する作業がどうしても必要となる。私は考古資料から補完あるいは検証を行う。そして最後に、階層差を新たな視点として提出する。埋葬原理あるいは親族構造はすべての階層において同じでないといけないのであろうか。決してそうではあるまい。巨大な墳墓に埋葬される首長層とそうでない人びとの間には、大きな社会的差異がある。その間で親族構造が異なることは大いに考えられることなのだ。

一般層の埋葬原理

人骨の分析による埋葬原理

近畿周辺の人骨遺存

前章で埋葬原理研究を階層ごとに行うべきだと述べた。とくに時代の変革期には、階層によって親族構造が異なることが考えられるからだ。さらに資料的な問題もある。大型古墳に遺存する人骨は数が限られている。中小古墳でも多くはないが、古墳の数そのものが多いので、大型古墳よりは人骨資料はまだ恵まれている。まずは中小古墳、すなわち首長でない一般層と考えられる墳墓の分析を眺めた上で、その分析を基礎にして首長墳の研究に進むのが良い手順といえよう。

古墳時代の人骨は遺存が悪い。一般的にそう思われてきたし、実際そうだ。だから古墳人骨の研究は人類学の側からも進んでいなかったし、あまり関心も持たれていなかった。人骨の遺存が良くない理由は前章で示したとおりであるが、近畿とその周辺はとくにその傾向が強い。この地域では、古墳の埋葬に木棺が使用されることがきわめて多いからだ。教科書や図録で石棺の写真がよく掲載されるが、それは珍しい、あるいは階層的に上位だからこそ図録に掲載されるのであって、小古墳の場合は石棺が用いられるケースは一〇例に一つもない。しかも、小古墳に用いられる石棺は、石棺の中でも最もランクの低い箱形石棺であることが多い。箱形石棺の構造はきわめてシンプルで、墓坑のなかに板石を長方形に囲っただけの構造である。棺としての密閉度は低いので、石棺とはいえども木棺と同じく厳しい環境の中で人骨は腐朽してしまうのだ。しかし、資料を丁寧に拾っていくと、箱形石棺をはじめとして古人骨が残っている例が少なからず認められたのであった。

この研究で最もたいへんだったのは人骨を探し出すことであった。とくに古い調査事例で、出土しているはずの人骨の保管先が不明であり、行方がよくわからない資料が少なくなかったのである。これには理由がある。遺跡を発掘するのは考古学者であるが、これまでの考古学者の多くは、人骨を取り扱うノウハウがなかったのである。とくに近畿では発掘で古人骨が出土することがまれであるから、そうした技術や知識がとくになくても対応できた。また、日本の考古学教育は歴史教育の一環として文系学部（主として文学部）で実施され、人類学あるいは法医学という人骨を扱う学問領域は理系学部（主として理学部・医学部）にあるので、考古学者は人骨出土に対応する教育を受けていないことが多かった（現在ではこの状況は変わりつつあり、文理融合の考古学教育が行われる大学も増えてきた）。

そのため古人骨の分析のみならず、その保管までも人類学や法医学の研究者に託され、副葬品など他の考古資料と切り離されて古人骨が保管されることが多かったのである。人骨の保管を他機関にゆだねることは決して悪いことではない。専門の知識があるところで適切に保管されることが期待できるからだ。ただ、昔は調査を実施した機関と人骨を保管する側との間に明確な契約がないことが多かった。そのため時間が経つ中で、人骨の保管をどこに依頼したのかわからなくなり、行方不明となった古人骨も多かったのである。ちなみに、ある調査機関から「遺跡調査後は火葬して埋め直した」と言われた人骨を、ある研究所で見つけたこともある。その経緯は今となっては知るよしもない。火葬して灰になると人類学的分析が困難になるから、分析を任された研究者が何らかの手段を講じて骨を守ったのかもしれない。今ではこうした状況はずいぶん改善された。考古学者は、人骨資料を他の考古資料と同様に適切に管理するよう努めなければならない。

歯冠計測値法による親族関係分析

さて、このようにして近畿とその周辺地域から出土した古人骨の資料収集を進め、再鑑定の上、歯冠計測値法を中心に分析したのであった。弥生時代後期〜終末期の事例を含め、近畿では二一個体・一八通りのペアで分析を行った。また古墳時代において近畿とならんで有力な地域である吉備でも分析を進め一四個体・七組のペアの分析を行っている。田中の分析と合わせれば、西日本全域をカバーし、地域間の比較ができるようになったのである。

結論から示せば、近畿においても吉備においても、古墳時代前期〜中期にかけて基本モデルIが認められた。一つの古墳、一つの石棺に埋葬された複数の被葬者はキョウダイあるいは親子の血縁者であったのだ。なお私は基本モデルIをイメージしやすいようにキョウダイ原理の埋葬と呼ぶ。キョウダイを中心とする血縁者を埋葬する埋葬という意味だ。キョウダイとカタカナ書きする理由は、兄弟・姉妹・兄妹・姉弟の各種がそこに含まれるからである。

久宝寺一号墳

一例として久宝寺一号墳の例を示しておきたい。大阪府八尾市に所在する東西復元長一二・五メートル、南北長一〇・五メートルの方墳である。墳頂部に割竹形木棺（一号主体）・丸木舟を転用した木棺（二号主体）と土器棺（三号主体）があり、周溝内にも木棺一基・土壙墓二基・土器棺墓二基の計五基の埋葬施設が検出されている（西村編二〇〇三、図8）。このうち、人骨が遺存していたのは一号主体と二号主体である。一号主体ならびに二号主体の主軸はおおよそ南北を向いている。一号主体は棺内部に仕切板を二枚配置して棺内を分割しているが、その仕切板で挟まれた空間の南北両端にそれぞ

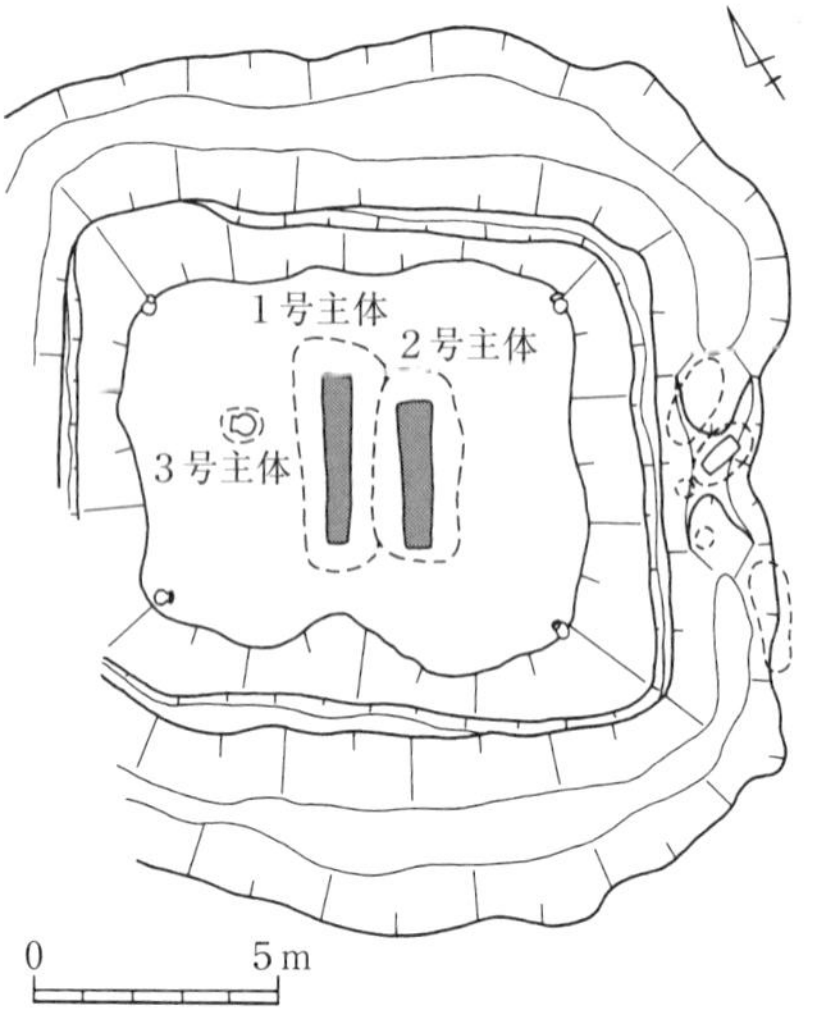

図8　久宝寺1号墳埋葬施設配置

れ一体分の歯冠が検出された。つまり、この埋葬施設には二体の被葬者が頭を反対方向に向けて埋葬されていたのである（対置埋葬という）。北頭位の人骨が一号人骨、南頭位の人骨が二号人骨である。二号主体からは一体分の歯冠が出土している。つまり、この古墳は単体棺と同棺複数埋葬の複合タイプということが言え、計三体分の歯が採取されている。

歯以外の部位は融解し、年齢や性別が判断できる部位は他にない。安部みき子と山口誠治は歯冠の計測値と嚙耗度から一号主体一号人骨が二五歳前後の男性である可能性を、二号人骨は一八歳前後の男性である可能性を示している。二号主体人骨も同様に一八歳前後の女性である可能性が高いとしているが（安部・山口二〇〇三）、年齢の判定はともかく性別の判定は歯冠からは難しいので、性別に関しては参考程度にとどめておくことにしよう。

古墳から出土した供献土器（きょうけんどき）ならびに土器棺に用いられた土器は布留（ふる）一式期に相当するので、古墳時代前期前半の墳墓である。

三体の歯冠のサイズを計測し、相関係数を求めた（表1）。三体分の歯冠があるので三通りのペアが考えられるのであるが、一号主体一号人骨と二号主体人骨のペアでは共有する歯冠が少なかったので、分析ができなかった。一号主体に合葬されたペアは分析できる歯が少なかったが、〇・五以上の相関係数の数値を得ている。つぎに、一号主体二号人骨

表1　久宝寺1号墳出土人骨間のQモード相関係数

久宝寺1号墳	1号主体1号人骨－1号主体2号人骨
$P^1P^2M^1$	0.553

久宝寺1号墳	1号主体2号人骨－2号主体人骨
$CP^2M^2P_1P_2M_2$	0.807
$P^2M^2P_2M_2$	0.617

C……犬歯　P……小臼歯　M……大臼歯．数字はそれぞれの歯種の順位を示し，上付きの数字は上顎，下付きの数字は下顎のそれを示す．

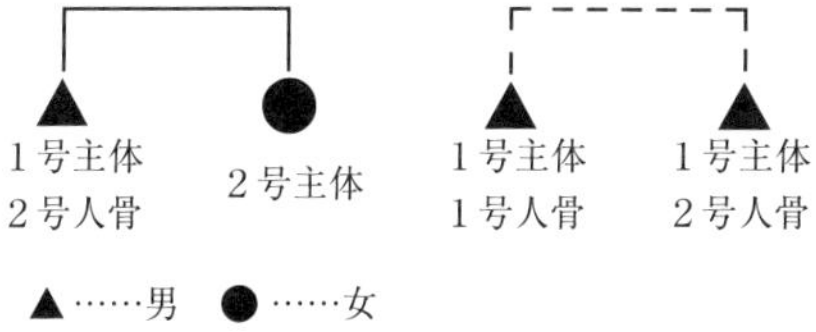

図9　久宝寺1号墳の親族関係

と二号主体人骨のペアでは、共有するすべての歯種の組み合わせで〇・八〇七、小臼歯（しょうきゅうし）と大臼歯（だいきゅうし）の組み合わせで〇・六一七の値を得ている、一号主体二号人骨と二号主体のペアは血縁関係を有し、一号主体一号人骨と二号人骨のペアにおいても血縁関係がある事を否定しないという結果が得られた。三体は死亡年齢が近い。二号棺は一号棺の墓坑を切って存在するので、一号棺より後で設置された可能性が高いが、一号棺とほぼ平行して存在する。周溝内外の供献土器に時期幅がないことからも大きな年代差を見積もる必要はない。とすれば三体の生前の年齢も近かった可能性が高い。上記のように血縁関係がある可能性があるので、近親婚を想定しない限り、それぞれがキョウダイである可能性が高いといえよう（図9）。

柿坪中山古墳群

もう一つ興味深い事例を紹介したい。兵庫県朝来（あさご）市にある柿坪中山古墳群（かきつぼなかやまこふんぐん）である。柿坪中山古墳群はいくつかの尾根筋にある支群から構成される。今回取り上げるのは北尾根支群である。この支群は五基の古墳から構成されるとされていたが、五号墳とされるマウンドは埋葬施設が確認されず墳丘も明確でないことから古墳でない可能性が高い。よって、この支群は四基の古墳から構成され、調査の結果、三基の古墳から人骨が見つかっている（図10）。いずれも直径あるいは一辺一〇～二〇（メートル）の古墳である。

この事例で注目すべきことは、古墳内だけではなく古墳群内の被葬者の関係を問うことができたことである。一基の古墳に埋葬された被葬者間の関係を問える資料は少ないながらもそこそこあるのだが、複数の古墳に葬られた被葬者の関係を分析できる古墳はかなり少ない。私の分析した事例では、柿坪以外に奈良県大正池南古墳群しかなく、田中良之の分析でも広島県山の神古墳群しかない。これらについては後述する。

二号墳は、南北一七メートル・東西一二メートルの楕円形を呈する古墳である。墳丘中央には小竪穴式石室（第一主体）と箱形石棺（第二主体）が設けられ、小竪穴式石室が初葬である。第一主体と第二主体の両方から人骨が検出されている。第一主体の人骨は熟年女性（一号人骨）、第二主体の人骨は若年の男性（二号人骨）である。副葬品は少なく、第二主体部から

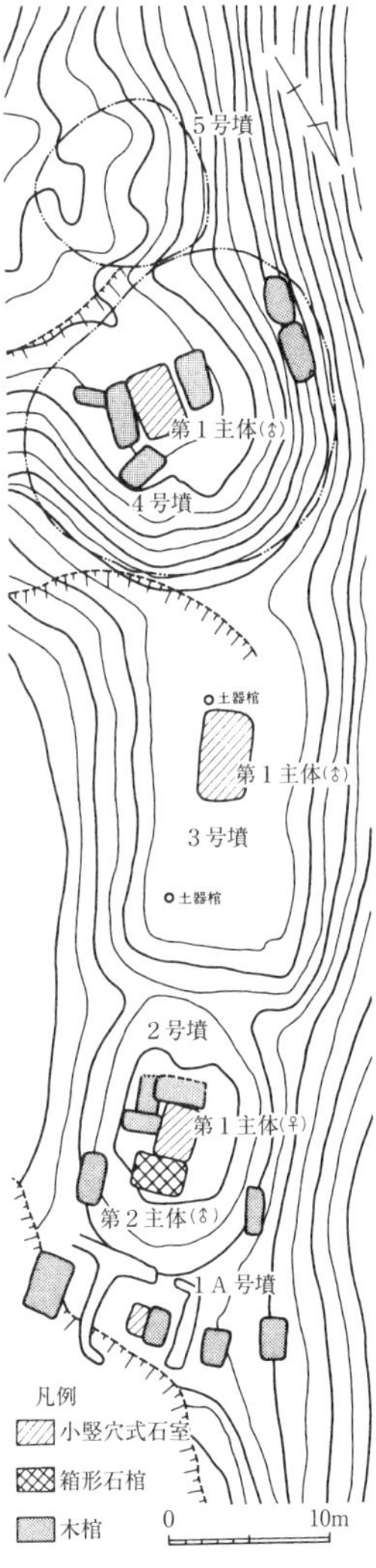

図10 柿坪中山古墳群埋葬施設配置

刀子が一本出土したにとどまる。

三号墳は、長辺二三メートル・短辺一五メートルを測る長方形の古墳である。墳頂から小竪穴式石室一基と土器棺二基が検出された。小竪穴式石室には短剣一本・鉄鏃二本とともに壮年前半の男性（三号人骨）とされる人骨が納められていた。

四号墳は直径二〇メートル弱の円墳である。五号墳が古墳でないとすると、北尾根に位置する古墳の中で最も高所に四号墳は立地していることになる。さらに四号墳は、この尾根にある古墳の中で唯一葺石を有する。これらのことから考えると、四号墳は、柿坪中山古墳群の北尾根支群で最も優位にある古墳であり、同支群では最も早くに築造されたものと考えられる。四号墳に引き続いて、尾根の高い方から順番に三号墳や二号墳が築造されたのであろう。

四号墳墳頂には小竪穴式石室（第一主体）があり、その周囲には木棺墓が四基ある。墳丘裾からも木棺墓が二基検出されているが、これは四号墳築造以前の埋葬施設であるので、四号墳とは直接関係がない。人骨は小竪穴式石室から検出されているが、木棺には遺存していなかった。この小竪穴式石室が四号墳でもっとも主要な埋葬施設であったと考えられる。

小竪穴式石室の内法は、長さ一・六五メートル・最大幅四五センチを測り、主軸をほぼ南北に向ける。石室内には、一体分の人骨が南頭位で横たわっていた（四号人骨）。棺内には鉄剣二・ヤリガンナ一・鉄斧（てっぷ）一・鉄鏃（てつぞく）一・針状鉄製品一が副葬されていた。人骨は、五〇歳前後の男性であると鑑定されている。

柿坪中山古墳群被葬者の親族関係

以上のように、柿坪中山古墳群からは計四体の人骨が出土しているのである。これら四体の血縁関係を調べてみた。歯冠計測値による相関係数は理論上六組で求めることができるが、一号人骨と二号人骨の組み合わせでは共有する遺存歯種が少なかったため相関係数を求めることができなかった。よって、実際に分析できたのは五組である（表2）。

詳細を省いて結論を示すと、二号人骨と三号人骨ペア、一号人骨と三号人骨ペア、あるいは一号人骨と四号人骨ペア、三号人骨と四号人骨ペアで、〇・六以上の高い相関係数を得ることができた（清家二〇一〇）。これらのペアは血縁関係を有すると考えて良い。二号人骨と四号人骨の間では〇・〇一八の値であり、血縁関係の有無を決定することはできない。

以上の結果をまとめると、各古墳の主要埋葬施設に葬られた三体の成人は互いに血縁を有することが明らかとなった。また、若年男性である二号人骨は、三号人骨と血縁を有する可能性が高い。

同じ二号墳に埋葬された一号人骨と二号人骨は、共有する歯種が少なかったため相関係数を求めることができなかった。一号人骨は熟年で、二号人骨は若年である。二号主体は一号主体よりも後に設置されていることが判明しているので、この年齢差は開くことはあっても縮まることはない。年齢差から考えると、一号人骨と二号人骨の関係はキョウダイや夫婦ではあり得ない。とするならば、母子の可能性が最も有力であろう。両者はともに三号人骨との比較で、高い値の相関係数を得ている。このことから一号人骨と二号人骨は三号人骨と血縁関係を有していた可能性が高い。そうすると一号人骨と二号人骨の間にも血縁関係が存在した可能性が考えられ、このことは一号人骨と二号人骨が母子の関係にあることを支持する。

ここで問題になるのは、三古墳の築造時期であろう。三号墳の土器棺や鉄鏃（てつぞく）は四号墳出土の鉄鏃とともに古墳時代前期後半の中に収まる。三基は近接した時期に築造されたと考えることができれば、三体の成人（一号人骨・三号人骨・四号人骨）は年齢が近いのでキョウダイである可能性が想定され、二号墳の一号人骨と二号人骨は上述のように親子と想定されるので、図11－4のモデルができることになる。

ただし、三基が前期後半という時間幅の中で把握できるとしても、同世代の築造であるとは言えず、二世代あるいは三世代にまたがって古墳が築造された可能性も存在する。二

表2　柿坪中山古墳群出土人骨間のQモード相関係数

柿坪中山古墳群	1号人骨－3号人骨	1号人骨－4号人骨	3号墳人骨－4号人骨
$I^1I^2CI_1I_2C$	0.942	0.897	0.811

柿坪中山古墳群	2号人骨－3号人骨
$P^1M^1P_1M_1$	0.797
$CP^1P^2M^1$	0.734
$P^1P^2M^1$	0.765

柿坪中山古墳群	2号人骨－4号人骨
$I^2CCP_1M_1$	0.018

I……切歯　C……犬歯　P……小臼歯　M……大臼歯．数字はそれぞれの歯種の順位を示し，上付きの数字は上顎，下付きの数字は下顎のそれを示す．

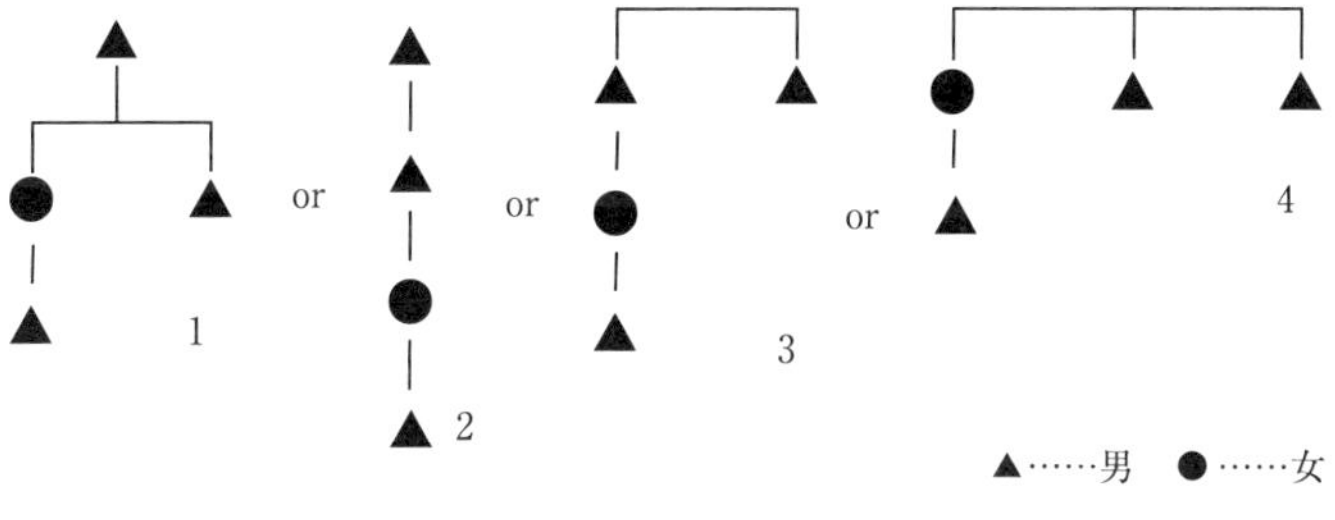

図11　柿坪中山古墳群被葬者間の親族関係モデル

号墳・三号墳・四号墳が築造される時間差を大きく見積もると、一号・三号・四号の各人骨間のキョウダイ関係は、それぞれ親子関係に置き換わる可能性を持ち、図11－1～3の親族関係をも想定することが可能である。

隣接する古墳被葬者も血縁者

柿坪中山古墳群で重要な点は、隣接する古墳から検出された人骨の検討を行っているということである。同棺複数埋葬、同一墳丘上での複数埋葬だけでなく、隣接する古墳の被葬者間でも血縁関係が認められたのである。そして、それぞれの被葬者の配偶者は隣接する古墳にも基本的に埋葬されていなかったと言うことができよう。このことは本書後半の分析にとっても重要な知見であるので注目しておいてほしい。

なお、田中良之が分析した広島県府中市山の神古墳群例でも同様のことが観察されている（田中一九九八）。詳しくは田中の分析を当たられたいが、重要な資料なので概略を示しておく。本古墳群は丘陵頂部を整形した一辺一〇メートル弱の方墳三基から構成される。三基いずれの古墳からも人骨が検出され、二号墳からは壮年男女が、三号墳からは七歳前後（一号人骨）と九歳前後（二号人骨）の小児、四号墳からは成年女性（一号人骨）と老年女性（二号人骨）の人骨が出土した（図12）。三基は古墳時代前期後半に相ついで築造されたと考えられる。

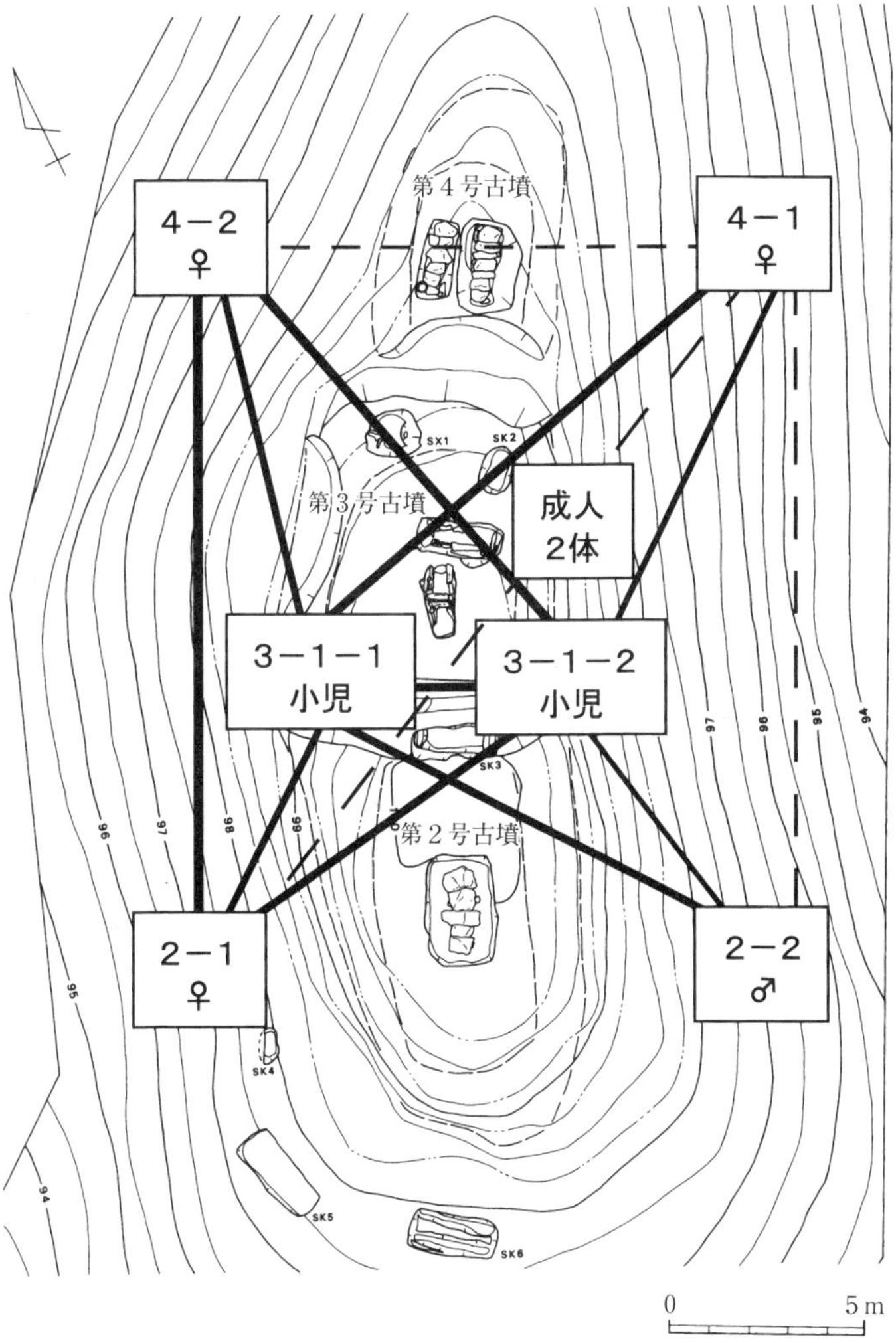

図12　山の神古墳群被葬者の親族関係（田中2006より）

歯冠計測値法からすべての人骨間の血縁関係を問えたわけではなく、同一古墳内における被葬者間の関係を問えたのは三号墳だけで、二人の小児は血縁者であると判定された。古墳間の被葬者の関係も判明している。二号墳の男女と三号墳の二人の小児の間にも血縁関係は認められた。三号墳一号人骨は四号墳の二人の女性と血縁関係を持ち、三号墳二号人骨は四号墳一号人骨との間で血縁関係があると判定された。二号墳と四号墳の間でも、二号墳一号人骨と四号墳二号人骨との間で血縁関係が見られた。総じて考えると山の神古墳群の被葬者たちは、同世代の血縁者とその子供が埋葬されていた可能性が高いというものだったのだ。六体の被葬者は互いに血縁者なのであった。この古墳群でも、知りうる限り婚入者（非配偶者）の埋葬はなかったのであった（田中一九九八）。

帰葬される婚入者

それでは、婿や嫁などの婚入者（非配偶者）はいずこに葬られたのであろうか。田中は帰葬説を説く。筆者もそれで良いと考える。帰葬、すなわち出身の集団あるいはムラの墳墓に戻って埋葬されたのだと考えられる。死は二人を分かち、出身集団に戻って出身集団の墓に入ったのだと考えられる。そうすると婿入りあるいは嫁入りした先の墳墓には、婚入者が埋葬されないので血縁者だけの墳墓が形成される。また、婚入者も出身集団の墓に入るので、そちらも血縁者だけの墳墓ができるという理屈である。

さて久宝寺一号墳や柿坪中山古墳群のような分析結果を近畿と吉備の資料を使って繰り返していった。その結果、図13のような結論をみたのであった。古墳時代を通してキョウダイ原理の埋葬が基本的に認められた。

後期まで続くキョウダイ原理

夫婦原理の埋葬とおぼしき事例は岡山県津山市下道山南古墳一例しか認められなかった。前章に示したとおり、歯冠計測値法は精度がそれほど高くない。多くの資料を集めて傾向を見いだしていく手法である。下道山南古墳の一例をもって夫婦原理の埋葬が存在したとはなかなかいえず、父親似と母親似のキョウダイであった可能性も存在する。実際に田中良之ですら、夫婦原理である基本モデルⅢが出現するのは六世紀前葉から中頃としており、下道山南古墳は五世紀後葉の古墳なので夫婦原理の埋葬としては古すぎるのである。断定はできないものの父親似と母親似のキョウダイが下道山南古墳に埋葬されていたのではないだろうか。

歯冠計測値法を中心とした分析からは近畿と吉備ではキョウダイ原理が前期から終末期まで主流の埋葬原理として存在したのである。ただし、後期から終末期になるとキョウダイ原理に加え、キョウダイのいずれかの子供が埋葬される事例が目立つ点は、後期における埋葬原理の変化として見ておいて良いであろう。前期においても岡山県鏡野町竹田五号

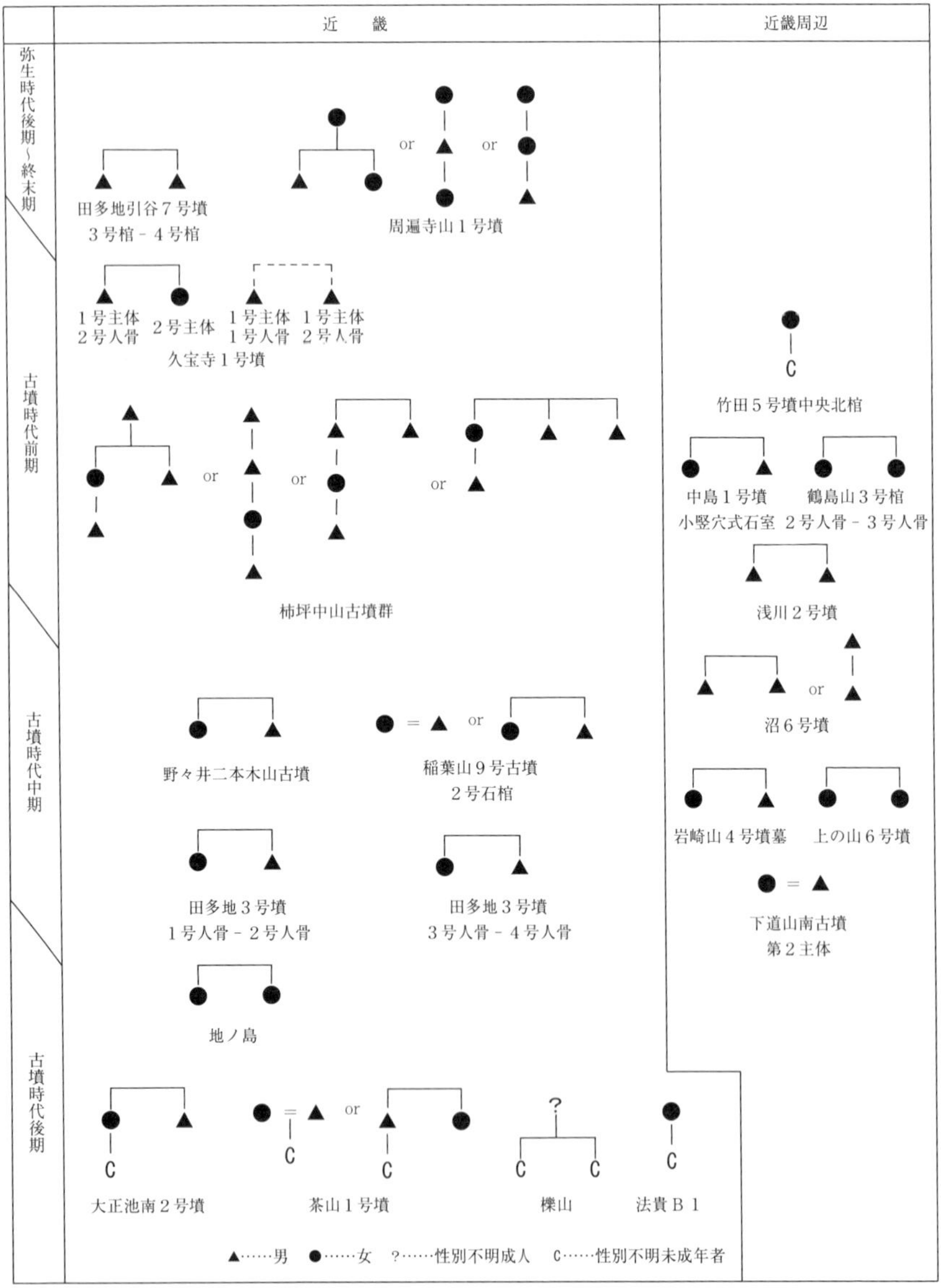

図13　近畿とその周辺から出土した人骨の分析結果

墳のように親子の合葬と考えられる資料もあるので、前期から親子が同じ古墳に埋葬されうるのであるが、後期から終末期において二世代目の子供の埋葬が目立つのである。

男女の家長

つぎに古墳の主要埋葬の被葬者についてとくに注目してみたい。古墳の中心的埋葬＝主要埋葬に葬られる人物は、古墳築造の契機となった人物であり、一番最初に古墳に葬られた人物であるので初葬者とも呼ばれる。埋葬施設の位置自体、初葬者は古墳の中心人物であることを示しているし、主要埋葬は他の副次的埋葬とくらべて大型で精巧であることが一般的である。副葬品も主要埋葬がもっとも豊かである。ここに葬られた人物は墳墓被葬者集団の長と考えられ、中小古墳の初葬者は家長（かちょう）として理解される。

すでに人骨の分析事例で見てきたとおり、中小古墳の初葬者は男女とも存在する。問題はその割合である。中小古墳の場合、細かな時期が区別しにくいのであるが、前期と中期をあわせて男性と女性の比率はほぼ同じである（図14－1）。前期から中期まで、男性家長と女性家長が同じ比率で存在していることを示している。すなわち男女ともに初葬となり得るキョウダイ原理埋葬が行われている。このことはきわめて重要な傾向である。家族集団の長は性別を選ばず、男女ともに継承しうるのである。これはいわゆる父系社会ではあり得ないことである。

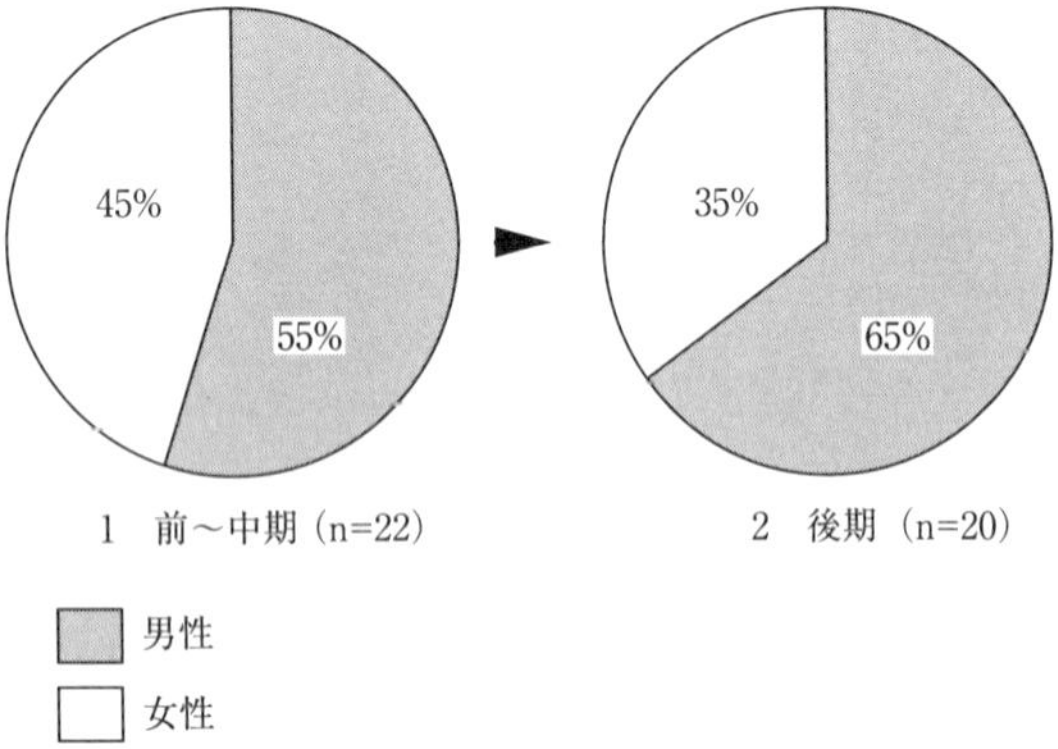

図14　近畿における古墳初葬者の性別とその変化

武家社会や明治以降の家族制度を思い起こしていただきたい。父系社会では名前・家・地位は基本的に男性が継承する。女性がそれを継承することは基本的にない。古墳社会は少なくとも前〜中期は父系社会ではなく双系的社会であると考えられるのだ。このことは田中良之の指摘するところでもある。

後期になると男性初葬者の比率が六五％とやや増加することになる（図14−2）。父系化が後期になると進行したようであるが、女性家長も一定程度存在している。古墳時代には父系化は貫徹することはなく、父系にやや傾いた双系的親族構造であったと言えるのだ。この点は田中と筆者で大きく見解が異なる。田中は基本モデルⅡが中期後葉に、夫婦原理でもある基本モデルⅢが古墳時代後期に成立したことを説く（図７）。基本モデルⅡあるいはⅢは、家長が男性に限定される父系的モデルである。しかし、筆者が収集した資料ではそれを認めることができないのだ。後期に至っても、むしろキョウダイ原理が一般的に行われ、女性家長が一定の割合で存在するのである。

後期〜終末期の女性家長の例

具体的に女性家長と考えられる資料を挙げてみよう（清家二〇〇四）。

大正池南古墳群は奈良県御所市に所在する。池の堤防改修工事で二基の古墳が発見され、調査が行われた。二基の古墳は五メートルの間隔をあけて位置し、一号墳は主軸を東西方向にむけた小竪穴式石室を内包する古墳であり、二号墳は南北方向に主軸を向けた二基の箱形石棺を埋葬施設とする古墳である。二号墳の石棺のうち、西側の石棺をA号棺、東側にあるものをB号棺という（図15）。工事中の緊急調査のためいずれの古墳も墳丘調査は行われていないが、両墳がともに近接して存在することから、墳丘が存在したとしても全長数メートル程度の小規模なものであったと思われる。一号墳の竪穴式石室からは鉄釘とともに須恵器の高坏・坏蓋・平瓶が出土し、七世紀前葉に位置づけられる。二号墳からは二点の金環以外に出土遺物がないので細かな時期の特定はできないが、近接した位置にある一号墳と同時期と考えても差し支えない。

人骨は一号墳から一体、二号墳A号棺から二体、B号棺から一体が検出されている。筆者がこれらの人骨を検討した結果、一号墳人骨は熟年女性であり、二号墳A号棺には壮年前半女性（A一号人骨）と若年人骨（A二号人骨）が、B号棺には壮年の男性人骨（B号人

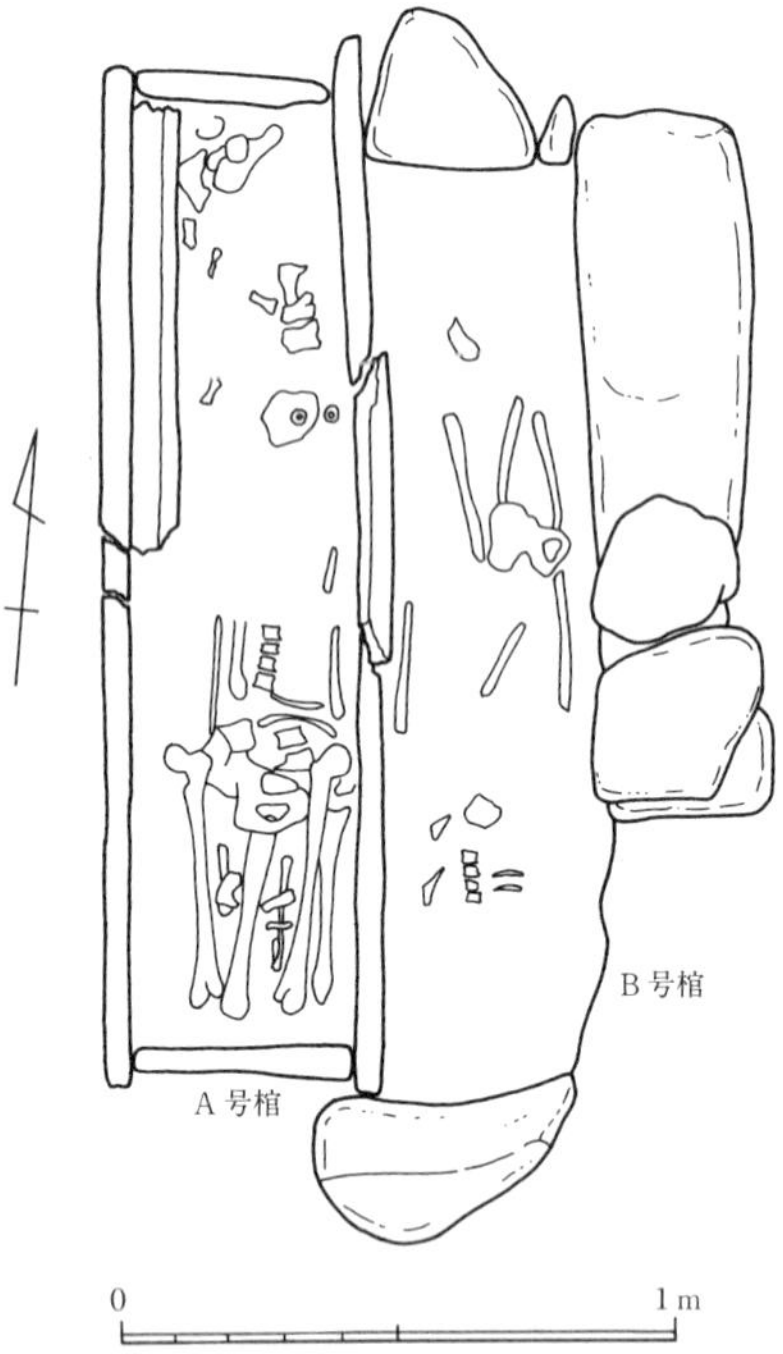

図15　大正池南２号墳の棺配置

骨）が納められていることが明らかとなった。ちなみにこの四体にはいくつかの頭蓋小変異を共有しており、四人の被葬者は互いに血縁関係を有する可能性が認められている（清家二〇一〇）。同一古墳群にはやはり婚入者は埋葬されていないのである。

親族関係も重要だが、ここでさらに重要なのは女性被葬者と男性被葬者の地位である。一号墳と二号墳の造墓契機となる初葬者が女性であることは重要である。とくに二号墳では、成人男女が同じ墳墓に葬られていても、女性が初葬者になっているのである。A号棺は小口石も長側石も整った結晶片岩の板材を石棺材に用いているのに対し、男性が葬られたB号棺は、花崗岩をはじめとする複数種類の石材を用い、石棺材の大きさも不揃いである。A号棺にくらべB号棺はかなり貧相にみえる。B号棺がA号棺の長側石を利用して石棺を構築している点も、従的埋葬であることを示していよう。また、A号棺には金環が副葬されているが、B号棺には副葬品はない。このようにさまざまな点においてB号棺はA号棺より劣位にあるのである。

つまり、大正池南二号墳では成人の男女が葬られているが、女性被葬者が初葬であり、埋葬施設と副葬品も男性被葬者より優位にあるのである。

つぎに法貴B一号墳をみてみよう。法貴B一号墳は京都府亀岡市に所在する箱形石棺を埋葬施設とする古墳である。箱形石棺の周囲には、一辺四メートル弱の石列が方形に巡っている。この石列が古墳に伴うものであるとすると、四メートル弱の方墳であるとする事ができる。石棺内には壮年の女性人骨とともに生後二ヶ月未満の嬰児骨が納められていたのである（池田一九九四）。出土した須恵器から六世紀末葉に属するという。ちなみに女性人骨の寛骨の耳状面下部に女性特有のピットが認められた。いわゆる妊娠痕である（Igarashi 一九九二）。妊娠中期を過ぎると妊婦の骨盤には、靭帯が胎児の動きに負けないように骨にしっかり食い込んで、それが痕跡として残る。被葬者が妊娠（＝出産）を経験したかどうか、この痕

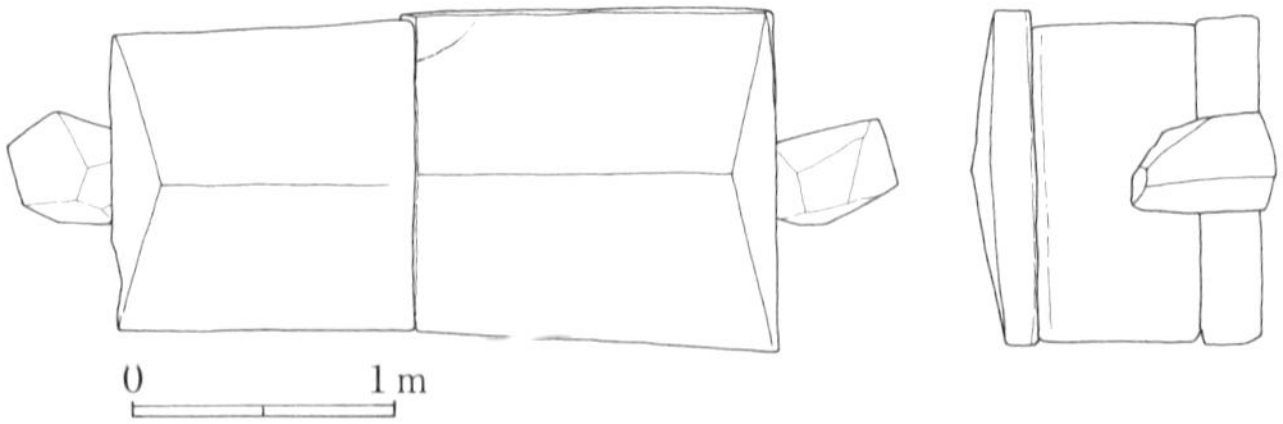

図16　堀切６号横穴組み合わせ式家形石棺

跡を調べるとわかることがある。この女性は子供を出産した可能性があり、成人女性と未成年者の合葬例は母子と考えられる例が多いことから、法貴Ｂ一号墳の二名も母子である可能性は高い。

もう一例、後期の女性家長とおぼしき埋葬を紹介しよう。堀切六号横穴（ほりきりろくごうよこあな）だ。京都府京田辺市に所在する横穴墓群の一つである。横穴墓とは、丘陵や山体の斜面に文字通り横穴を掘って、遺体を安置する部屋を築いた墓を言う。多くは十数基、ときには一〇〇基以上も群集することがある。そのうちの一基の横穴墓に組み合わせ式の家形石棺が置かれ、その中に熟年の女性人骨が単体で埋葬されていたのである（図16）。横穴墓は群集形態をとるので、被葬者の階層的位置を決めることは難しい場合が多いが、彼女の場合は家形石棺に埋葬されている。家族の一成員を家形石棺に埋葬することは考えがたく、家長と考えてよいであろう。

最後に極めつけの例をご紹介しよう。丹切（たんぎり）六号墳である。

丹切古墳群は六〇基あまりの古墳から構成される群集墳である。奈良県宇陀市に所在する。六号墳は直径一二メートルの円墳で墳丘中央に箱形石棺が納められていた。その中から成年期の女性人骨が検出されている。この古墳は単なる群集墳中の一基ではない。古墳群最古の古墳であり、古墳群自体を作るきっかけとなった可能性を持つ。いわばその後に築造される古墳群の始祖的存在ともいえるのである。築造場所もそれにふさわしく最も眺望の良い位置にあるという。

このように女性が墳墓の主要埋葬あるいは単独で埋葬される事例は後期古墳でも一定程度存在する。大正池南二号墳のように男性と合葬されていても、女性の地位が男性より高い場合もある。

父子同棺複数埋葬が示す父系化

後期にいたって、父系化は進行するとはいえ貫徹しないという傾向は、別の現象からも支持される。成人と未成人との同棺複数埋葬である。同じ棺に成人と未成人が埋葬される場合、その多くは成人女性と未成人のペアであることが、これまでに辻村純代によって指摘されていた（辻村一九八三）。これは母子のきずなの強さを示すものと考えられ、縄文時代から続く伝統なのだという。

ところが、成人男性と未成人が同じ棺に埋葬される事例が古墳時代中期後葉から後期にかけて散見されるようになるのである。とくに筆者らが整理調査を手がけている和歌山県磯間岩陰遺跡では興味深い埋葬が知られている。

磯間岩陰遺跡は、和歌山県田辺市に所在する岩陰墓である。岩陰墓とは波によって崖の一部が浸食され半ドーム状になったところに埋葬を行うものである。磯間岩陰遺跡では八基の埋葬施設があり、砂浜という特殊環境のためか、人骨の遺存状態がたいへん良かったのであった。

人骨を鑑定した安部みき子のご教示によれば、第一号石室には成人男性と三歳前後の幼児が埋葬されていた。成人男性と幼児の同棺複数埋葬が行われていただけでなく、副葬品も興味深い。成人男性には鹿角装の鉄剣が体に沿うように副葬される一方、幼児骨にも鹿角装の短剣が副葬されていたのである。第一号石室は遺跡の中央にあって、最も丁寧に埋葬施設が作られており、副葬品も多い。この遺跡を営んだ集団の最上位に位置づけられる。鹿角装具には精巧な直弧文が施されている。こうした装具のついた鉄剣を持つ人物はただ者ではない。成人男性と同じく鹿角装鉄剣を持つ幼児は未成人の中でもかなり特別な存在である。成人男性の跡継ぎとして期待された子供の可能性が考えられよう。残念ながら幼児骨の性別を人骨の形態から説くことは難しい。武器副葬が男性に多いと言うこと根拠にしてよければ、幼児骨は男児であり、集団の有力者であった男性の跡継ぎとして期待されていた男児だったのではなかろうか。だとするとこの埋葬は父系化を示す埋葬だと言える。

ただ、念のために付け加えておくと成人女性と未成人の同棺複数埋葬がなくなったわけではない。成人女性と未成人の同棺複数埋葬は絶えることなく後期まで継続する。磯間岩陰遺跡でも第二号石室には二体の女性人骨と六歳前後の未成人骨と一～二体の性別不明人骨が埋葬されていた。

重要なことは母子のつながりでは理解できない、成人男性と未成人の同棺複数埋葬が新たに出現したということである。

後期～終末期の分析比較

田中は、筆者の分析について、地域によって古い家族形態が残存しているとの評価を下している（田中二〇〇八）が、これは過小評価である。女性家長の割合が三五％という数字は無視すべきでない。また、父系化が進行するのであれば、古墳文化の中心地である畿内がその拠点になるはずである。その畿内で女性家長が明確に認められるのであるから、「残存」という評価は低すぎるであろう。父系的にやや傾きながらも双系的親族構造が継続していると評価すべきなのである。

図17は中期後葉から後期・終末期における、人骨の分析結果を集めた図である。田中や筆者ほかの分析事例を集約してみたものである。虚心坦懐（きょしんたんかい）に分布図を見ると、基本モデルⅠ（＝キョウダイ原理）が近畿以外に九州・中国にあるので、西日本で広範に認められると言ってよい。基本モデルⅡとⅢは例外的であると言ってもよい状況である。さらに言え

7
8
9
10
16
11
12
13
6
2
14
15
3
4
5
1
●…基本モデルⅠ ▲…基本モデルⅡ ■…基本モデルⅢ
（白ヌキは可能性のあるもの）
1．立切地下式横穴墓　2．浦谷C-4号墳　3．長湯横穴墓　4．上ノ原横穴墓群
5．岩塚古墳　6．朝田墳墓群　7．岩屋5号墳　8．高広Ⅰ-3横穴墓
9．上分中山1号横穴墓　10．法貴B1号墳　11．大正池南古墳群　12．茶山古墳
13．櫟山古墳　14．地ノ島遺跡　15．磯間岩陰遺跡　16．花岡山古墳群
1（田中ほか2012），2・4・6・8・9・16（田中1995），3（石川ほか2004），
5（田中1991），7（田中2001），10～14（清家2010），15（船橋2014）
0
200km

図17　西日本における中期後葉から終末期の人骨分析事例

ば関口裕子が詳しく述べているように、基本モデルⅡとⅢは証明が難しいモデルである（関口二〇〇〇・二〇〇二）。基本モデルⅡは、田中が、その論著（田中一九九五）の最初にページ数を大きく割いて上ノ原横穴墓群の分析を主として導き出したモデルである。基本モデルⅡは父系的モデルであるので、複数の墳墓で継続的に存在あるいは数多くの例を示す必要がある。というのも基本モデルⅠのバリエーションの一つには、親と子の合葬があるからである。基本モデルⅠはキョウダイを中心に血縁者が一つの墳墓に埋葬されるモデルであった。キョウダイとその子供という分析例も多い。そうした事例で、キョウダイがおらず親世代が一人の場合は、親と子の埋葬になり、実際そうした分析例も多い。親子ペアには父親と子供のペアと母親と子供のペアが存在しうる。父親と子供ペアは基本モデルⅠのバリエーションの一つになり得るわけだ。

　基本モデルⅡを証明しようとすると、父親と子供の埋葬が、上ノ原横穴墓群のように古墳群・墳墓群で継続的に認められるか、あるいは同じ地域でそうしたペアが多く認められる必要がある。たとえば田中が基本モデルⅡとして例示する島根県上分中山一号横穴墓例と大分県岩塚古墳例は父親と未成人の組み合わせの例であるが、中期後半以降の山陰でこうしたペアは一例しかない。こうした埋葬がそれぞれの地域で連続しているかは保証の限りでない。この後の埋葬で、女性初葬例やキョウダイ原理の埋葬が続けば、基本モデルⅡ

という父系継承のモデルに当てはまらなくなる。上分中山一号横穴墓と大分県岩塚古墳の例は基本モデルⅠのバリエーションとしての父親と子供の埋葬である可能性もあるのである。

だからこそ初葬における男性比率が重要だといえる。初葬埋葬が男性に限られているならば父系的モデルである基本モデルⅡは成立するからである。むしろ、中期後葉から後期において基本モデルⅠの埋葬が知られており、女性初葬者が一定程度存在するのであるから当該期は父系的要素は強くなってはいるものの双系的要素が依然強く存在するとみるべきなのだ。

人骨分析のまとめ

これまでの人骨による分析をまとめると以下のようになろう。

①古墳時代は前期から後期まで通してキョウダイ原理の埋葬が主流である。

②一基の古墳だけでなく、隣接する古墳の被葬者も血縁者である（柿坪中山古墳群・山の神古墳群・大正池南古墳群）。

③前期から中期までは初葬者に占める男女の割合はほぼ同じで、一対一である。これは双系的な埋葬原理といえる。

④後期以降は、初葬者における男性の比率が増加する。しかし、女性家長の存在も一定

程度存在する。したがって、父系化は完全に達成されたとはいえず、父系に傾いた双系的親族構造が埋葬原理から復元される。

なお、田中の基本モデルⅢ＝夫婦原理の埋葬については本節では多くを語らなかった。重要なトピックであるので後に詳しく示すが、ここでは結論を先取りして以下の⑤を掲げておく。

⑤夫婦原理の埋葬は一部に存在するが、普遍的な存在ではない。

考古資料の分析による埋葬原理

副葬品からキョウダイ原理埋葬を検証する

前章「埋葬原理研究のこれまで」で述べたように歯冠計測値法（しかんけいそくちほう）には危うさが指摘されている。かといって歯冠計測値法が無意味なのではなくて、その内容をいかに検証するかが重要である。そこでまず考古学の資料から、キョウダイ原理の是非を問うてみた。考古資料、すなわち鉄器・土器・鏡などから被葬者の血縁関係を復元することはどだい無理な話である。しかし、副葬品から被葬者の性別を判定し、被葬者の性別構成を明らかにすることはできる。

副葬品から被葬者の性別を明らかにしようとする試みはかなり古くからあった。しかし、その多くは「武器が多ければ男性」「装飾品が多ければ女性」などという単純な思い込みとも言うべき判別が主だった。しかし、「武器の副葬＝男性」という原理や「装飾品の副葬＝女性」という原理が資料をもって証明された訳ではなかった。そもそも装飾品を付けるのが女性だけであるというのは、現代でもかなりの偏見であろうと思われる。現代日本でも指輪やピアスをする男性はそう珍しくないであろう。日本では古代から服飾は中性的で、男女の服装が類似することは武田佐知子が指摘するところである（武田一九九八）。現代における男女の服装の使い分けや、装飾品が女性に偏りがちであるとするならば、それらは日本史の中では例外的である可能性すらあるのだ。

武器と被葬者の性別

副葬品と被葬者の性別の関係を資料に基づいて考察を始めたのは森浩一で、その後、川西宏幸・辻村純代（一九九一）や筆者らがその考察を進めた（清家二〇一〇）。単純な作業であるが、性別が判明する人骨と副葬品の対応関係を調査したのである。その結果、鏃・甲冑が男性のみに副葬されることが判明したのである（図18）。鏃を持つ女性はごく少数いるけれども、彼女たちは渡来系や南九州のごく一部の事例であるので、基本的に鏃は男性にともなうものと見てよい。その一方で、刀剣類は男女とも副葬される。これは女性首長研究のパイオニア的存在である今井堯も指摘していたことであった（今井一九八二）。ただ、この分析を進めていくと、刀剣類は男女ともに副葬されるのであるが、とくに古墳時代前期においては埋葬施設の棺内に刀剣を副葬するのは男性だけであることが判明している（清家二〇一〇）。

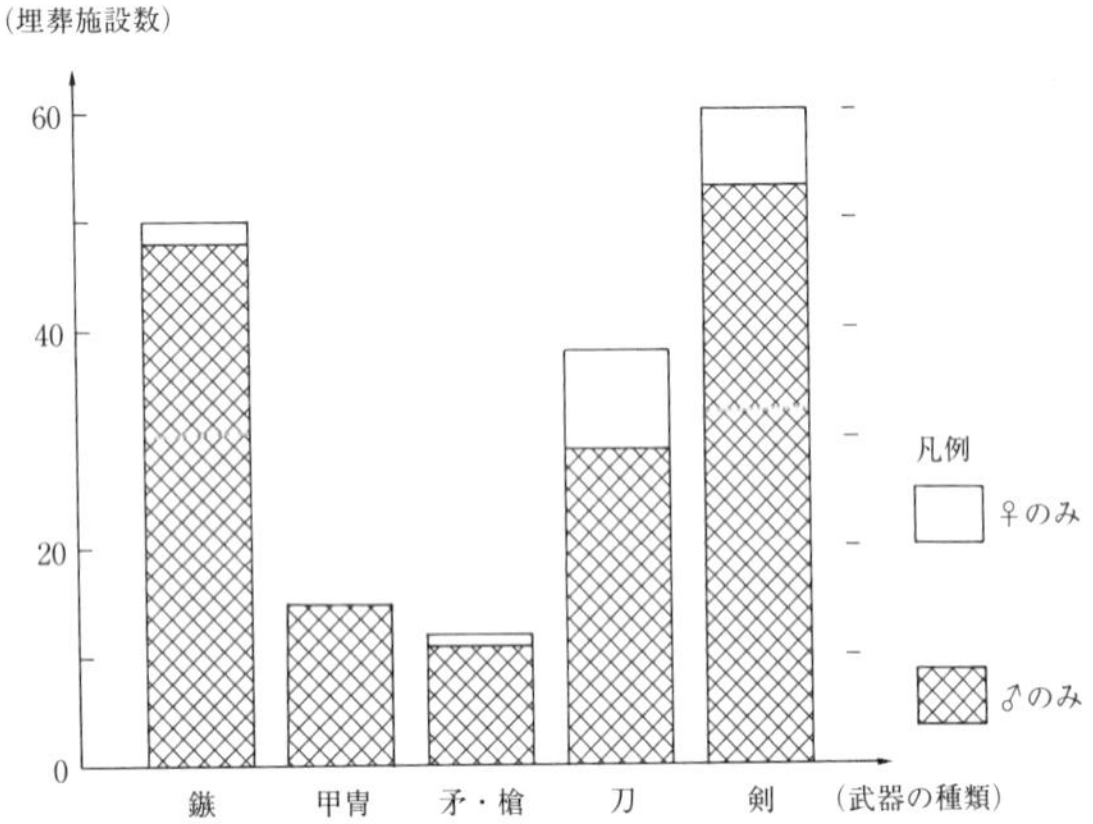

図18　古墳時代の武器と性別

腕輪形石製品と被葬者の性別

玉類などの装飾品は男女ともに副葬されることが明らかとなっている。やはり女性だけが装飾品を持つというのは偏見だった。

ただ、装飾品の中でも、腕輪形石製品三種は興味深い傾向を見せる。腕輪形石製品とは、その名の通り腕輪を碧玉・緑色凝灰岩などの石材で製作したものである。鍬形石・車輪石・石釧の三種類がある（図19）。これらはもともと弥生時代からある南海産の貝製腕輪がモデルとなっている。貝で作られた腕輪が古墳時代になって、宝石の一種である石材で作られるようになったのである。弥生時代の貝製腕輪は、性別によって使い分けが行われていることが知られている（高倉一九七五）。

この男女による貝輪の使い分けは古墳時代になってかなり変容しているのだが、弥生時代の使い分けのなごりが見られるようで、男性用であったゴホウラ貝製腕輪の系譜をひく

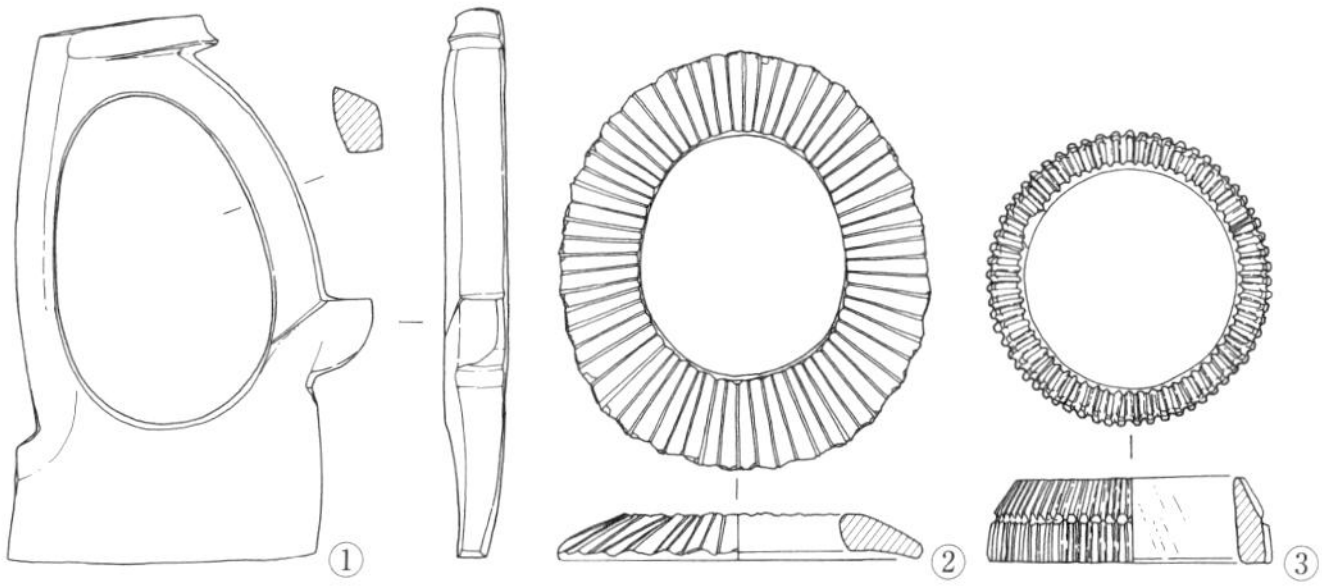

1．鍬形石（雪野山古墳）　2．車輪石（向野田古墳）
3．石釧（娯三堂古墳）

図19　腕輪形石製品三種

鍬形石はやはり男性にのみ副葬される。

車輪石と石釧の祖型である貝輪は主として女性用であったのであるが、車輪石と石釧は男女両方に副葬されることが判明している。ただ、車輪石と石釧が被葬者の腕部に置かれて副葬される事例が目を引いた。腕輪なのだから腕の近くに置くのが当たり前のようであるが、実は違う。腕輪形石製品は被葬者の頭や胸の部分に置くことが最も多く、複数個の腕輪が副葬される場合には頭と足下に分けて置かれたり、遺体や埋葬施設を取り巻くように置く例もあり、腕輪形石製品であるのに腕に配置される例はきわめて少なく、わずか一八例しか知られていない。このように腕輪形石製品を被葬者の腕部に置く配置を腕部配置型式と呼ぶ（図20）。腕部配置は他の配置より腕輪の機能を保っているといえる。そうした事例は弥生時代の貝輪の性格を維持しているかもしれな

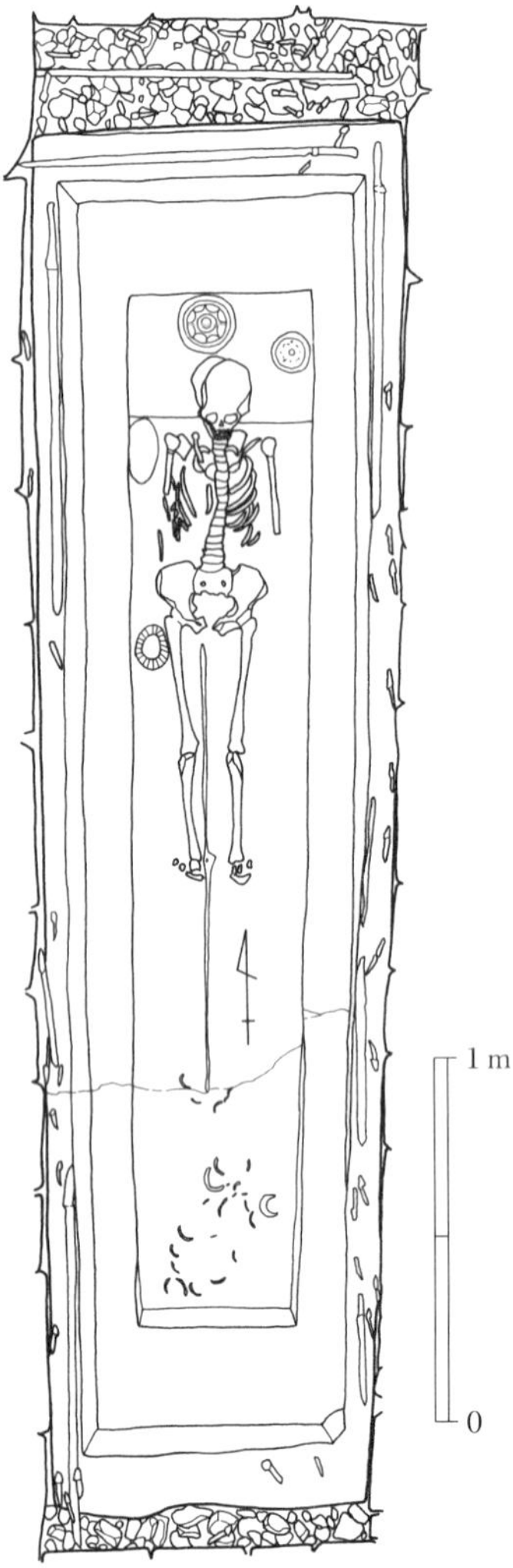

図20　腕部配置型式（向野田古墳）

いと思って調べてみると、腕部配置の被葬者は女性であるか、上記の男性的副葬品を全く持たない埋葬施設ばかりであった（森一九九一・今尾一九九一・清家二〇一〇）。車輪石や石釧を腕に置く副葬品配置は女性が被葬者であると考えられるのだ。

まとめると鏃（ぞく）・甲冑（かっちゅう）・鍬形石は被葬者が男性であることを示す。前期においては棺内の刀剣副葬も男性を示す。一方、車輪石や石釧の腕部配置は被葬者が女性であることを示すのだ。

男性の同性埋葬墳

副葬品から被葬者の性別が判明したとして、被葬者の血縁関係とどうかかわってくるのであろうか。キョウダイ原理を強く支持するのが同性埋葬墳という埋葬形態だ。同性埋葬墳とは一つの古墳において、被葬者がすべて男性あるいはすべて女性で構成される古墳のことを指す筆者の造語である。

本章は一般層の古墳を取り上げているが、わかりやすい例として首長墳である大阪府豊中大塚古墳をとりあげて具体的に考えてみることにしよう。大塚古墳は直径五六メートルの円墳であり、時期は中期初頭に位置づけられる（柳本編一九八七）。墳頂部には三基の木棺が主軸を南北にそろえて併存していた（図21）。第一主体は、盛土とともに棺が部分的に流出しているため全容は把握できないが、少なくとも長さ二メートル以上の割竹形木棺が直葬されていたとされる。遺存していた木棺からは刀四本・鉄鏃二七本のほか玉類が二七七個出土した。

第二主体部は墳頂部中央に位置し、第二主体部が大塚古墳における主要埋葬施設であったと考えられる。この第二主体部は長さ九・二五メートル・幅六・三メートルの巨大な墓坑を持ち、墓坑内には二基の粘土槨が設置されていた。粘土槨とは木棺を粘土で覆った施設のことである。要は一つの墓穴に二基の木棺が設置されていたのだ。

二基の粘土槨はそれぞれ東槨・西槨と呼ばれ、二つの粘土槨には切り合い関係が存在せ

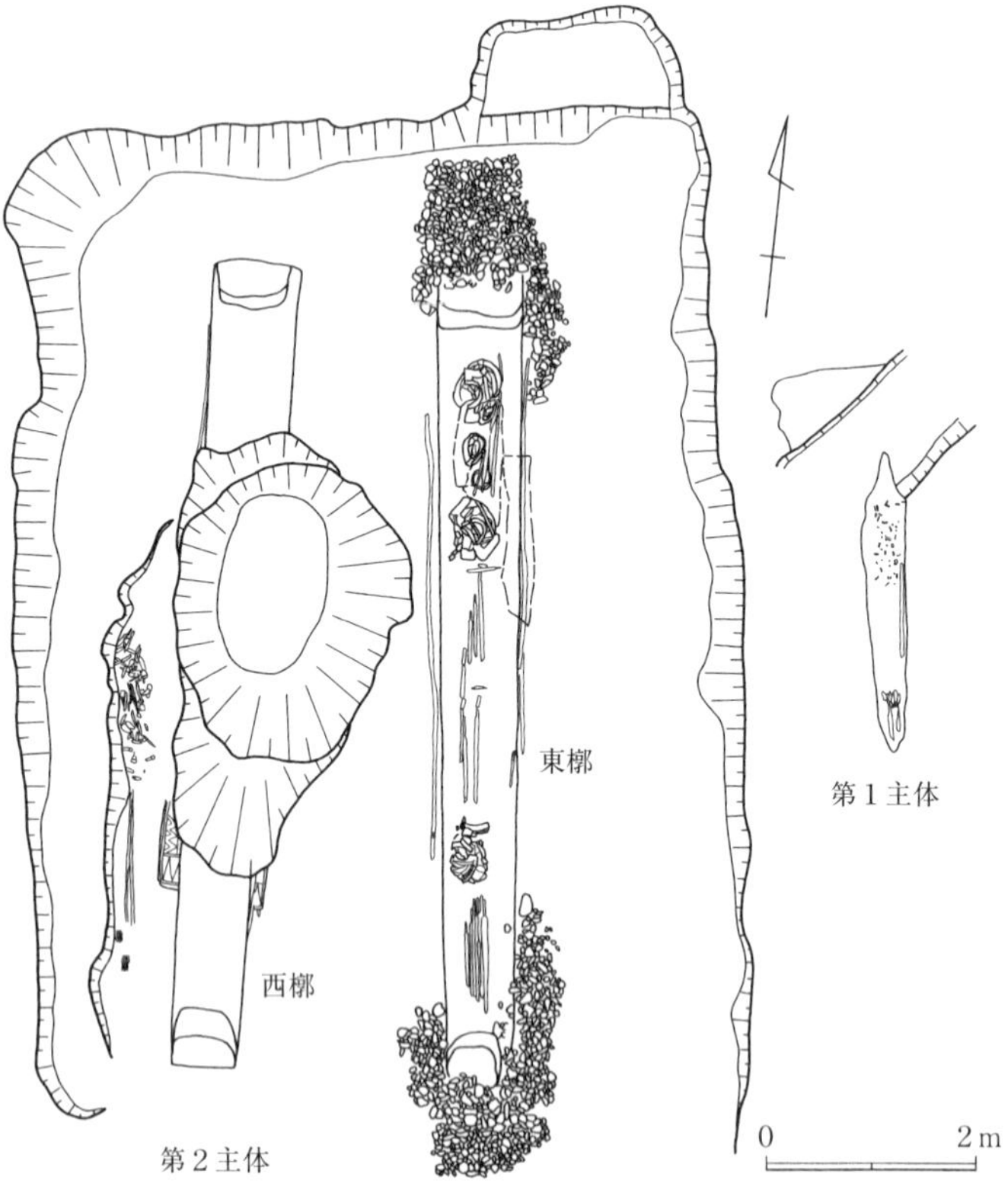

図21　豊中大塚古墳の埋葬施設配置

ず、二基の粘土槨が同一の墓坑に同時に構築されたと考えられている。墳頂の中心は、東槨と西槨の中央に位置することから、二基の粘土槨はきわめて計画的に配置されていたようすが窺われる。

東槨は盗掘を免れ、棺内外の副葬品がほぼ埋葬時の位置で検出された。棺内に三組の甲冑とともに刀剣一八本のほか方格規矩鏡などが出土している。西槨は中央部に巨大な盗掘坑があり、副葬品配置に不明な点が多いものの、甲冑片や鉄鏃が出土している。

三基の埋葬施設の副葬品目をみてみると、いずれの棺も武器と武具が数多く副葬されていたことがわかる。第一主体部からは刀と鉄鏃が出土し、第二主体部東槨からは甲冑三組、西槨からも甲冑と鉄鏃の出土が見られた。先に示したように、鏃と甲冑は男性被葬者にのみ副葬される遺物であるので、大塚古墳の三つの棺には、それぞれ男性が葬られていた可能性が高いのである。

三人の男性被葬者の血縁関係は直接的には把握しがたい。しかし、東槨と西槨は墓坑を一にし、同時代性とともに両槨被葬者の緊密な関係を窺わせる。東槨と西槨には甲冑が副葬されていたが、甲冑が未成年者に副葬されていた事例はこれまでにない。このことから両槨の被葬者はともに成人であったと想定される。東槨と西槨は同時期に設置されていることから、改葬を考えない限り死亡時期も近かったと考えられるので、東槨と西槨被葬者

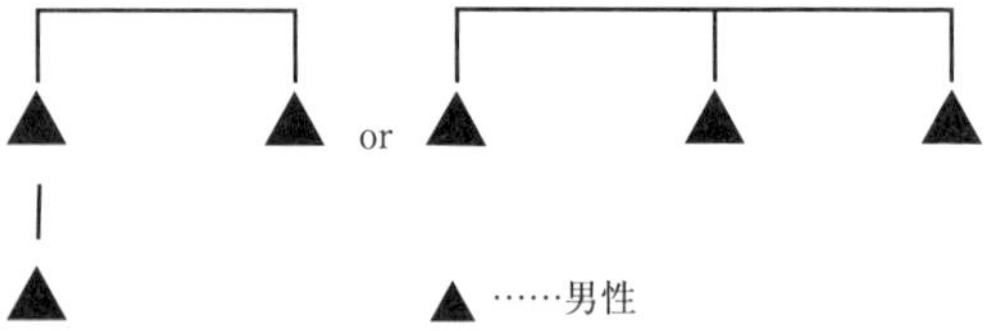

図22　想定される豊中大塚古墳被葬者の親族関係

の生前の年齢はさほど大きく離れていなかったと考えられる。このように考えると両被葬者は同世代の成人男性であった可能性が高いといえよう。

次に、第一主体部と第二主体部の被葬者の関係を考えてみることにしよう。第一主体部から出土した鉄鏃は鏃身の長い柳葉型が中心である。大塚古墳の南には次世代の首長墳である御獅子塚古墳（おししづかこふん）が隣接するが、大塚古墳第一主体部出土の鉄鏃と御獅子塚古墳第一主体部出土の鉄鏃との間には大きな型式差が存在する。大塚古墳第一主体部の鉄鏃は、御獅子塚古墳第一主体部の鉄鏃よりも大塚古墳西槨のそれに形態は近い。以上のことから、大塚古墳第一主体は大塚古墳第二主体が設置された後、御獅子塚古墳第一主体部に葬られた次世代の首長が死ぬ前に設けられたと考えることができる。つまり、大塚古墳第一主体と第二主体の時期差は一世代以内に抑えることができる。以上の検討から、第一主体の被葬者は第二主体の被葬者と同世代かあるいは少なくとも子供の世代の男性であると予想される。

大塚古墳は、すべての被葬者が男性で構成される同性埋葬墳なのである。被葬者がすべて男性なので「男性の同性埋葬墳」と呼ぶことにする。逆に被葬者がすべて女性の場合は「女性の同性埋葬墳」と呼ぶ。被葬者どうしが同性であることが判明しても、被葬者間の血縁関係はなお不明である。しかし、同性埋葬墳は配偶者を被葬者の中に含まないのであるから、この点において、人骨出土墳で観察されたキョウダイ原理の埋葬と矛盾せず共通する。もし、被葬者間に血縁関係が認められるとすれば、大塚古墳の被葬者の関係は図22のような親族関係が想定でき、人骨出土墳で認められた埋葬パターンと同一となる。

女性の同性埋葬墳

女性だけで構成されている事例もある。奈良県桜井市池ノ内一号墳(いけうちいちごうふん)である。直径一三メートルの円墳で墳丘中央に東棺と西棺という二基の木棺が検出された。ともに人骨は遺存していなかったが、東棺被葬者の右手と思われる箇所に石釧が置かれており、西棺被葬者の両腕部にも石釧が配されていた（図23）。先に示したようにこの腕輪の配置は被葬者が女性であることを示す。東棺も西棺も被葬者は女性であり、「女性の同性埋葬墳」なのである。女どうしで夫婦ということは古代ではないと考えられるので、姉妹と考えるか母娘の関係で考えるのがよいであろう。このように人骨の分析と被葬者の性別構成から考えると、一つの古墳にはキョウダイを中心とした血縁者が葬られており、嫁や婿などは埋葬されていないと考えるべきであろう。

同性埋葬墳の事例は実のところ少なくない。近畿だけで一六例も確認できている（表

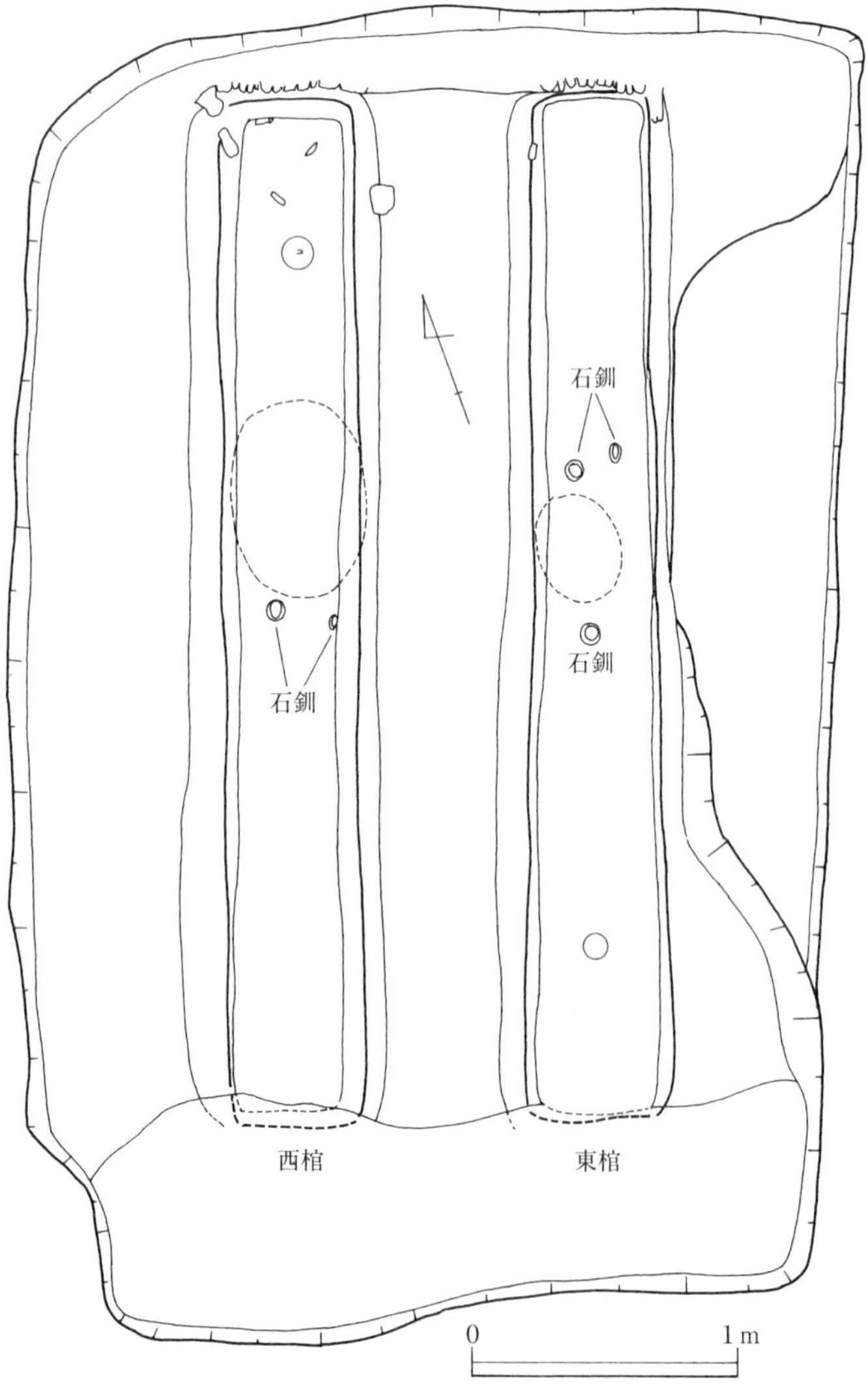

図23　池ノ内1号墳の埋葬施設

表3　一般層の同性埋葬墳
(男性の同性埋葬墳)

遺跡名	所在地	時期	墳形	規模(m)	人骨	鏃	甲冑	腕部	攪乱
天坊山古墳第1主体	兵庫県	3	円	16	♂	○			有
天坊山古墳第2主体						○			有
野山5号墳北棺	奈良県	7	方?	13		○			
野山5号墳南棺						○?			
兵家6号墳東主体部	奈良県	7	方	13		○	○		有
兵家6号墳西主体部						○			
後出3号墳第1主体	奈良県	7	円	13		○	○		
後出3号墳第2主体(*)						○	○		
野山遺跡シメン坂支群3号墳東棺	奈良県	7-8	円	9		○			
野山遺跡シメン坂支群3号墳西棺						○			
寺口和田12号墳北棺	奈良県	7-8	方	14		○			
寺口和田12号墳南棺						○			
後出20号墳第1主体	奈良県	8	円	15		○			
後出20号墳第2主体						○			
沢遺跡2号墳東棺	奈良県	8-9	方	11		○			
沢遺跡2号墳西棺						○			
沢野山C-6号墳東棺	奈良県	8-9	円	9		○			

沢野山C－6号墳西棺						○			
赤ヶ山古墳第1主体部	京都府	8－9	円	13		○			
赤ヶ山古墳第2主体部						○			
後出18号墳第1主体（＊）	奈良県	9	円	20		○			
後出18号墳第2主体（＊）						○			有
兵家11号墳東主体部	奈良県	9	方?	?		○			
兵家11号墳西主体部						○			
桃山1号墳第1主体部	京都府	9	円	19		○			
桃山1号墳第2主体部						○			
前田6号墳東側主体部	京都府	9	円	10		○			
前田6号墳西側主体部						○			
栗ヶ丘3号墳第1主体部	京都府	10	円	13		○			
栗ヶ丘3号墳第2主体部						○			
栗ヶ丘3号墳第3主体部						○			

（女性の同性埋葬墳）

遺跡名	所在地	時期	墳形	規模（m）	人骨	鏃	甲冑	腕部	攪乱
池ノ内1号墳東棺	奈良県	3－4	円	13				○	
池ノ内1号墳西棺								○	

「腕部」とは腕輪形石製品を被葬者の腕部に置く副葬品配置である。

「時期」は『前方後円墳集成』（広瀬一九九二）の各時期を示す。

＊後出18号墳第1主体・第2主体、後出3号墳第2主体ともに2体埋葬の可能性が指摘されている。

3）。その存在はキョウダイ原理埋葬を支持すると言えよう。そして同性埋葬墳は前期から後期まで認められる。キョウダイ原理の埋葬は前期から後期まで続くとする筆者の人骨による分析が支持されるのだ。なお、女性の同性埋葬墳が少ないのは、女性を判別する材料が腕輪形石製品の腕部配置だけであることに要因があり、実際には男性の同性埋葬墳と同じくらいは存在したと考えている。

近親婚について

ただし、キョウダイやイトコどうしの婚姻など、近親婚があった場合は、血縁者どうしの婚姻なので、配偶者が同一の墳墓にいたとしても歯冠計測値法などではそうした事例を判別できない。前近代の村では、村内婚の比率が高いことが知られていて、遠い親戚同士の婚姻が認められる。また、古代の王族や有力貴族・豪族間での近親婚が知られている。ただし、近親婚があったとしても、それが婚姻のすべてではない。田中にしろ筆者にしろ多くの資料で分析したところ、キョウダイ・親子を中心とした埋葬ばかりが検出されたのであった。これほど多くの近親婚や親戚どうしの婚姻があったとは考えにくい。さらに大林太良が指摘し（大林一九八七）、田中良之がそれを引用して批判するように世界的にみて近親婚は王族の特権的習俗であり、近親婚が一般に広まっているという考えには従いがたい。

「阿豆那比の罪」の理解

『日本書紀』神功紀にある「阿豆那比の罪」記事から、同性埋葬墳は一般的でないという批判もありえよう。「阿豆那比の罪」とは、考古学者にはよく知られた記事である。神功皇后が韓半島からの軍事行動から帰ってくる時、和歌山県あたりで、昼が夜のように暗くなったので、その理由を紀直の先祖である豊耳に問うたところ、これは「阿豆那比の罪」だと言う。これは「二の社の祝者」を一つの棺に合葬した罪だというのである。神功が地元の人に尋ねると「小竹の祝」と「天野の祝」という仲良い友が死んだので遺言によって合葬したという。そこで墓を開くと、二人が合葬されていたので別々に埋葬すると、太陽が出て昼と夜の区別が再びつくようになったという伝承である。

間壁葭子はこの伝承記事を考慮して、男性は単独で埋葬されるか妻との合葬が通常の姿であって、男性二人の合葬は「望まれない組み合わせ」であったとする（間壁一九九二）。間壁の説が正しいとすると、同性埋葬墳は一般的な存在ではなくなり、キョウダイ原理葬も限られたものになってしまう。

しかし、小林行雄が古くに示しているように、「罪」とされたのは「親族でない者を合葬したこと」が罪であった可能性がまず考えられる（小林一九五九）。また、豊耳の言う「阿豆那比の罪」を吟味してみると、「二の社の祝者」の合葬が罪だとしているのであり、祝者の性別が問われているわけではない。祝者という特別な職にある者どうしの合葬が罪であるとも読み取れるのであって、男性二人の合葬が罪の本質であるとは限定はできないのだ。

本章で取り扱っている同性埋葬墳は中小古墳のそれであって、もともと副葬品が少なく性別の判定ができない墳墓が多い。さらに古墳にある埋葬のうち一基でも性別が判定できないときは、それを同性埋葬墳から除外してある。したがって、同性埋葬墳の抽出率は実際よりもかなり低いはずである。それにもかかわらず近畿だけで一六例も確認できている。同性埋葬墳は特殊な埋葬例ではなく、特別な理由で同性が集められたとも考えがたいのである。キョウダイを中心とする埋葬が古墳時代に一般的に行われ、その一環として同性のキョウダイが埋葬されたと考えることが自然であろう。

夫婦原理の埋葬

研究史との関係で依然特筆すべきことは夫婦の合葬である。キョウダイ原理の埋葬が前期から後期まで続くとするならば、夫婦原理の埋葬は基本的に存在しないことになる。前期から中期はもはや議論は必要ないであろう。田中良之や筆者の分析から、夫婦原理の埋葬は前期から中期にかけては基本的に存在しないことは明らかだ。問題は後期以降である。田中は家長夫妻とその子供が埋葬される基本モデルⅢが六世紀に存在するという。果たしてそれは事実であろうか。

夫婦原理の埋葬は存在したのか？

筆者の近畿地方における分析では夫婦原理の埋葬と考えられる古墳は存在しなかった。田中が基本モデルⅢとして取り上げた事例は三遺跡しかない。岐阜県大垣市花岡山古墳（はなおかやまこふん）

群・島根県安来市高広I―三号横穴墓・山口市朝田墳墓群である。この点に関しては、田中の分析には問題がある。夫婦原理の埋葬であることを歯冠計測値法から明らかにすることは難しいからだ。二体の被葬者が夫婦であることを証明するために、田中は二体に血縁関係がないことでもって示す。しかし、歯冠計測値法には限界があることはすでに述べた。その一つに田中自身が明らかにしているように、父親似と母親似のキョウダイは、非血縁であると判断されてしまうことがある。歯の遺伝は両親の影響を受ける。歯の形に関しても両親から影響を受けるのである。したがって、父親の歯に似た子供と母親に似た歯を持つ子供では非血縁と判定されてしまうのである。この点は関口裕子が強く批判したところであった（関口二〇〇〇）。そうした弱点を持つことから、歯冠計測値法は多くの資料を必要とする。多くの分析事例を積み重ねることによって、一定の傾向を示す必要があるのである。しかし、基本モデルⅢで示した田中の事例は少なすぎると言わざるを得ない。先述したとおり、古墳時代後期から終末期においては基本モデルⅢよりもキョウダイ原理の埋葬が卓越している（図17）。

王陵の夫婦合葬

ただし、夫婦原理モデルが古墳時代後期から終末期にかけてまったくなかったわけではない。人骨の分析では夫婦原理の埋葬と考えられる確実な資料はないのであるが、文献史料には数例の夫婦合葬がある。大王・天皇の事例と

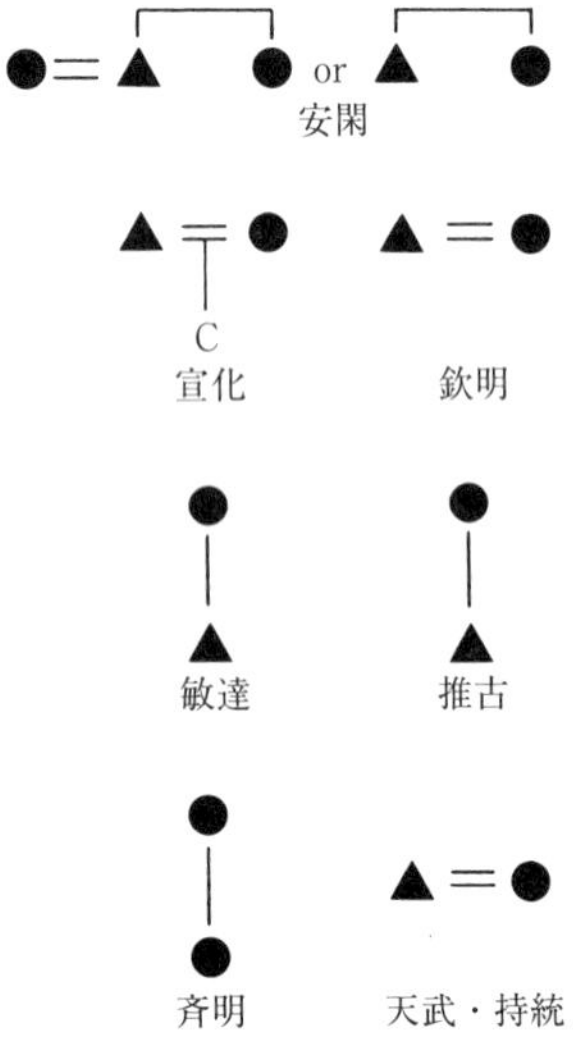

▲……男性　●……女性　C……未成人

図24　大王墓の合葬事例

船王後の事例である。本章は中小古墳を対象としているので、ここでは大王・天皇の事例については簡単に触れておくにとどめ置き、詳しくは次章で検討することにしよう。

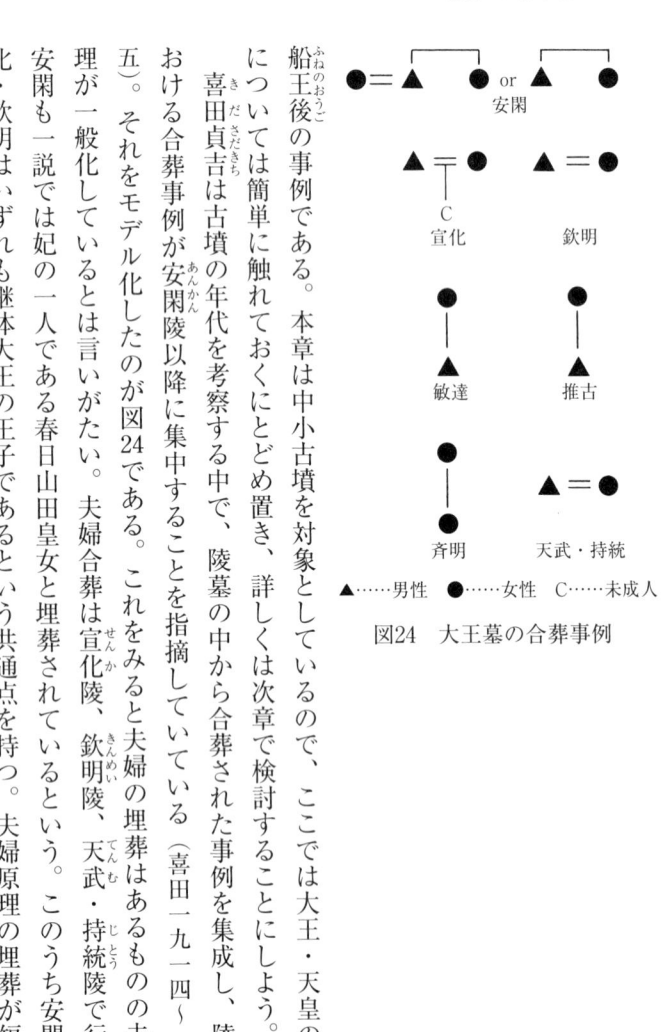

喜田貞吉は古墳の年代を考察する中で、陵墓の中から合葬された事例を集成し、陵墓における合葬事例が安閑陵以降に集中することを指摘している（喜田一九一四〜一九一五）。それをモデル化したのが図24である。これをみると夫婦の埋葬はあるものの夫婦原理が一般化しているとは言いがたい。夫婦合葬は宣化陵、欽明陵、天武・持統陵で行われ、安閑も一説では妃の一人である春日山田皇女と埋葬されているという。このうち安閑・宣化・欽明はいずれも継体大王の王子であるという共通点を持つ。夫婦原理の埋葬が短期間

に集中し、継体の三王子という系統的にもきわめて限定的な存在であることを逆に示している。これを一般化することは困難である。このことは詳しく後で述べるとしよう。

残る夫婦原理の埋葬である天武と持統が叔父と姪の関係にあることは注意を要しよう。持統天皇の父は天智天皇であり、天智は天武の兄である。彼らは父系親族なのであり、夫婦であると同時に血縁者であることが合葬につながった可能性もある。あるいは持統の頃、皇位継承問題が発生しており、これが天武と持統の合葬を促した可能性もある。詳しくは後述する。いずれにしろ、天武・持統の例からも夫婦原理埋葬を一般化することはできないのである。

船王後の墓誌

船王後は敏達天皇の時に生まれ、推古・舒明天皇に仕え六四一年に亡くなったとされる人物である。江戸時代に大阪府柏原市の河内国分の松岳山から墓誌が出土し、その内容から埋葬について明らかになっている。墓誌とは、被葬者の名・経歴・死亡年・埋葬地などを記したもので、墓中に納められる。日本では七世紀からまれに見られる。ちなみに船王後の墓誌は日本で最古の墓誌とされる。この墓誌によれば、王後はその妻・安理故能刀自とともに松岳山に葬られ、王後の兄である刀羅古首と並んで墓を作ったという。白石太一郎がすでに指摘するとおり、子供の記載がないものの夫婦が同墓に葬られることから基本モデルⅢに近い埋葬と考えられる（白石一九九三）。しかしながら、王後の事例も夫婦原理の埋葬を一般化するには足らない。墓誌によれば彼は王智仁の孫とされ、渡来系そのものの人物であるからだ。後述するが、継体の三王子が夫婦原理の埋葬を行っているのも、韓半島の影響を受けた可能性が考えられており（関口二〇〇一・清家二〇一〇）、夫婦原理の埋葬は渡来系集団の中、あるいはその影響を強く受けた集団でのみ行われている可能性が考えられるからである。

平安貴族の埋葬と比較する

キョウダイ原理の埋葬（＝基本モデルⅠ）は、現代の我々にはイメージしにくい。現在の埋葬の主流は、夫婦を核とした核家族の埋葬であるからだ。帰葬は現代のイメージで言い換えると、配偶者が実家の墓に入ることに近い。自分の妻あるいは夫が、それぞれの実家の墓に埋葬されるのはたしかに想像しにくい。

しかし、文献史によれば古代はこの埋葬が一般的であった。平安時代の貴族の埋葬を分析した栗原弘は、出自が異なる夫婦は墓地を別にし、それぞれが父系墓地に埋葬されていることが原則であることを明らかにした（栗原一九七九）。藤原道長を事例としてみてみよう（図25）。平安時代、藤原氏全盛時の摂政あるいは太政大臣として著名なあの道長である。道長は京都府宇治市の木幡墓に埋葬されている。木幡墓は代々の藤原氏の墓地であった。道長の妻の一人である倫子は源氏出身であり、その墓は父・源雅信とともに仁和寺にある。この事例を見ただけでも、平安貴族は夫婦別墓のようすが見て取れ、墓が出身集団の墓地に営まれているようすがわかる。道長の子弟で、埋葬地が判明する子供たちもすべて木幡に埋葬されている。道長の娘たちはそれぞれ有力皇族に嫁いでいるにもかかわらず、木幡に埋葬されている。具体的に述べると藤原妍子は三条天皇に、藤原嬉子は後朱雀天皇に嫁いでいる。三条天皇は京都市北区の北山陵に、後朱雀天皇は京都市右京区にある圓乗寺陵に葬られるが、妍子・嬉子はともに木幡に埋葬される。つまり父方の墓域に埋葬され、夫とは墓を異にするのだ。

道長の親族では父・兼家と母・時姫の墓がともに墓が木幡にあるが、これには理由がある。時姫自身も藤原氏出身であるので、藤原氏の墓地である木幡に葬られたと考えられる。兼家の妻としての立場よりも時姫とその父の関係から木幡に埋葬されたと考えられるのである。

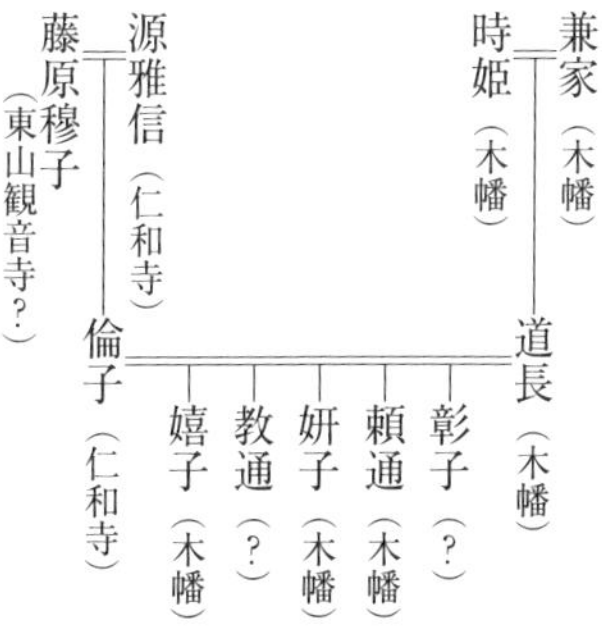

図25　藤原道長家族の墓地
（栗原1979より抜粋）

平安時代においても、婚入してきた人物が帰葬され、夫婦別墓が原則であることがよくわかる。平安時代の貴族の埋葬は、じつのところ基本モデルⅡに近い。基本モデルⅡは男性家長とその子供の埋葬であるからだ。

これは古墳時代より数百年後の世のことであるので、父系化が進行してこのようになっているのである。

なお、平安時代において夫婦原理の埋葬が一般化されていないことは、先述した古墳時代後期〜終末期の夫婦原理の埋葬に対する理解に一定の方向性を与えるであろう。すなわち、古墳時代後期〜終末期においても夫婦原理の埋葬は例外的な存在であり、一般化するまで普及はしなかったという理解である。古墳時代後期〜終末期において夫婦原理が一般化しているならば、平安時代になって夫婦別墓に再び戻ることになる。そうした複雑な変化をたどるよりも、古墳時代を通じて血縁者のみが埋葬される双系的なキョウダイ原理の埋葬が引き続き行われる中で、父系化が進んで父系の血縁者のみが埋葬される父系親族墓地が成立したと考える方が流れとして自然である。

本章の要点をまとめると、以下のとおりになる。

一つの古墳、あるいは古墳群においては、基本的に親子・キョウダイを基本とする血縁者のみが埋葬される。嫁・婿などの婚入者は、基本的に出身集団の墳墓に葬られる。これは古墳時代を通じて主流となる埋葬原理であった。

また、古墳の初葬者は、男女ともに存在する。その割合は前期〜中期でほぼ一対一の関係であった。これは古墳時代が双系的親族構造であったことを示す。後期にはやや男性の比率が高くなる。しかし、女性家長と考えられる人物も一定の割合で存在するので、父系化は貫徹していなかったと考えられる。父系化がやや進んだ双系的親族構造であると評価できるのだ。

首長墳の埋葬原理

首長墳におけるキョウダイ原理

人骨の分析

次に首長墳の検討を行うことにしよう。ただすでに述べているとおり首長墳からの人骨出土数は少ない。遺存状況が良好で複数の人骨が見つかった例は十指に足りない。

私が分析した事例では大阪府堺市野々井二本木山古墳が首長墳として認められよう。野々井二本木山古墳は直径一三メートルの小古墳であるが、和泉砂岩製の刳抜式舟形石棺（図26）が見つかっている。刳抜式舟形石棺は首長層だけに用いられる棺であるので墳丘こそ小なりといえども、首長墳であると理解してよい。石棺の中には二体の人骨が頭位を同じ方向に向けて葬られていた（藤沢一九六二）。棺蓋と棺身の合わせ目から刀が一本検出されたほかは、副葬品は存在しなかった。刀以外に遺物は知られておらず、古墳の築造年代を決める手がかりに欠けるが、石棺の形態から古墳時代前期末葉～中期前葉に位置づけられる（和田一九九四）。

出土した二体の人骨は、両者ともに頭蓋（とうがい）がよく遺存している。一方は壮年後半から熟年期の男性であり、もう一方は、頭蓋以外の残りが悪いので確実なことはいえないが、熟年期の女性であろうと思われる。埋葬は同時ではないかと考えられているので、二人の年齢差は大きくないと言ってよい。

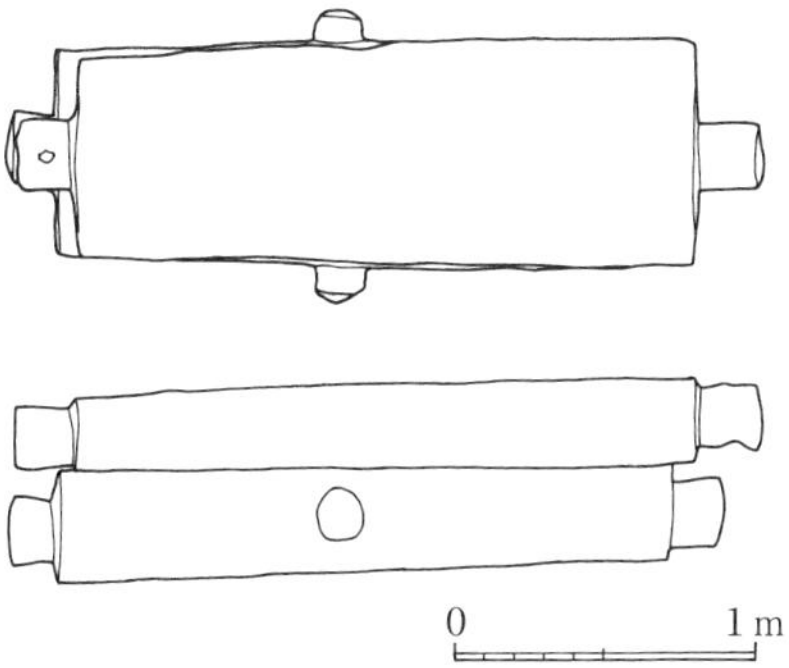

図26　野々井二本木山古墳石棺

これらの人骨の歯冠（しかん）を計測し、相関係数を求めてみたところ、複数の歯種組み合わせで〇・五以上の高い値を得ることができた（表4）。とくに上顎の第一・第二小臼歯（しょうきゅうし）と第一大臼歯の組み合わせでは〇・七〇八のきわめて高い値を得ることができた。

以上のことから、野々井二本木山古墳に葬られた男女と考えられる二人の被葬者は血縁者である可能性が高い。二体の被葬者が大きな時間差をおかずに葬られたと考えられるので、二人の年齢は近くキョウダイである可能性が高いのである。

表4　二本木山古墳出土人骨間の相関係数

野々井二本木山古墳	男性人骨－女性人骨
$I^1I^2CP^1P^2M^1M^2I_1I_2CP_1P_2M_1M_2$	0.285
$I^1I^2CP^1P^2M^1I_1I_2CP_1P_2M_1$	0.390
$P^1P^2M^1M^2P_1P_2M_1M_2$	0.360
$I^1I^2CP^1P^2I_1I_2CP_1P_2$	0.381
$CP^1P^2M^1CP_1P_2M_1$	0.439
$P^1P^2M^1P_1P_2M_1$	0.550
$I^1I^2CM^1I_1I_2CM_1$	0.218
$P^1M^1P_1M_1$	0.588
$I^1I^2CP^1P^2M^1M^2$	0.572
$I^1I^2CP^1P^2M^1$	0.551
$CP^1P^2M^1$	0.594
$P^1P^2M^1$	0.708
$I_1I_2CP_1P_2M_1M_2$	0.187
$P_1P_2M_1M_2$	0.101

I……切歯　C……犬歯　P……小臼歯　M……大臼歯を示す．数字はそれぞれの歯種の順位を示し，上付きの数字は上顎，下付きの数字は下顎のそれを示す．

田中良之が分析した例では山口県赤妻古墳（あかづまこふん）例が首長墳として唯一の例である。直径三〇メートル（メートル）で、中期前半から中葉の円墳である。主要埋葬である舟形石棺からは成年女性、隣接する箱形石棺（はこがたせっかん）からは成年男性人骨が検出された。田中の歯冠計測による分析ではキョウダイであると判定されている（田中一九九五）。

このように事例は数少ないが、人骨分析からはキョウダイ原理の埋葬が首長墳で行われている可能性がある。

首長墳の同性埋葬墳

首長墳でも同性埋葬墳（どうせいまいそうふん）は認められる。同性埋葬墳は前章にてすでに説明したとおり、古墳被葬者がすべて同性、すなわち男性だけあるいは女性だけで構成されている古墳である。ここには婚入してきた男女は埋葬されていないと考えられ、男同士の組み合わせと女同士の組み合わせはキョウダイあるいは親子で

表5　近畿前方後円墳における同性埋葬墳
（男性の同性埋葬墳）

遺跡名	時期	規模（m）	人骨	鏃	甲冑	腕部	攪乱
京都・寺戸大塚古墳後円部石室	2	95		○?			
寺戸大塚古墳前方部石室				○			有
京都・瓦谷1号墳第1主体	3	51		○	○		
瓦谷1号墳第2主体				○	○		
大阪・玉手山6号墳中央槨	4	69		○	○		
玉手山6号墳東槨				○			
京都・石不動古墳北槨	4	75		○			有
石不動古墳南槨					○		有

京都・奈具岡北1号墳第1主体部	6	60		○			
奈具岡北1号墳第2主体部				○			
奈良・額田部狐塚古墳北棺	8	50		○	○		
額田部狐塚古墳南棺				○			
兵庫・大滝2号墳第1主体	8	20		○			
大滝2号墳第2主体				○			有
奈良・石光山8号墳埋葬施設1	8	35		○			有
石光山8号墳埋葬施設2				○			
奈良・見田大沢1号墳中央墓壙北棺	9	28		○			
見田大沢1号墳中央墓壙南棺				○			
見田大沢1号墳南墓壙				○			
見田大沢1号墳北墓壙				○			
見田大沢1号墳張出部				○			

（女性の同性埋葬墳・参考）

遺跡名	時期	規模(m)	人骨	鏃	甲冑	腕部	攪乱
大分・免ヶ平古墳竪穴式石室	3	50				○	
免ヶ平古墳箱形石棺			♀			○	

「腕部」とは腕輪形石製品を被葬者の腕部に置く副葬品配置である。
「時期」は『前方後円墳集成』（広瀬一九九二）の各時期を示す。

ある可能性が高い。そうした事例が近畿の前方後円墳だけでも九例確認されている（表5）。そしてそれは前期から後期まで存在しているのである。キョウダイ原理の埋葬が首長墳でも古墳時代を通して行われていることが理解できよう。

近畿では男性の同性埋葬墳しか見つかっていないが、それは女性被葬者を判別する手がかりが車輪石（しゃりんせき）と石釧（いしくしろ）の腕部配置しか存在しないことによる。前方後円墳を含む首長墳でも前期に限っては女性の同性埋葬墳が存在すると考えている。九州の事例であるが女性の同性埋葬墳と考えられる事例がある。大分県免ヶ平古墳（めんがひらこふん）である（図27）。全長五〇メートルの前方後円墳で前期後半に属する。後円部の主要埋葬は竪穴式石室で、その横には箱形石棺が並んで存在する。箱形石棺には女性人骨が遺存しており、腕部に石釧が置かれていた（図27－3）。竪穴式石室には人骨がなかったものの、やはり腕部に石釧があり女性特有の副葬品配置を示す（図27－2）。男性的な副葬品である鏃の副葬や、刀剣の棺内副葬は認められなかった。この二つの埋葬施設はともに女性が埋葬されていたのである。すなわち「女性の同性埋葬墳」なのである。女どうしで夫婦ということは古代ではあり得ないだろうから、姉妹と考えるか母娘の関係で考えるのがよいであろう。

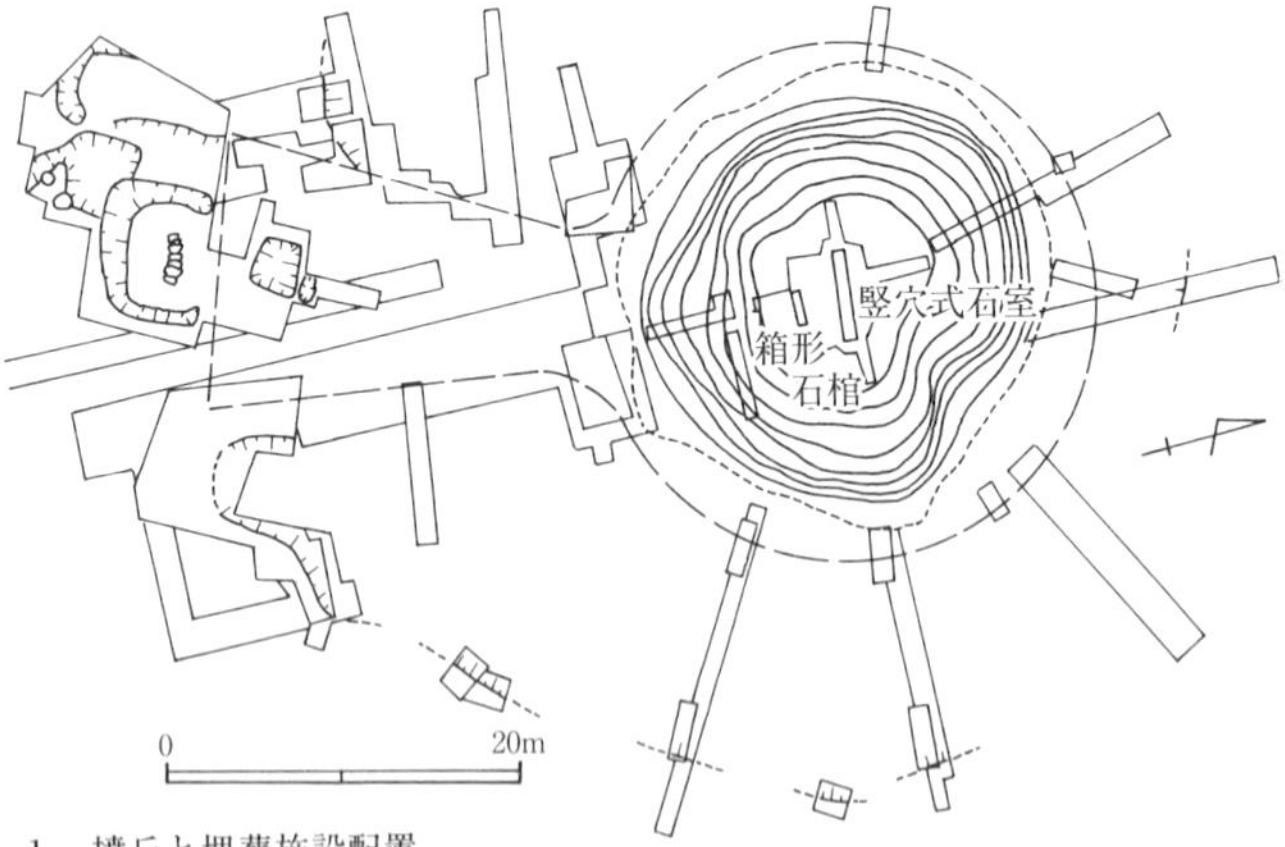

1．墳丘と埋葬施設配置

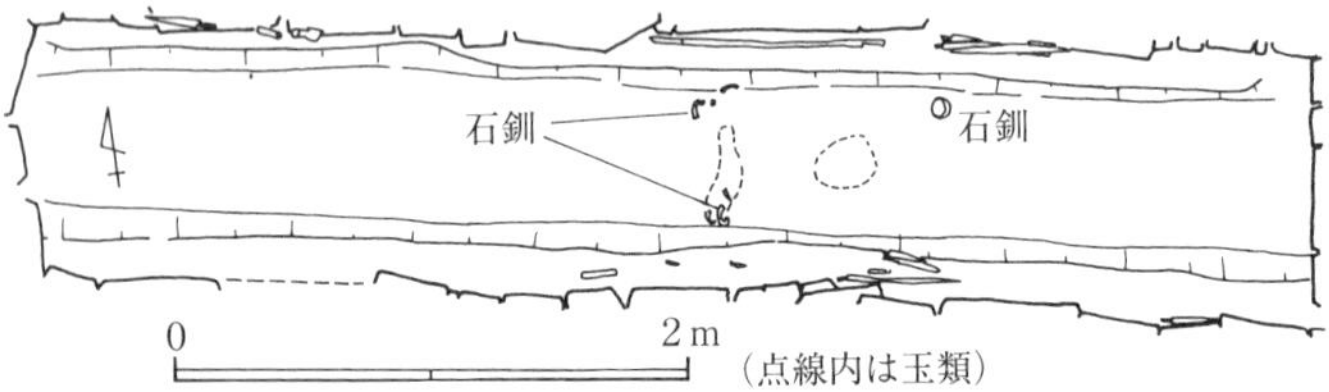

2．竪穴式石室

3．箱形石棺

図27　免ヶ平古墳の埋葬施設

私は「女性の同性埋葬墳」が前期までは存在しうると先に書いた。「前期まで」と限定しているのである。それには当然理由がある。前方後円墳の初葬者は中期を境に大きく変化すると考えられるからだ。

まずは古墳時代前期に女性首長が一般的に存在していた姿を見よう。

古墳時代前期における女性首長の一般的存在

冒頭に紹介した向野田古墳（むこうのだこふん）のように一〇〇メートル級前方後円墳の主要埋葬にも女性が葬られる事例が存在する。向野田古墳は孤立した存在ではない。首長墳における人骨資料は少ないものの、副葬品から女性首長と判断される事例は少なくない。先に示したとおり、車輪石や石釧が被葬者の腕部に置かれる被葬者は女性と考えられる。そうした事例を含めて首長墳の主要埋葬で女性被葬者と判明する事例を表6に示した。一〇〇メートル級の古墳が複数存在し、関東から九州まで広く存在していることがわかるであろう。

　先にも示したが、首長墳から人骨が見つかる例は少なく、女性を判別する副葬品の要素も少ないことから、女性首長と判断できる事例は数的に限られてしまう。逆に言うと、限られた要素から約一〇例の女性首長を判別できたのであるから、実際にはさらに多くの女性首長が古墳時代前期には存在したことであろう。

表6　腕部配置型式を採用する前方後円墳主要埋葬施設

埋葬施設名	所在地	墳形	墳丘規模	人骨性別	車輪石 数	車輪石 位置	石釧 数	石釧 位置	備考
向野田古墳	熊本県	方円	89	♀	1	右			貝輪あり
免ヶ平古墳第1主体	大分県	方円	57				2	両	槍あり
新庄天神山古墳	岡山県	方円	107				1	左	円墳説有り
中小田古墳	広島県	方円	30		1	?			
黄金塚古墳中央槨	大阪府	方円	94		1	右	1	左	
交野東車塚古墳	大阪府	方方	65				1	?	2体埋葬、中期初頭
元島名将軍塚古墳	群馬県	方方	91	(♀)			1	左	
新皇塚古墳	千葉県	方円	60				1	左?	
桜塚古墳	茨城県	方円	30				1	左	

・「位置」は、腕輪形石製品が遺体の左右どちらにおいてあるかを示す。
・「墳形」のうち、「方方」は前方後方墳、「方円」は前方後円墳を示す。
・性別のうち、（　）付きのものは、性別根拠の薄いことを示す。

男性首長と女性首長の割合

女性首長が古墳時代前期に一般的に存在していたとして、その割合はどの程度であろうか。なかなか難しい問題であるが、古墳の主要埋葬における鏃および甲冑の副葬率からそれを考えてみた。鏃と甲冑は男性にのみ副葬されるアイテムである。南九州の一部を除いてこの原則は徹底している。とくに鏃副葬は、古墳時代には広く普及したものと考えられている。鏃と甲冑が男性のみに副葬されるとするならば、主要埋葬における鏃あるいは甲冑の副葬率は男性首長の最低限の割合を示すことになる。さらにいえば、鏃は首長墳の副葬品としては必須なアイテムともいえるので、それを副葬していないことは、絶対とはいえないが被葬者が女性である可能性を示すのであり、鏃および甲冑の副葬率は男性首長のおおよその割合を示していると言えるのである。

古墳時代前期における近畿の前方後円墳主要埋葬施設の鏃あるいは甲冑の副葬率は六七％であった（図28－1）。地方まで広げると五〇％まで低下する可能性がある（鈴木一九九六）。

このように考えるならば、前期には男性首長と女性首長の割合が近畿で七：三であり、地方ではほぼ一：一、あるいはその割合に近かった可能性が考えられる。なんども繰り返すが、この数値はおおよその目安である。しかし、女性首長が一定の割合で存在したこと

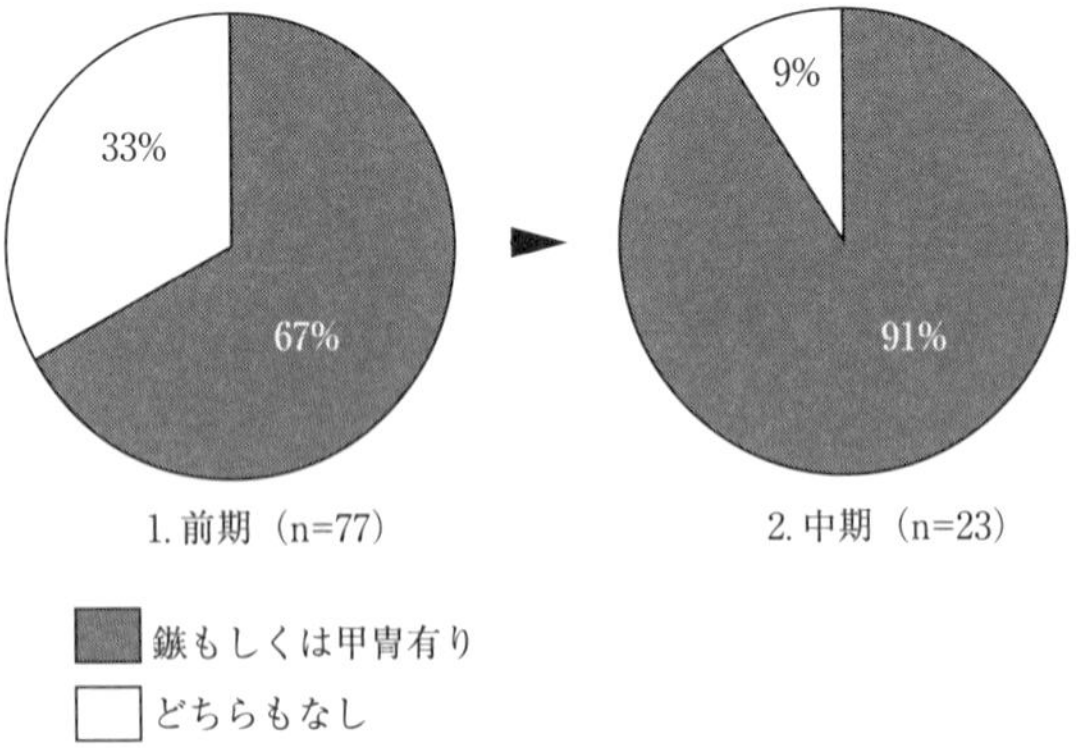

図28 近畿前方後円墳主要埋葬施設における鏃と甲冑の副葬率

は否定できない数字であると言えよう。

女性首長と妊娠痕

ただ女性首長とおぼしき人物がいるだけではない。どうも彼女たちは子供を産む機会を持っていたことも判明している。

向野田古墳は、女性人骨が主要埋葬から検出された最大規模の古墳である。本書冒頭に書いたとおり、一五年来の念願がかなってその人骨を観察できた。向野田人骨は、子供を出産しているかどうかについて、その鑑定が二転三転していたのだが、事情があって第三者に観察が許されていなかった。しかし近年、宇土市教育委員会と熊本大学の取り計らいがあってそれがようやく実現したのであった。

骨盤の耳状面下部には靭帯が付着する箇所があって、妊娠中期を過ぎると胎児の胎動にまけないように靭帯が深く骨にくい込んで圧痕が付着する。これが妊娠痕と呼ばれる痕跡である。この痕跡が見つかると、その女性は妊娠を経験したことがわかるのである（Igarashi 一九九二）。昔は出産痕とも言われていたが妊娠と出産はイコールでなく、流産や出産前に母親が亡くなってしまうことがあることから、今では耳状面下部の圧痕は妊娠痕と呼ばれている。

向野田人骨の骨盤には、圧痕は弱いものの妊娠痕が観察されたのであった。一〇〇メートル級前方後円墳に埋葬される女性首長は子供を産む機会があったのであった。それ以外にも小首長クラスではあるが、女性首長に妊娠痕が認められる例があった。数は少ないので断言は難しいのだが、女性首長は基本的に男性パートナーを持ち、子供を産む機会を持ち得たのである。

古代において女性が子供を出産することは当然のように受け取られるかもしれない。現代のように産む・産まないを自律的に決める権利は古代にないと考えられるし、避妊の知識や技術はなかったからだ。しかし、女性が子供を産むことは決して当然なことではない。文献史料によれば女王・女帝の中には独身を貫き、出産を制限されていた例もあった（表7）。これは彼女たちが中継ぎ的存在で、とくに王位継承に問題が生じた時に女王や女帝が立つことと関連する。彼女たちが出産をして新たな子供を産むと、その子供は新たな王位継承候補者となる。そうなると王位継承争いの混乱に拍車がかかるので、出産が制限さ

表7　即位時の女王・女帝の婚姻状態

女王・女帝名	婚姻状態
卑弥呼	未婚
臺　与	未婚？
飯豊皇女	未婚
神功皇后	寡婦
推古天皇	寡婦
皇極（斉明）天皇	寡婦
持統天皇	寡婦
元明天皇	寡婦
元正天皇	未婚
称徳（孝謙）天皇	未婚

れていたとの理解が行われている（荒木一九九九）。

逆に言えば、古墳時代の女性首長は出産を制限されていないから、彼女たちは自分の地位を継承する可能性を持つ子供を出産することが許されていたと理解することができる。つまり、彼女たちは中継ぎや臨時の存在でなく、一般的存在であったと言えるのだ。

古墳時代中期における首長の男性化

しかし、中期以降は大型・中型前方後円墳の主要埋葬施設から出土する女性人骨は基本的にないといってよい。人骨から女性が主要埋葬施設に埋葬されていたとされる古墳は京都府大谷古墳で全長三二メートルの前方後円墳、山口県赤妻古墳で直径三〇メートルの円墳等である。首長墳とはいえ三〇メートル級にとどまっている。古墳時代中期は、埋葬施設に石棺が前代より多く使用されるので、女性首長が存在するのであれば骨が見つかる可能性は前期より高いはずである。それにもかかわらず大型・中型首長墳において女性人骨が主要埋葬施設から検出されることはないのである。

女性首長が減少し、首長が男性化することについて、鏃（ぞく）あるいは甲冑（かっちゅう）の副葬率からこれを補強してみよう。中期において前方後円墳の主要埋葬施設における鏃あるいは甲冑の副葬率は九〇％を超える（図28－2）。グラフの基礎となる資料が前期にくらべて少ないのは、中期になると首長系譜が統合されて前方後円墳が大型化しつつ数が減少すると同時に、一部の首長墳は大型円墳になるからである。なお、大型円墳の主要埋葬には甲冑や武器が副葬される例が多いので、図28－2のグラフに大型円墳を加えても同じ傾向を示す、あるいは鏃・甲冑の副葬率はさらに高くなると考えられる。

鏃・甲冑の副葬率は男性首長の比率の最低限を示すものである。人骨資料と合わせて考えると、中期の首長位はほとんどが男性が担っていたと考えてよい。

古墳群にみる父系化の過程

首長系譜にみる父系化

このようにみてくると、古墳時代中期以降、首長位は男性が継承するという形が基本となっていることがわかる。

この変化を具体的な地域で観察してみよう。単に首長が男性化するだけでなく、大きな社会変化が見て取れるはずだ。

猪名川左岸域の古墳群

筆者がかつてフィールドとしていた北摂津の猪名川左岸域はこの変化を理解する最もよいモデル的地域である。現在の行政区で言うと大阪府池田市・箕面市・豊中市に相当する。大阪国際空港の東側と言えばピンとくる方も多かろう。北摂山系から南流する猪名川の東側にある。この猪名川の東側にある千里丘陵から西側に延びる尾根や台地と、その尾根・台地を開析し猪名川に流れ込む河川によってこの地は四分割される。北から池田・箕面域、待兼山丘陵域、豊中台地とその南にある低地部分である（図29・30）。南の低地部分にはほとんど古墳が存在せず、首長墳は三小地域に築造される。

前期における古墳の点的分布と被葬者の性別

古墳時代前期にはそれぞれの地域に首長墳が築造されている。池田・箕面域には池田茶臼山古墳と娯三堂古墳、待兼山丘陵域には待兼山古墳と御神山古墳、豊中台地には大石塚古墳・小石塚古墳が築造されている。それらは各小地域の首長であったと考えられる。

古墳分布の特徴として、二つの意味で古墳が点的に分布していることが挙げられよう（図29）。一つは、それぞれの小地域、すなわち池田・箕面域、待兼山丘陵域と豊中台地のそれぞれに前期古墳が築造されていること、それ自体である。これを広義の点的分布と呼ぼう。もう一つの特徴は、小地域内にある首長墳は隣接した場所に築造されるのではなく、一定の距離を保っている事例が時としてあることである。池田・箕面域の池田茶臼山古墳と娯三堂古墳の間には〇・五キロの距離がある。待兼山丘陵域の待兼山古墳と御神山古墳は二キロ離れている。一つの領域内で点的分布をしているのだ。これを狭義の点的分布と呼ぶ。その一方で豊中台地の大石塚古墳と小石塚古墳だけが隣接して存在する。こうした連続する時期の首長墳が隣接して造られる事例を連続分布と呼ぶことにしよう。

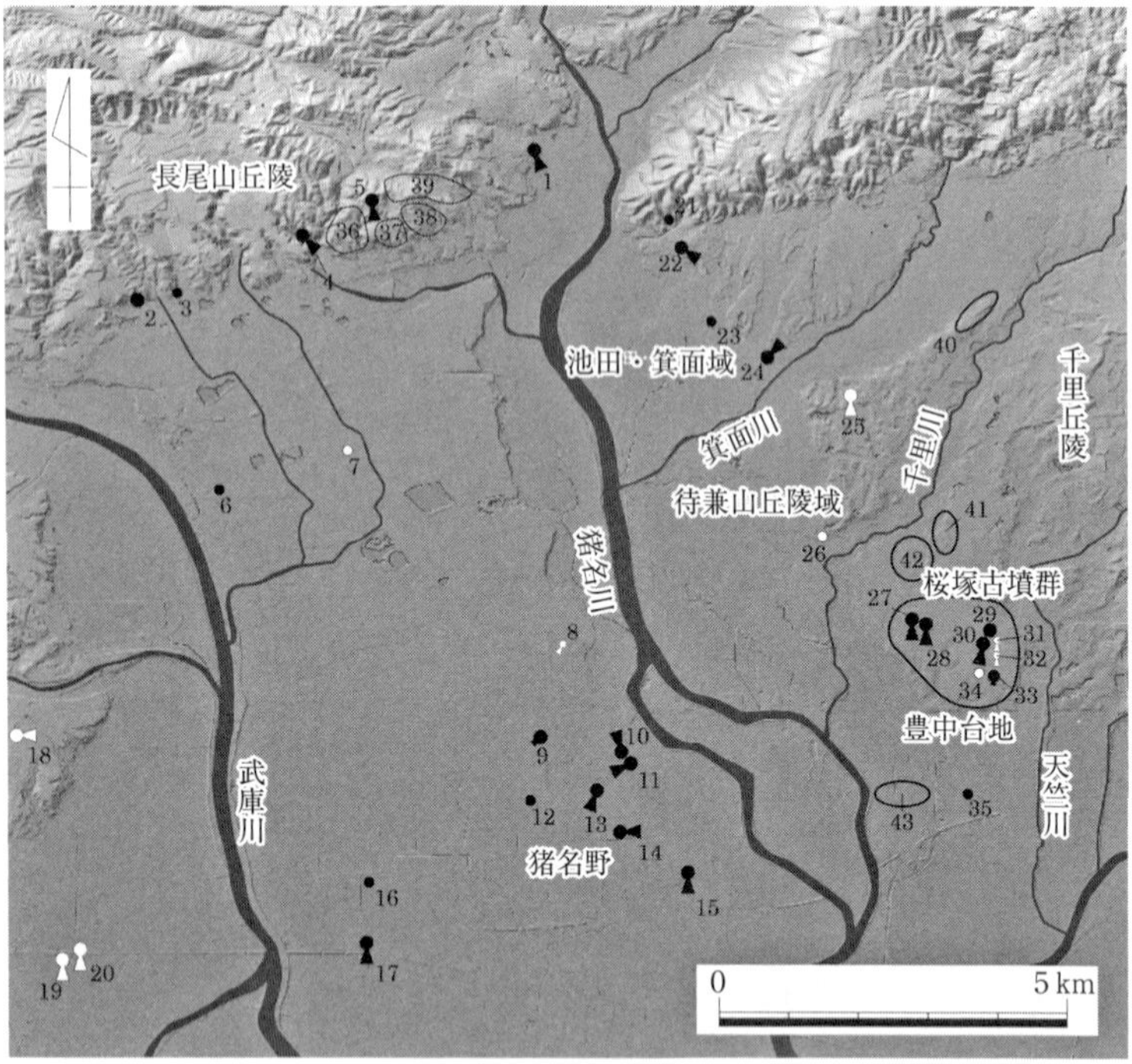

1．勝福寺古墳　2．中山荘園古墳　3．中山寺白鳥塚古墳　4．長尾山古墳　5．万籟山古墳　6．安倉高塚古墳　7．荒牧古墳　8．上臈塚古墳　9．御願塚古墳　10．園田大塚山古墳　11．南清水古墳　12．柏木古墳　13．池田山古墳　14．御園古墳　15．伊居田古墳　16．大井戸古墳　17．水堂古墳　18．上ヶ原車塚古墳　19．津門稲荷山古墳　20．津門大塚古墳　21．娯三堂古墳　22．池田茶臼山古墳　23．鉢塚古墳　24．二子塚古墳　25．待兼山古墳　26．御神山古墳　27．小石塚古墳　28．大石塚古墳　29．豊中大塚古墳　30．御獅子塚古墳　31．狐塚古墳　32．北天平塚古墳　33．南天平塚古墳　34．嫁廻塚古墳　35．穂積古墳　36．平井古墳群　37．雲雀山西尾根古墳群　38．雲雀山東尾根古墳群　39．雲雀山古墳群　40．太鼓塚古墳群　41．新免宮山古墳群　42．新免古墳群　43．利倉南古墳群

図29　猪名川流域の古墳分布

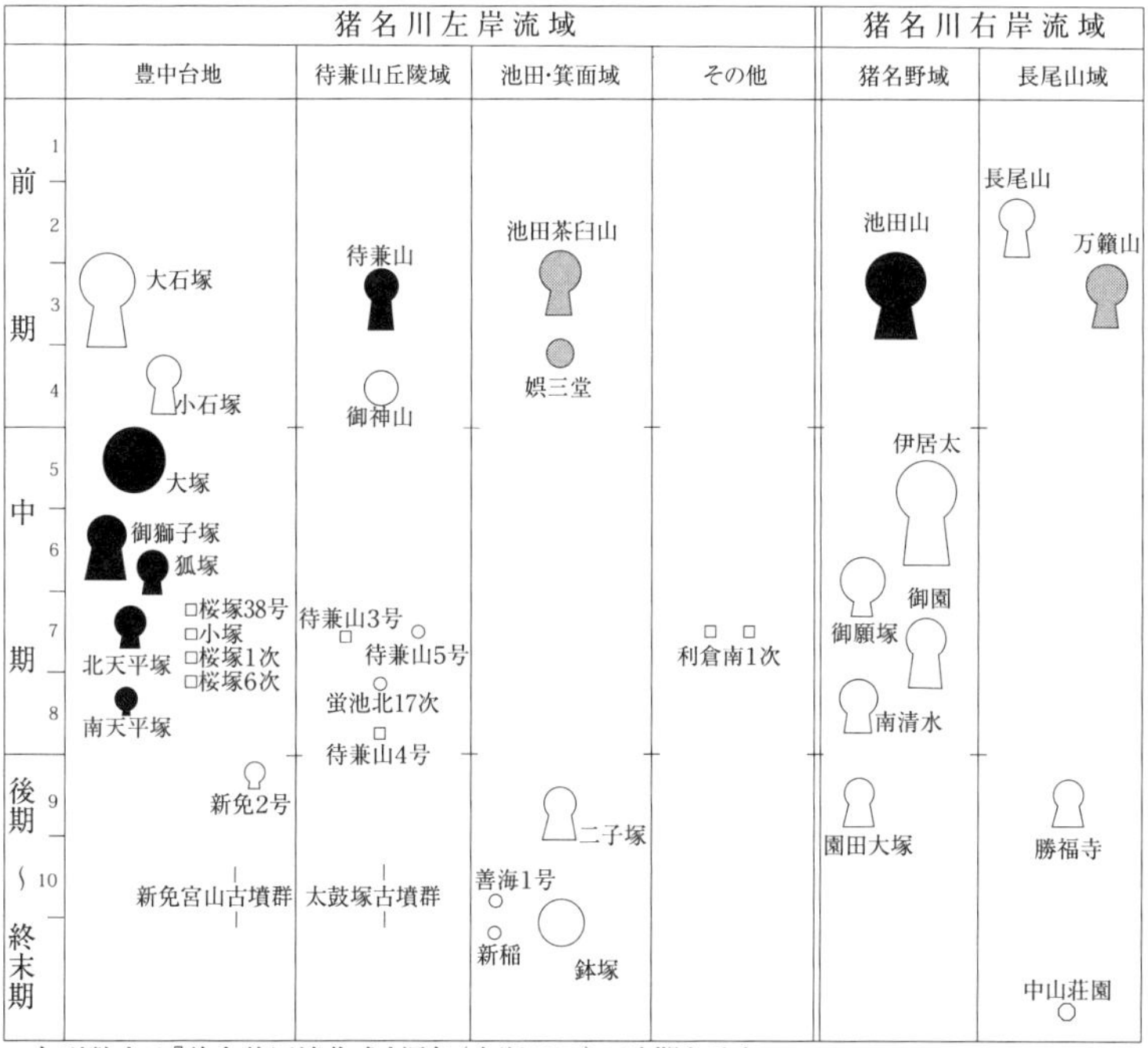

左列数字は『前方後円墳集成』編年(広瀬1992)の時期を示す.

■ 初葬に鏃・甲冑・鍬形石いずれかあり(男性の可能性が高い)
▒ 初葬に鏃・甲冑・鍬形石いずれもなし(女性の可能性が高い)
□ 初葬の内容不明.時期不確定の古墳も含む.

図30　猪名川流域の古墳編年

次に首長の性別を見ていこう。猪名川左岸域の前期首長墳のうち、娯三堂古墳は竪穴式石室が墳丘中央にあり、人骨は遺存していなかったものの被葬者の腕部に相当する位置から石釧が出土している。つまり女性首長が埋葬されていた可能性が高い。池田茶臼山古墳は盗掘されていたので不明な点も多々あるが、副葬品は土師器・石釧・管玉六点・ガラス小玉八九点と鉄剣と考えられる鉄片が一点であり、男性的副葬品を持たない。断定はできないものの被葬者はやはり女性であった可能性がある。もしそうならば、池田・箕面域では二代続けて女性首長が輩出されたことになる。男性首長ももちろん存在する。待兼山丘陵域にある待兼山古墳は、これまた内容が不明な点が多いものの、鍬形石の副葬があった。鍬形石は男性用の副葬品であるので、男性首長がいた可能性が高いのである。残念ながら豊中台地の二古墳は埋葬施設の内容はわかっていない。ただ、猪名川左岸域において男女ともに首長になり得ることがわかる。

もう一つ、それぞれの小地域の古墳規模の差が大きくないことも特徴としてあげてこう。規模の不明な古墳もあるが、最大規模の大石塚古墳でも全長八〇メートルの前方後円墳であり、同時期の池田茶臼山古墳は六〇メートルである。大石塚古墳の次世代の首長墓である小石塚古墳は四九メートル、小石塚古墳と同時期の可能性が高い娯三堂古墳は直径二七メートルである。前期において豊中台地の首長墳が他の二小地域の首長墳よりも有力だが、その差は絶対的な格差を示していないとみるべきであろう。

連続分布をする中期の桜塚古墳群

以上のような古墳分布と被葬者の性別は中期になると大きく変化する。まず池田・箕面域と待兼山丘陵域に目立った首長墳が築造されなくなるのだ。首長墳は豊中台地にのみ築かれる。その豊中台地でも、古墳が築造される場所が変化する。前期の大石塚古墳・小石塚古墳は豊中台地でも西部に位置するが、中期の古墳群は台地の東部に集中して築かれる（図31）。豊中大塚古墳・御獅子塚（おししづか）古墳・狐塚（きつねづか）古墳・北天平塚（きたてんぴんづか）古墳・南天平塚古墳である。豊中台地の古墳群をまとめて桜塚古墳群と言うが、西群と東群に細分することが多い。前期から中期に移り変わるちょうどその時に、古墳の築造は西群から東群に移行するのである。

東群の六基はその内容が調査によっておおよそ判明しており、北から順に継続的に築造されている（図31）。六基の古墳は列をなし、まさに列状に連続分布をなす。前期の首長墳が点的に分布していることにくらべると大きな違いがまず理解できる。

桜塚古墳群にみる男性継承

被葬者の性別も大きく変化する。

まず、豊中大塚古墳は前章「一般層の埋葬原理」ですでに紹介したとおり、直径五六メートルの円墳であり、時期は中期初頭に位置づけられる（柳本編一九八七）。円墳といえど、古墳を形作る土量は前代の首長墳で前方後円墳の大石塚古墳・小石塚古墳をしのぎ、猪名川左岸域最大規模を誇る。墳頂部には三基の木棺が主軸を南北にそろえて併存し、その三つの埋葬施設にはそれぞれ大量の武器と武具が副葬されていたのはすでに紹介したとおりだ（図21）。つまり、大塚古墳は同性埋葬墳であり、三つの埋葬施設にはそれぞれ男性が埋葬されていたと考えられる。そして、彼らは三兄弟あるいは兄弟といずれかの息子であった可能性が高い。

大塚古墳以降の古墳においても、ほぼすべての埋葬施設に、鉄鏃あるいは甲冑が副葬されている。中期における豊中台地の歴代首長は男性が継承していることが明らかだ（図30）。

さらに注目したいのは古墳の配置である。大塚古墳以降、首長墳は列をなして築造され、まさに一つの系譜を示すように列状の連続分布を示すのだ（図31）。こうした現象をみれば、中期に至って、盟主的古墳を輩出する集団は一つに絞られ、一つの集団の男性がその地位を継承しているように見える。

一つの古墳に埋葬された被葬者たちがキョウダイを中心とする血縁者であったことは、確かである。その血縁者のみで構成される古墳に隣接する古墳の被葬者が血縁的に無関係であるとは考えにくい。前章「一般層の埋葬原理」でも示したように、中小古墳ではあるが柿坪中山（かきつぼなかやま）古墳群・山（やま）の神（かみ）古墳群・大正池南（たいしょういけみなみ）古墳群では、隣接する古墳の被葬者が血縁

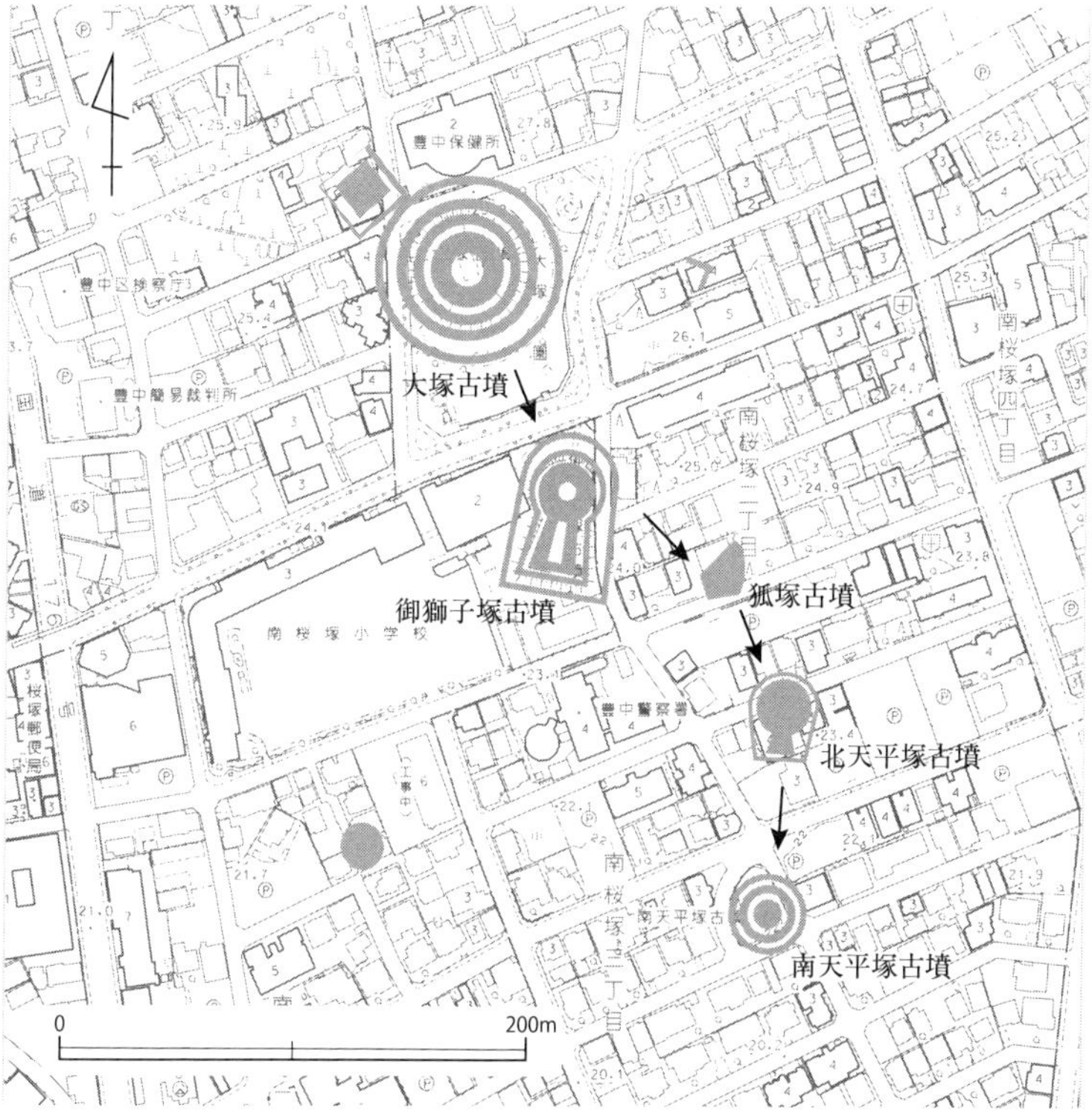

図31　桜塚古墳群東群の古墳分布

者であることが明らかとなっている。桜塚古墳群においても、隣接する首長墳の被葬者たちは血縁者であった可能性が高い。

ただ、柿坪中山古墳群・山の神古墳群・大正池南古墳群は、古墳がほぼ同時に築造された例であるのに対し、桜塚古墳群は世代ごとに首長墳が築かれている点で異なる。しかし、中小古墳の分析で示されるように、一つの墓域に血縁者だけが埋葬される原理はかたくなであり、長期にわたって形成される古墳群にもこの原理は適応される可能性は高い。

桜塚古墳群では、中期以降に血縁的に関係のある男性の間で首長位が継承されており、まさに父系的系譜が成立していると考えられるのである。

伝世鏡と父系的継承

桜塚古墳群において首長を輩出する集団は一つに絞られ、一つの血縁集団の男性がその地位を継承したと考えられるが、それを支持する研究がある。森下章司（もりしたしょうじ）は、桜塚古墳群から出土した青銅鏡を調査し、豊中大塚古墳・御獅子塚古墳・南天平塚古墳から出土した四面の鏡がほぼ同時期に製作されたことを明らかにした（森下一九九八）。大塚古墳が五世紀前葉、御獅子塚古墳が五世紀中葉、そして南天平塚古墳が五世紀後葉の築造である。三古墳は時期差があるのに、副葬鏡はほぼ同時に製作されたというのである。このような現象は偶然では起こりえない現象である。

同時期の鏡が同じ古墳群で異なる時期に出土する過程には二つの可能性が考えられる。

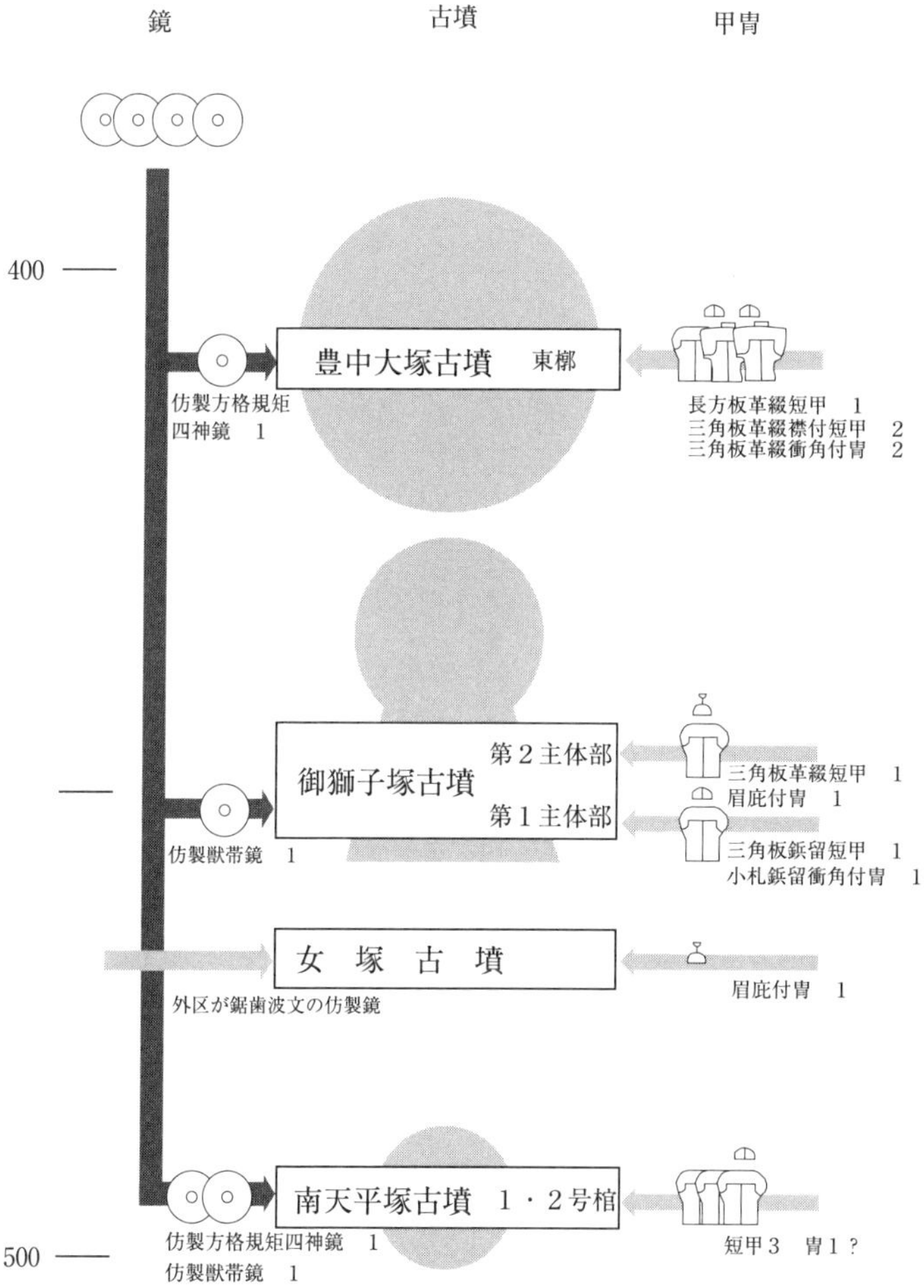

図32　桜塚古墳群の鏡の伝世（森下1998より再トレース）

一つは、首長の代替わりごとにヤマト政権がわざわざ古い鏡を選択して首長に下賜することだ。もう一つは、初期の首長が鏡を一括して入手し、鏡を得た集団がそれを大切に保管し、首長の代替わりあるいは死に際して副葬するという過程である。鏡の配布先における保管（＝伝世）を想定するのである。森下は後者を想定する（図32）。前者だと、ヤマト政権が数多くいる全国の首長に配布した青銅鏡をすべて把握している状況を想定し、わざわざ古い鏡を選んで配布する必要がある。そのような事態は考えにくいからだ。

森下は、桜塚古墳群の初期の首長が一括してこれらの鏡を入手し、それらが代々受け継がれ、すなわち伝世し、各代の首長やその近親者の死に際して数面ずつ副葬されたとする。森下によれば「首長系譜を中心とする集団」あるいは「首長の近親者で構成される氏族的な集団」こそが鏡の保有主体であり、伝世の主体だという。

森下の指摘が正しいとすると、桜塚古墳群の男性首長たちは、鏡を保有し、それを次世代に伝える同じ集団に属していたことになる。父子・兄弟あるいはそれ以外の親族関係の可能性があるとしても、限られた親族集団から首長が選択されている可能性が一段と増すのである。

南山城の古墳群

前項で猪名川左岸域の首長墓系譜について詳しく見たが、同様なことは南山城でも観察される。当地域の首長墓系譜のあり方については和

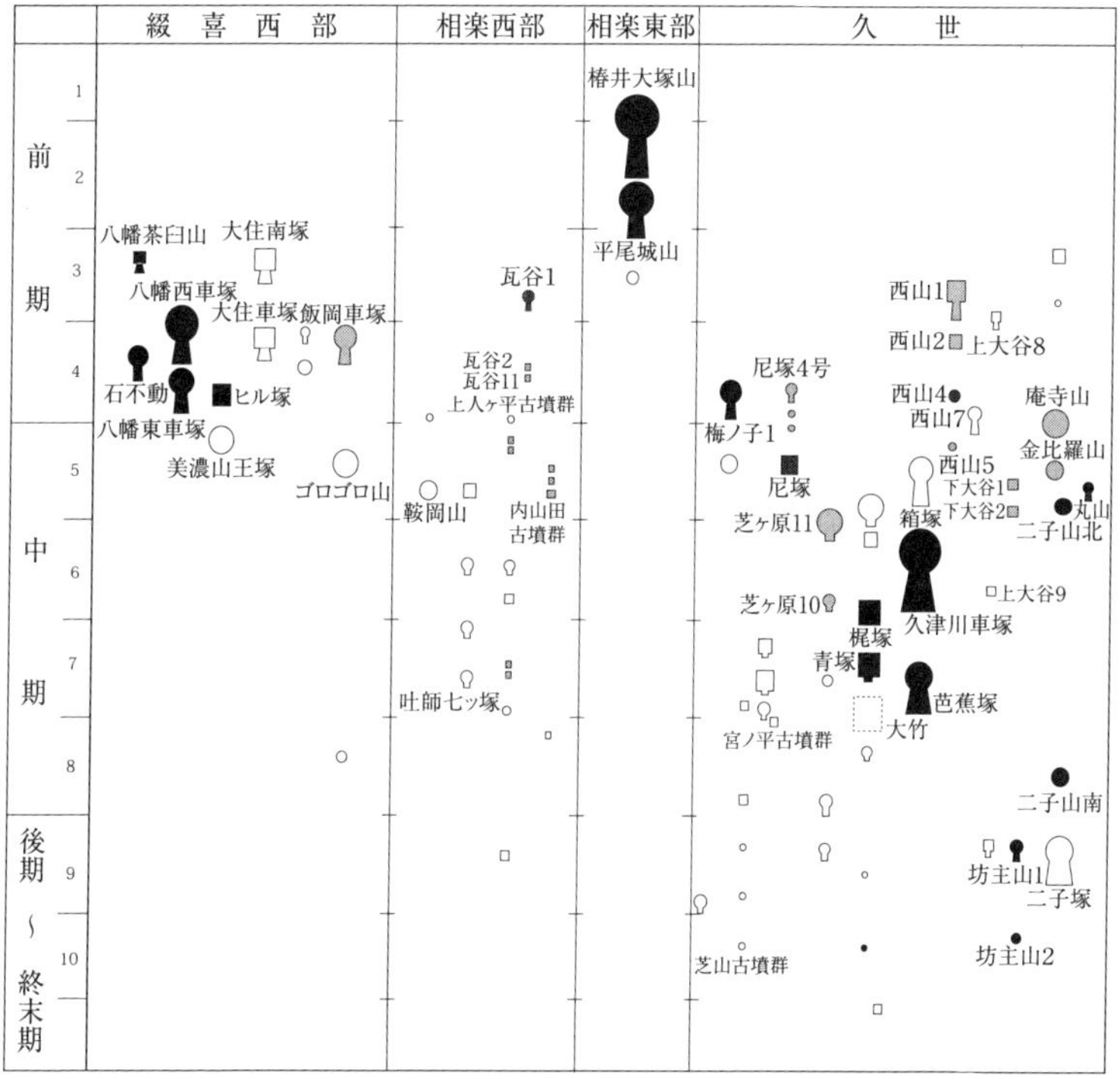

初葬に鏃・甲冑・鍬形石いずれかあり（男性の可能性が高い）.
初葬に鏃・甲冑・鍬形石いずれもなし（女性の可能性が高い）.
初葬の内容不明。時期不確定の古墳も含む.

図33　南山城の首長系譜と男女

田晴吾がその先鞭をつけ詳細な編年作業を行っている（和田一九八八・一九九二）。和田の領域区分と編年にしたがって、首長位継承のあり方を見ていきたい。

和田によれば当領域は綴喜西部・相楽西部・相楽東部・久世の四つに大きく区分され、さらにそれぞれが細分される（図33）。

図33を見ると前期前半には相楽東部に木津川市椿井大塚山古墳・木津川市平尾城山古墳がまず築造される。前期後半にいたって、他の領域に首長墳が築造されるようになり、点的分布をなす。この時期になると相楽東部では大きな古墳を見ず、前期後半には綴喜西部に盟主的古墳が築造される。

南山城では女性を主要埋葬施設被葬者とする確実な古墳はないが、城陽市西山一号墳や城陽市尼塚四号墳のように主要埋葬施設に男性的な副葬品を持たない古墳も少なからず存在する（図33）。男性初葬の古墳が優勢な中でも女性を初葬とする古墳も存在した可能性があると言えよう。

中期になると猪名川左岸域と同様の現象が認められる。綴喜西部・相楽東部では顕著な首長墳の築造は認められず、相楽西部でも大型前方後円墳の築造はない。平川古墳群を中心とした久世領域に大型古墳の築造は集中する。ここでは、城陽市芝ヶ原一〇号墳・一一号墳以外の首長墳で主要埋葬施設に甲冑あるいは鏃の副葬が認められた。首長位は男性によって基本的に継承されていることがわかる。さらに平川古墳群の中枢をなす城陽市箱塚古墳・久津川車塚古墳・芭蕉塚古墳が継起的に近接して築造される（図34）。箱塚古墳の内容こそ不明ではあるが、車塚古墳と芭蕉塚古墳では甲冑の出土が知られている。桜塚

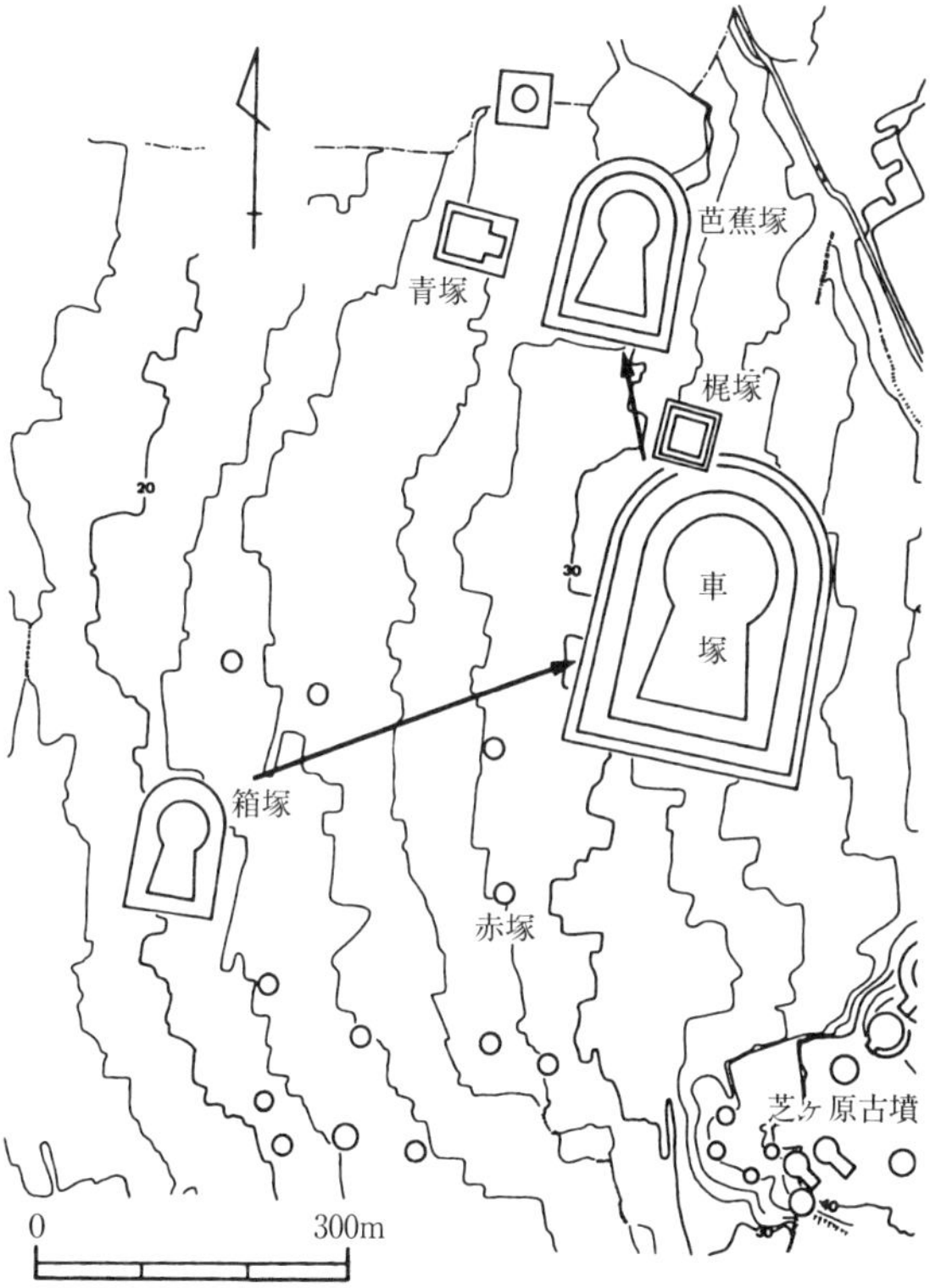

図34　平川古墳群の古墳配置

古墳群で認められたように男性初葬の首長墳が列状に築造され連続分布をなすのである。

父系化が遅れる地域

北摂津や南山城のように中期から首長位の父系的継承が成立している地域は確かにある。しかし、そうとは考えられない地域もまた存在する。一つの例として、中丹波すなわち京都府北部由良川中流域を挙げてみよう。ここは由良川とそれに注ぎ込む多くの支流によって、細かな地域に区別される。

ここでは古墳時代前期に目立った首長墳が築造されず、前期末葉に前方後円墳である京都府福知山市広峯一五号墳がようやく築造される（図35）。中期になると、点的にではあるが中丹波を統合するような盟主的古墳が築造される。私市地域では直径七一メートルの円墳である円山古墳が、吉美の地域には突出部のついた方墳である聖塚古墳が存在する。聖塚古墳の全長は五四メートルを測る。円山古墳の墳頂部には三基の木棺が設けられ、いずれの木棺からも甲冑あるいは鉄鏃の出土が知られ、被葬者はすべて男性であった。聖塚古墳からも甲冑片の出土が知られている。両古墳とも主要埋葬被葬者が男性であり、このことは他の中期古墳と共通する。異なるのは、盟主的古墳あるいは首長墳が小地域で連続的に築造されないことである。同じ小地域で首長墳が連続して築造され始めるのは中期後葉以降である。

首長位が男性によって継承されつつも、首長墳が点的に分布し、同一地域における連続的な首長墳の築造が中期後葉から始まる事例は他にも指摘され（土生田二〇〇六）、むしろこちらの方が多い。

埼玉稲荷山古墳鉄剣による系譜研究

　中期以降に首長位が男性によって継承され、父系化が進行したという内容は、歴史の教科書にも出てくる埼玉県稲荷山古墳の鉄剣銘文とかかわって興味深い。この銘文は以下のようなことが記される。

> 辛亥年の七月中、記す。乎獲居の臣、上祖、名は意富比垝。其の児多加利足尼。其の児、名は弖已加利獲居。其の児、名は多加披次獲居。其の児、名は多沙鬼獲居。其の児、名は半弖比。其の児、名は加差披余。其の児、名は乎獲居の臣、世々、杖刀人の首と為り、奉事し来り今に至る。獲加多支鹵の大王の寺、斯鬼宮に在りし時、吾、天下を佐治し、此の百練の利刀を作らしめ、吾が奉事の根源を記す也。（訓読は奈良国立博物館一九八九による）

すなわち稲荷山古墳の鉄剣は、辛亥年に製作され、銘文の主人公である乎獲居臣が獲加多支鹵大王（＝雄略大王）に杖刀人の首として仕えたことを記す。そこには、乎獲居臣の上祖である意富比垝から乎獲居臣に至る男性八代にわたる系譜が記載される。溝口睦子によれば、八代のうち意富比垝から多沙鬼獲居に至るまでの五代は首長の称号的な名称であり、残る半弖比——加差披余——乎獲居臣の三代は個人名的であるとされる。先の五代は他の

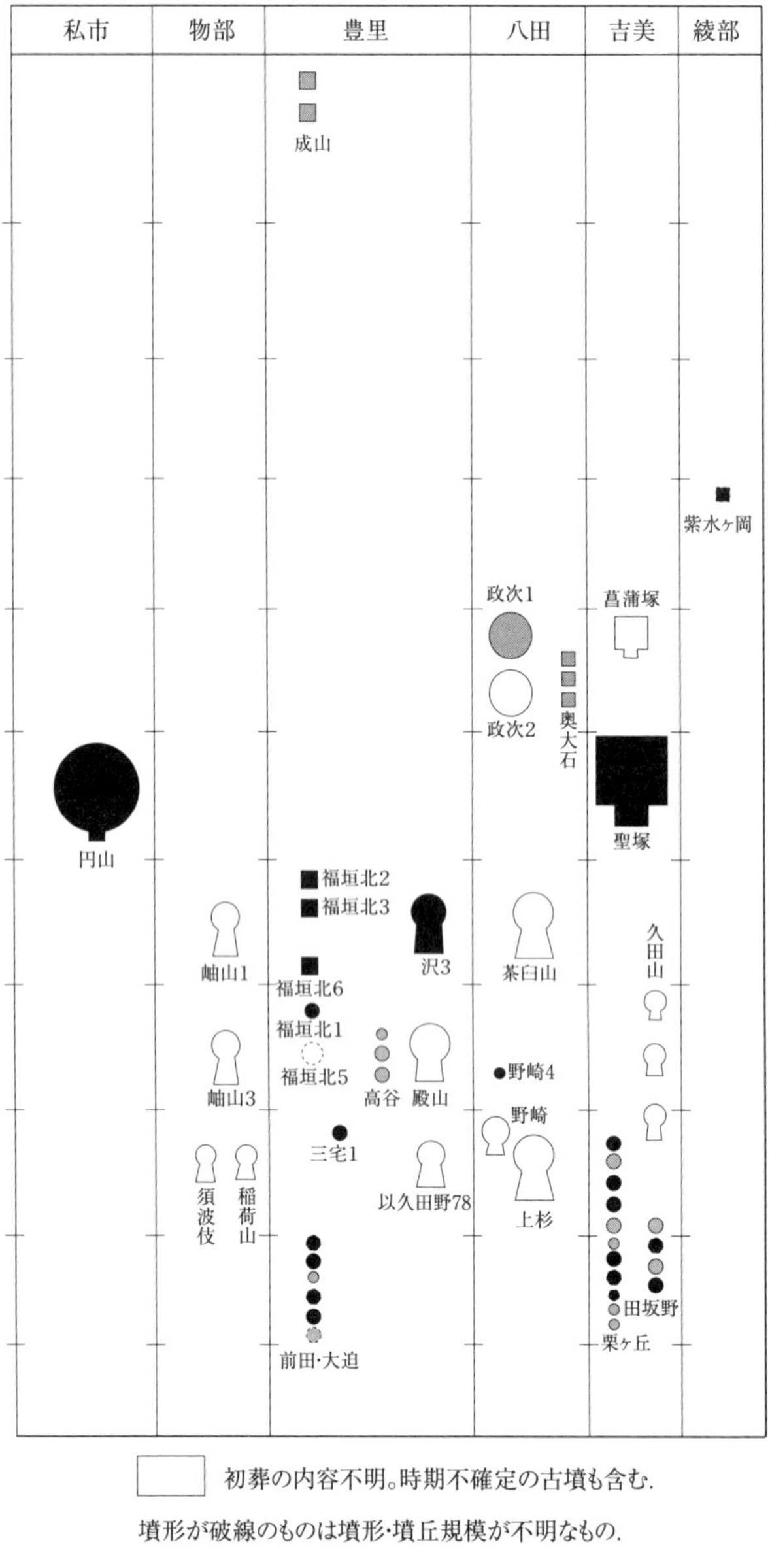

私市
物部
豊里
八田
吉美
綾部
成山
紫水ヶ岡
政次1
菖蒲塚
政次2
奥大石
円山
聖塚
福垣北2
福垣北3
沢3
茶臼山
久田山
岫山1
福垣北6
福垣北1
福垣北5
野崎4
岫山3
高谷
殿山
野崎
三宅1
須波伎
稲荷山
以久田野78
上杉
田坂野
栗ヶ丘
前田・大迫
初葬の内容不明。時期不確定の古墳も含む.
墳形が破線のものは墳形・墳丘規模が不明なもの.

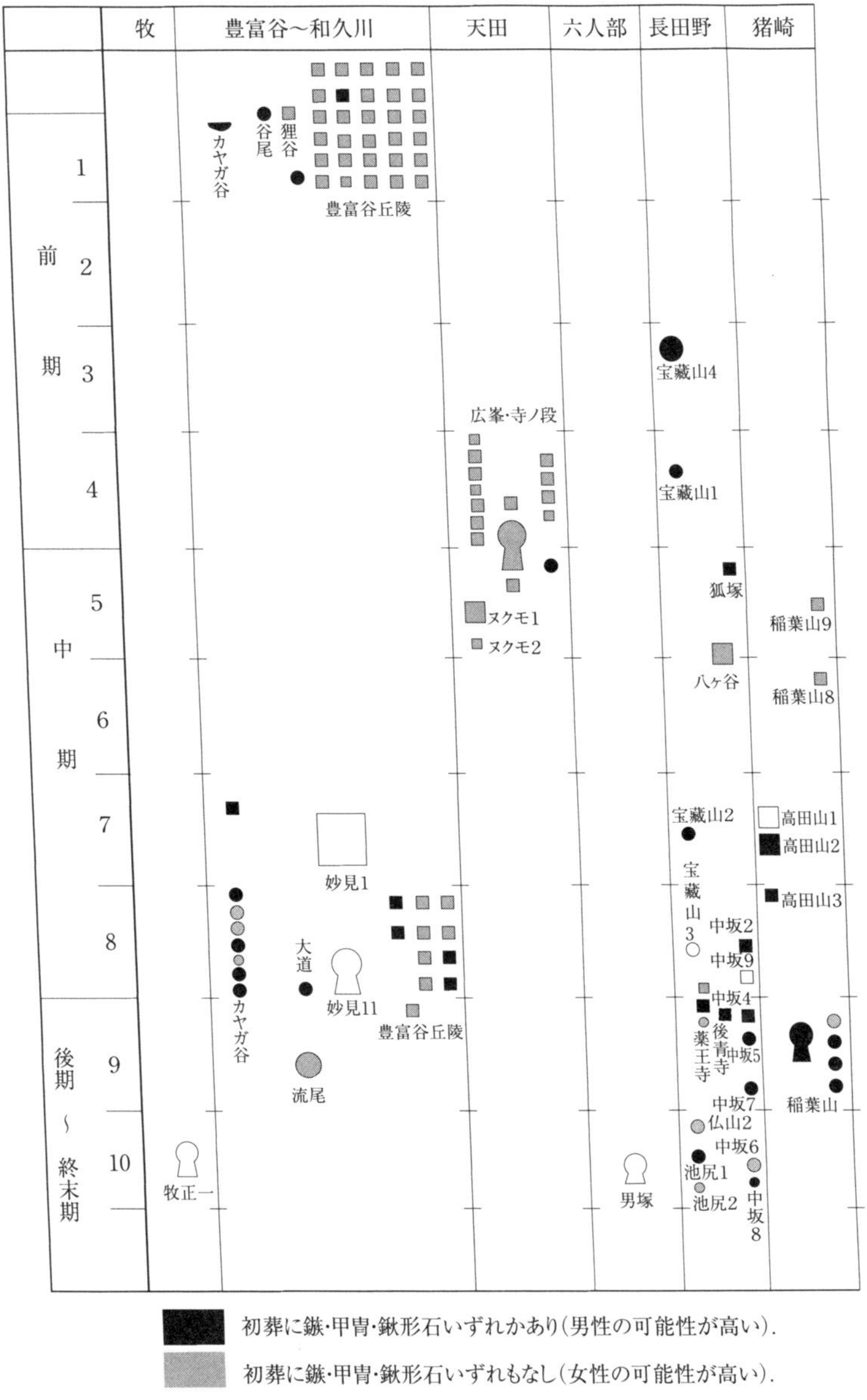

図35　中丹波の首長系譜と男女

氏との共同系譜である可能性があるが、後の三代は稲荷山古墳被葬者の独自の系譜であると溝口は主張する（溝口一九八二）。つまり、少なくとも三代にわたって男性が首長位を継承したことを鉄剣銘は示すのである。

鉄剣が製作された辛亥年は西暦四七一年であることはほぼ定説となっており、乎獲居臣がこの剣を作らせたとすると乎獲居臣を含めて三代前は中期前葉にさかのぼる。男性首長の系譜は中期前葉まで遡ることになるのだ。中期から首長位を男性が独占して継承したという本書の分析をこのことは支持するものといえよう。

乎獲居臣はこの鉄剣が副葬されていた稲荷山古墳第一主体（礫槨〈れきかく〉）の被葬者であろう。稲荷山古墳の被葬者が乎獲居臣か否かには異論もある。しかし、稲荷山古墳の全長は一二〇メートルを測る。一二〇メートルという規模は、五世紀後葉という一時点に限っていうと、全国で一〇位以内にランクインする（福永二〇〇三）。その古墳規模は、雄略大王の時に天下を「佐治」したという記述にふさわしい。築造時期も雄略大王の時代に合うので、乎獲居臣が稲荷山古墳の被葬者にふさわしいといえよう。

稲荷山古墳は埼玉〈さきたま〉古墳群でも初期の前方後円墳であり、この後に二子山古墳・愛宕山〈あたごやま〉古墳・瓦塚古墳・奥の山古墳・将軍山古墳・鉄砲山古墳・中の山古墳と前方後円墳が連続して築造される。将軍山古墳が列の順番と合わないが、それを除くと各古墳は順番に列をなして築造される。列状の連続分布をなすのである。前方後円墳が連続するだけでなく、長方形の二重周溝（にじゅうしゅうこう）という独特の周溝も受け継がれる。こうしたことから笹生衛（さそうまもる）は、特徴的な墳丘形態を代々引き継ごうとする意図がこの古墳群から読み取れ、埼玉古墳群の集団には系譜意識が存在したと説く（笹生二〇一六）。私もそれに賛成である。鉄剣銘文に八代もの系譜を記しているということは、少なくとも乎獲居臣には強烈な系譜意識があったと考えられる。たとえ、乎獲居臣が稲荷山古墳の被葬者でなくとも、乎獲居臣を輩出した集団は、その系譜意識を十分に認識し、その意識が、連続した首長墳の築造につながったと考えられる。

父系化の諸段階とその背景

このように見てくると父系化には二段階があると思われる。

父系化の第一段階

第一段階は中期初頭である。この時期以降、首長位を継承するのはすべての地域を通じて男性に限定される。北摂津や南山城のように、いくつかの地域で首長墳の列状の連続分布が観察される。これらは父系的継承がなされていると考えてよい。その一方で中丹波のように首長位は男性に限定されるものの、首長墳が点的分布を続ける地域も多い。

父系化の第二段階

第二段階は中期後葉であり、首長墳が連続分布をする地域が日本列島の中で広く認められるようになり、首長層では父系的継承が完成する段階と言ってよいであろう。

第一段階で父系的継承が行われる地域と、第二段階で父系的継承が行われ始める地域という二者の差異がどうして発生するのであろうか。現在のところ二つの可能性を指摘しうる。一つは、北摂津や南山城の地域では、前期から前方後円墳を築造していることから、首長墳を築造しうるような集団編成がすでに行われていたことが考えられる。中期にいたってヤマト政権における政治的編成に耐えうる集団編成が前期にあったのであるが、中丹波ではそれが存在しなかったということが考えられよう。

もう一つは、北摂津と南山城、そして中丹波の位置である。前二者は近畿の中でも畿内の中枢もしくはその近くにあり、中丹波は畿内の外縁部にある。ヤマト政権のより強い影響が前二者に働いた結果、差異が生まれたことも考えられる。やや遅れてヤマト政権の働きかけが中丹波に及び、中期後葉に連続的に首長墳を築くようになったことが考えられよう。あるいは両方の要因が関係しているかもしれない。ただ、興味深いのは中丹波で首長墳が連続的に作られ始める中期後葉も、首長墓系譜変動の画期の一つであることである（都出一九八八）。首長墓のあり方から認められる父系的継承のあり方には、ヤマト政権の関与があったことを示唆するだけに重要である。

第二段階にはもう一つ大きな変化がある。前章「一般層の埋葬原理」で見たように、後期になると小古墳における初葬者の男性の比率が高くなることを示した。後述するように、

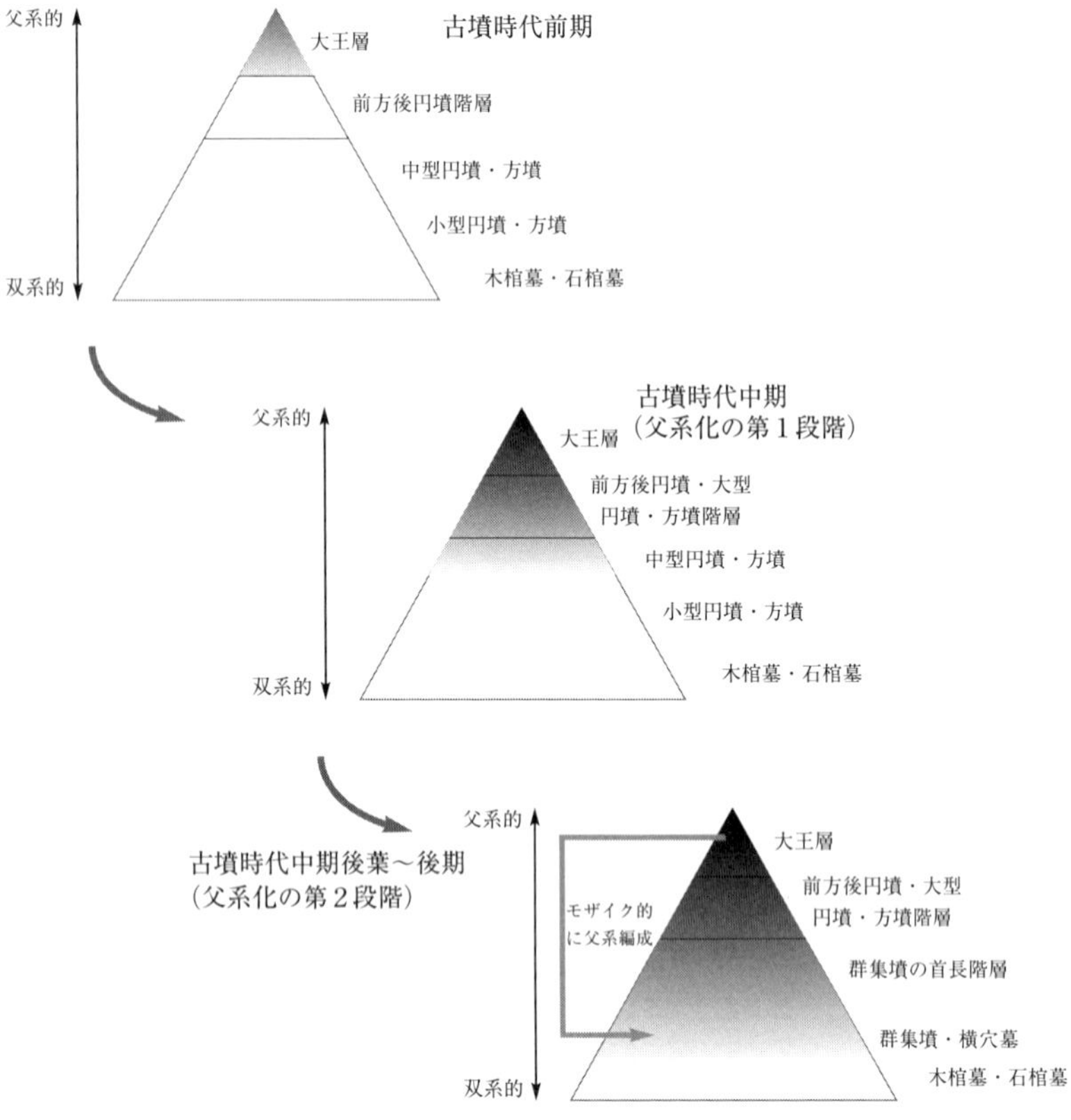

図36　地位継承の移り変わり

この時期には第一段階でヤマト政権の軍事編成が強くは及ばなかった地域と一般層にまでそれが及ぶ。その結果、畿内中枢から離れた地域でも父系化がより進行して、男性の首長墳が連続で築かれるようになり、さらには多くの地域で家長層まで父系化が進行したのであった。

このように古墳時代の父系化の進行度は地域差と階層差によって違いがあり、すくなくとも二段階を経て進行したと考えられるのである（図36）。しかしながら、前章でも述べたとおり、一般層では父系化は進行したものの貫徹するまでには至らなかったのである。

父系化傾向の二つの要因

では、その父系化傾向にはいかなる要因が考えられようか。人類学的に見て父系化の主たる要因は軍事に求められることが多い。多数の民族例から社会構造を明らかにしようとしたG．P．マードック（マードック一九七八）や同じく人類学者のエンバー夫妻も父系化の要因に戦争をあげる（Ember & Ember. 一九八三）。

しかし、田中良之は、軍事的要因を認めながらも父系化の主たる要因は、中国からのイデオロギーの影響であると考えている（田中二〇〇八）。中国王朝に遣使を行う中で中国国家観・社会観を学習し、父系的なイデオロギーを王権が持ち込んだと考察する。さらに、田中は、倭国内におけるいくつかの軍事的事件と、外戦にかかわる文献史料をあげて、軍事的緊張関係はいつでも存在するので中期後半（田中は五世紀後半とする）に特別な緊張関係はないとして、父系化の主な要因から退ける（田中二〇〇八）。

はたしてそうだろうか。王権が父系的支配イデオロギーを学習したのは事実であろう。しかし、それを一般層に浸透させる強い動機がなければならない。親族構造は保守的であり、それを変化させるには強固な動機が必要である。筆者はやはり軍事面での影響を強く考える。父系化が進行する画期は、首長層では中期の初めであり、一般層では中期の終わりである。この二時期には倭国の国防を脅かす事件があったからである。田中の言う「特別な緊張関係」が存在したのだ。

倭国をめぐる国際環境

倭国は韓半島とよい意味でも悪い意味でも交流が頻繁である。鉄資源は基本的に韓半島に頼っていたし、金工の技術や馬の飼育、須恵器の技術などはすべて韓半島から移入したものである。その一方で韓半島の諸国と軍事的緊張関係に陥ったのも事実である。

韓半島の北部にある高句麗は中国の帝国や北方遊牧民に圧迫され、そのため高句麗は南下政策を時々に強めてくる。韓半島とさまざまに関係を持つ倭国は、百済あるいは伽耶の諸勢力と連携して、高句麗の南下に対抗することが基本戦略であった。

とくに百済との軍事的関係は深く、「泰和四年」（三六九年）の年号を持つ七支刀は百済と倭の軍事同盟の始まりを示すと理解される。

広開土王碑

　実際、広開土王（こうかいどおう）の碑文には、倭軍がたびたび韓半島に入り、高句麗軍と戦いを交えたことが記される。西暦三九一年（辛卯年）を皮切りに十七年間にわたって倭軍は渡海を繰り返し、高句麗軍と戦火を交えたとされる（鈴木二〇〇二）。碑文によれば、倭軍は戦いのたびに敗北を喫している。この碑文は高句麗王である広開土王の功績をたたえるために建てられたもので、王の功績が誇大に記されている可能性はもちろんあるものの、倭軍が敗北したことを事実として理解する者は多い（松木二〇〇一、鈴木二〇〇二）。高句麗は歴代の中華帝国と戦争を経験し、時にそれを退ける力を持つ。高句麗の安岳三号墳は、三五七年（永和十三年）に亡くなった冬寿（とうじゅ）の墓とされるが、その壁画には騎馬軍団や車に乗る人物が描かれている。対して倭軍は歩兵主体で短剣と弓矢が主力武器である。騎馬軍を持つ高句麗軍に太刀打ちできずに敗北したとされるのである（松木二〇〇一）。

　この百済との軍事同盟が取り結ばれ、あるいは高句麗との戦争が始まるころが、古墳時代の前期から中期への変化期なのである。女性首長が姿を消し、首長位の男性化が始まるのはちょうどこの頃なのだ。松木武彦によれば、中期を境にして倭軍の武器や武具は韓半島と関係の深いそれに刷新されるという。またヤマト政権による地域首長の軍事的編成が行われたと考えられている（松木二〇〇一）。韓半島をめぐる軍事的緊張あるいは敗北を背景にして、ヤマト政権は軍事政権化するとともに、地方首長を軍事的に編成していった可能性が指摘されているのだ。

戦争と女性

ところで、軍事・戦争面における女性の役割は男性より劣位にある。この点は前著（清家二〇一五）に詳しく記したのでそれを参考にしていただきたいが、簡単に説明すると、先述したとおり、鏃・甲冑の副葬は女性にはともなわず、男性に限定される（図18）。前期に限れば棺内に刀剣が副葬されるのも男性に限られ、前期における女性の棺内には武器・武具が副葬されないのである。また文献史料の検討からも、軍事権を持つ者も兵士として戦場に立つ者も男性に限られている。古墳時代において戦争で果たす女性の役割は男性よりも遙かに小さかった。

女性の軍事的役割が小さいならば、ヤマト政権の軍事編成は、すなわち父系的編成にならざるを得ない。集団編成の目的が軍事なので、男性が中心の集団編成にならざるを得ないからである。

古墳時代中期に首長位が男性化し、畿内の一部で首長位の父系的継承が行われる背景には韓半島の軍事的動向にともなう社会構造の変化があったと考えられるのである。

雄略大王の改革

次に第二の画期である中期後葉の倭国を取り巻く国際環境と、それに対応した雄略大王の統治を見てみることにしよう。倭の五王の一人である武が南宋の順帝に送った上表文には「句麗無道」と記す。高句麗は無道な振る舞いをしているという意味だ。中国皇帝に敬意を表して使いを送ろうにも、高句麗が邪魔して使いを送ることができない。それを理由にして高句麗打倒に中国王朝の加勢を求めたのである。

上表文が南宋に提出される少し前、四七五年には高句麗が百済に侵攻して、百済が一時的に滅亡するという事件が起きている。隣国が倭国の仮想敵国に滅ぼされたのだ。この時、ヤマト政権が動揺したことは想像に難くない。

この時の倭王・武は雄略大王とされる。雄略は、先の上表文でもその性格の一端が認められるが、武力に頼ったところの多い大王であった。自らの王位を確固とするために、近親の五王子を殺害し、王権を支える有力豪族の葛城円大臣（かつらぎのつぶらのおおおみ）を滅ぼしてしまう。また『日本書紀』によれば、暴れる猪を踏み殺した上で、猪から逃げた舎人を斬り殺す。皇后から「陛下、豺狼に異なること無し」とまで言われる。

雄略は別の側面も持つ。官人組織や工人組織などの職能集団を整備し、各地の首長の配下にあった集団の直接的な掌握を試み、新たな政治組織と支配秩序を構築するという改革者としての側面だ。そして、その支配体制は、南宋から得た将軍号を背景に軍事的色彩の強い府官制秩序を中核とした体制であった。このことは衆目の一致するところである（佐伯編一九八八）。

後出古墳群にみる父系的軍事編成

考古学的な証拠もこれを支持する。中期後葉になると、これまで首長の上位層にのみ副葬された甲冑が小古墳からも見つかるようになる（滝沢二〇一五）。ヤマト政権が軍事的な編成を一般層の階層にまで拡大し、その掌握を試みたと考えられるのだ。そしてそれは男性主体の編成であった。

この軍事的編成が男性中心の父系的編成であったことを示す具体的な好事例がある。奈良県宇陀市後出古墳群である（図37）。後出古墳群は山塊から伸びる尾根に築かれた約二〇基からなる古墳群であり、そのうち一六基が調査された。すべての古墳は出土した須恵器から中期後葉から末に位置づけられる。横穴式石室が導入される以前の木棺直葬を埋葬施設とする古墳群である。すべて直径七〜一八メートルの小規模な古墳であるにもかかわらず、そうした墳墓に不釣り合いなほど多くの武器・武具が副葬されている。とくに二号墳には埋葬施設が一基しかないにもかかわらず甲冑が三領も副葬されていた。さらに注目すべきことに一七号墳を除くすべての埋葬施設に鉄鏃が副葬されていたのである。先に示したように甲冑と鉄鏃は男性にのみ副葬される。とするならば、被葬者のほとんど全員が男性で

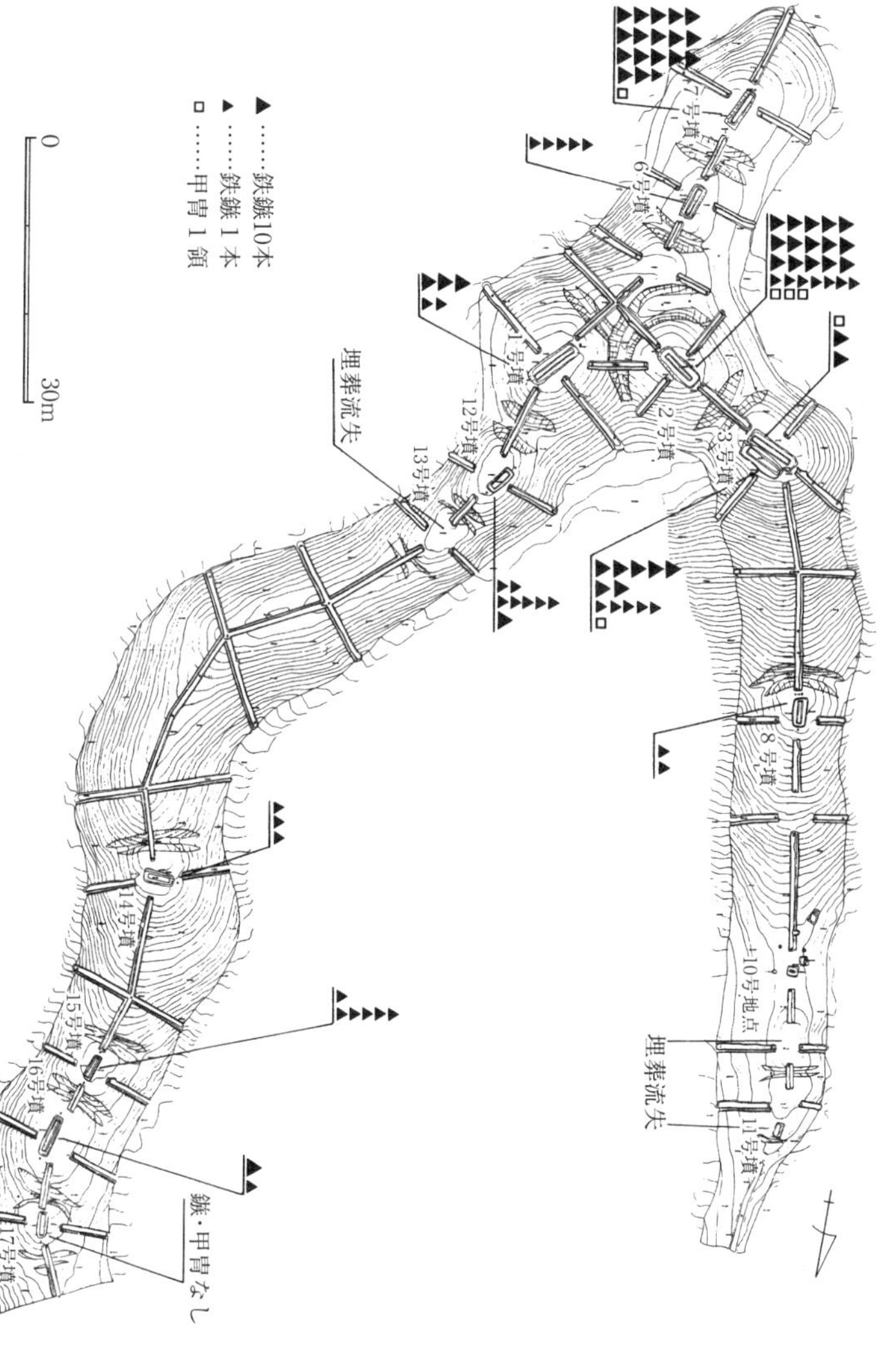

図37　後出古墳群における鏃と甲冑

あった可能性が高いのである。ただ、いくつかの埋葬施設では一つの棺に二人の合葬（同棺複数埋葬）が行われていたので、そこには女性被葬者がいた可能性もある。しかし、古墳群全体として圧倒的に男性被葬者が多いことは紛れもない事実である。

　二号墳で甲冑が三領も出土したが、それ以外に三号墳で二領、七号墳で一領が出土する。甲冑は首長墳以外ではほとんど出土しないのに、複数の甲冑が同じ古墳群に集中して見られることは希有と言ってよい。甲冑はヤマト政権が一元的に管理する威信財であるという見解が強い。だとするならば、後出古墳群の特殊な埋葬は、ヤマト政権の軍事編成によって現われたと考えるのが妥当である。豊島直博（とよしまなおひろ）も指摘するとおり、ヤマト政権が軍事編成を行い（豊島二〇〇〇）、その結果、後出古墳群では男性が意識的に選択されて埋葬されているのである。ただ、このような古墳群は大和の中でも多くはない。軍事編成は一部の集団にとどまったのであろう。その結果、父系に傾いたものの双系的親族構造が継続することとなったと考えられるのである。

キョウダイ原理の埋葬と首長位継承

不安定な地位継承

父系的継承が実現したとはいえ、首長位の継承は安定的でなかったと考えられる。キョウダイ原理の埋葬自体はそもそも地位継承の安定を示すものではない。下垣仁志（しもがきひとし）は複数埋葬のある古墳について、埋葬どうしに格差があるものとないものに分類する（下垣二〇一二）。多くは主要埋葬が、埋葬施設の規模や副葬品の量と質において他の埋葬より優位にある。しかし、同じ墳丘に埋葬されている時点で、被葬者間の格差はさほど大きくないといえる。たとえば豊中大塚古墳の場合、第二主体部の東槨と西槨は、木棺の長さもほぼ同じであり、墳丘の中心を挟んで東西に置かれている点も同格である。西槨が盗掘を被っていて不明な点もあるが、東槨も西槨も甲冑が副葬されていることが知られている（図21）。二人の格差は大きくない。

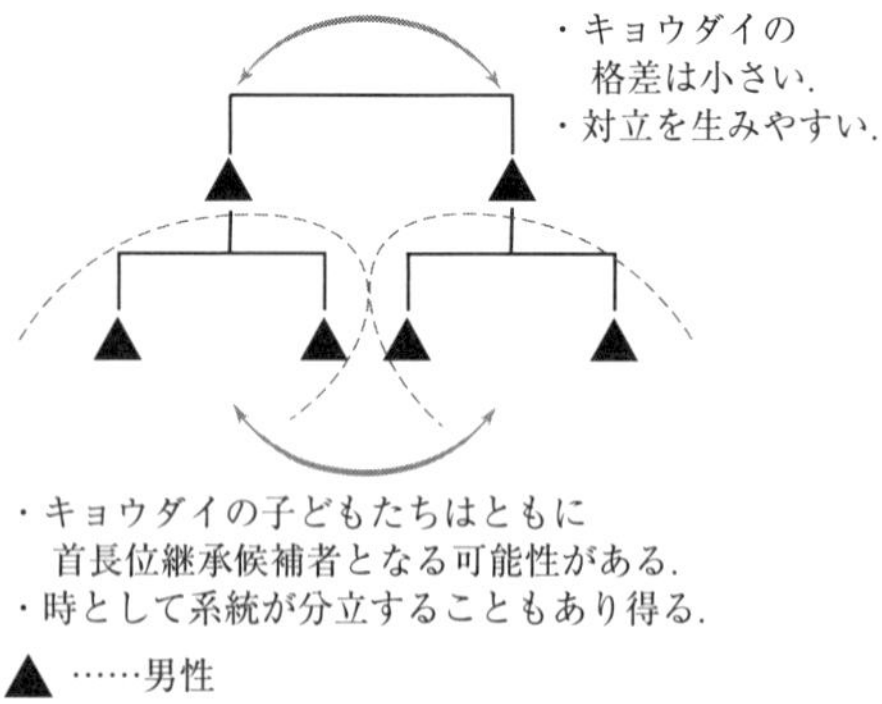
・キョウダイの
格差は小さい.
・対立を生みやすい.
・キョウダイの子どもたちはともに
首長位継承候補者となる可能性がある.
・時として系統が分立することもあり得る.
▲……男性

図38　キョウダイ原理埋葬から想定される首長位継承候補者の関係

この二人は兄弟で共同統治をしていたと考えられるが、兄弟が仲良く統治している時はいいが、いったん二人の間に亀裂が入った時はどうなるであろうか。代表的首長位を争うことも考えられよう。仲良く二人が統治していたとしても、その後継者が問題である。兄弟がほぼ同格で共同統治をしているのであれば、それぞれの子供は有力な後継候補者となりえよう（図38）。すなわち兄弟とその子供たちが首長位継承候補者となりうる構造である。だとすると、兄弟間・父子間・イトコ間・叔父甥間での首長位継承が可能性として考えられる。さらにはそれらの間で首長位をめぐる争いが起こりうる構造なのである。

時には首長位を継承した系統の親族に属さない者は、独立して別系譜を形づくることもありえよう。すなわち首長系譜は分派する可能性をもつのである。

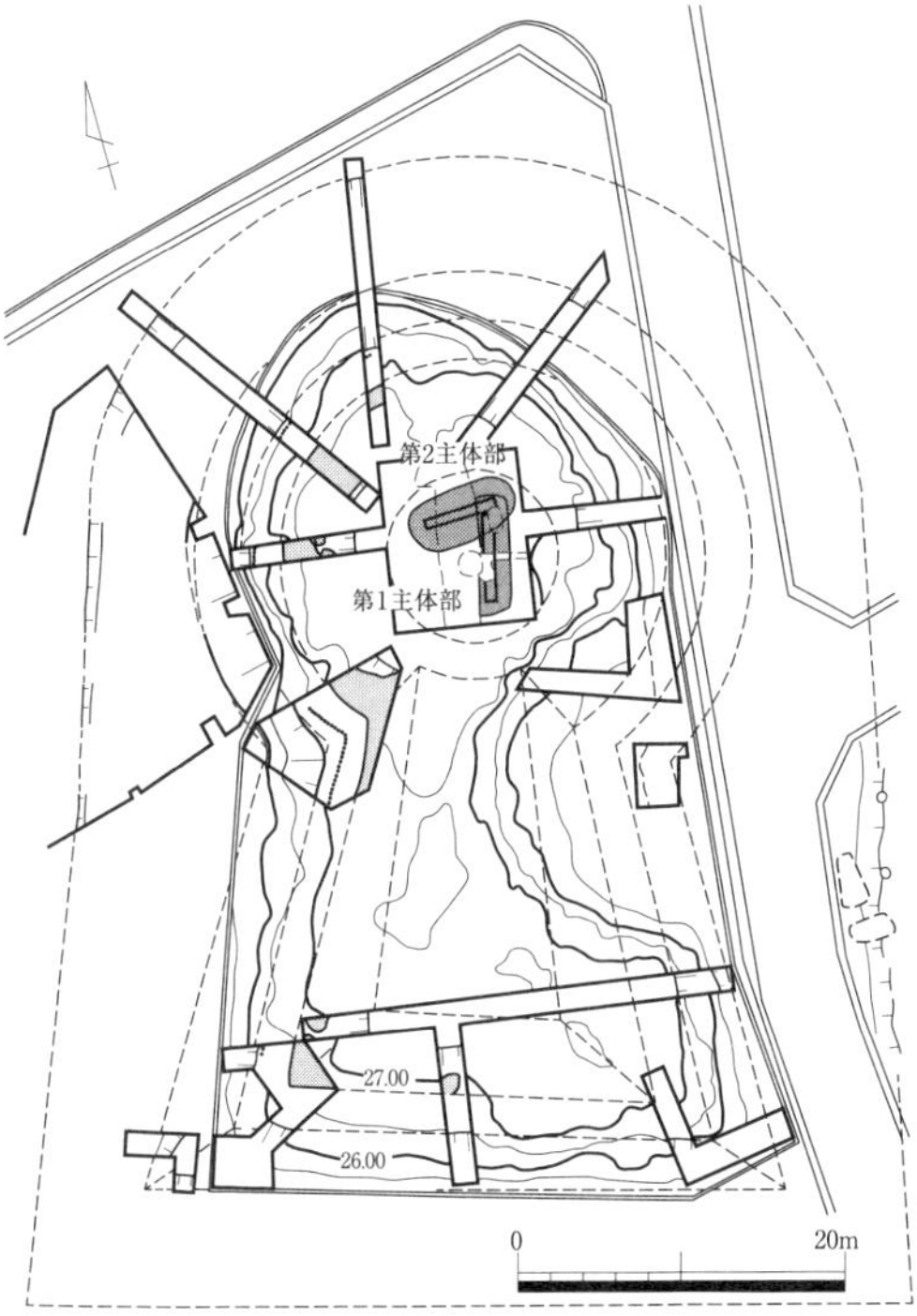

図39　御獅子塚古墳の墳丘と埋葬施設配置

分派するキョウダイ

そのような事態をうかがわせる資料が桜塚古墳群にある。豊中大塚古墳の次世代の首長墳である御獅子塚（おししづか）古墳である。御獅子塚古墳は古墳時代中期中葉の前方後円墳で全長五五メートルを測る。後円部は二基の「埋葬施設」が検出されているが、その配置と性格が他の古墳にくらべてやや奇妙であった（図39）。「埋葬施設」は調査で見つかった順に第一主体、第二主体と名付けられている。第二主体は墳丘構築途中に設置されたと考えられており、第一主体よりやや時期的にさかのぼる。また第二主体は多くの武器が納められており、人体を置くスペースがなかった。つまり、第二主体は人体が埋葬されない副葬品専用の埋納施設であったのだ。

第一主体には、歯が若干残っており、かつ人体を置くスペースが認められたので、一体の被葬者がいたと考えられている。棺内に甲冑（かっちゅう）・銅鏡・刀・鉄鏃（てつぞく）、棺外には馬具・革製盾が副葬されていた。後円部の墳頂平坦面にはこれ以外に埋葬施設はなかったのであるが、不思議なことに、第一主体と第二主体は後円部の中心から外れたところに位置しているのだ。第一主体は南北方向に棺が置かれ、第二主体は第一主体の北端に東西方向に、いわば逆L字状に配置されている。後円部の中心は第一主体の西側にある。後円部の西側は埋葬施設のない奇妙な空白地があるというわけだ。この部分は、後世の大きな溝が入っているので、それによって埋葬施設が壊されている可能性もある。しかし、第一主体の西側部分には副葬品のカケラすらなく、墓坑の痕跡も認められなかった。やはり埋葬施設はなかった可能性が高い。

前方後円墳の場合、主要埋葬施設は後円部の中心に置かれるか、複数埋葬の場合は主要埋葬施設と副次的埋葬施設が後円部の中心をはさんで配置されることが多い。御獅子塚古墳のように後円部の片側だけに埋葬施設があるという例はきわめてまれである。ほんらいは後円部中心をはさんでもう一基別の埋葬施設が後円部墳頂西側に設置される計画だったのである。この埋葬施設を仮想第三主体と仮に呼んでおこう。この仮想第三主体に埋葬されるはずだった人物はどこに埋葬されたのであろうか。

それには心当たりがある。御獅子塚古墳に隣接する狐塚（きつねづか）古墳である（図30・31）。狐塚古墳は調査が行われる前に墳丘が破壊されたので不明な点は多いが、前方後円墳とされる。埋葬施設は二基の粘土槨があったとされるが、私は一つの粘土槨だったと考えている。それはここでは深く問わない。その粘土槨（ねんどかく）から鉄鏃・大刀・馬具・鉄斧（てっぷ）・鍬先・鉄鎌・三角（さんかく）板鋲留短甲（いたびょうどめたんこう）などが出土している。副葬品は御獅子塚古墳第一主体・第二主体と遜色ない。

桜塚古墳群から出土した鉄鏃を分析した川畑純は、鉄鏃は御獅子塚第二主体→狐塚古墳→御獅子塚第一主体の順番に新しくなると指摘した。この指摘は重要である。狐塚古墳は墳丘こそ御獅子塚古墳の後で築造されつつも、被葬者は御獅子塚第一主体の人物よりも先に葬られた可能性を持つからだ。さらに川畑は御獅子塚古墳第二主体と狐塚古墳には同形式の鉄鏃が多く見られると述べる（川畑二〇一五）。川畑によると、同じ古墳群や同じ古墳に埋葬されていても鉄鏃の形は異なることが多いので、鉄鏃の入手は個人レベルの活動によるものだとしている。このことから考えると狐塚古墳の被葬者は、御獅子塚古墳と個人レベルまで近い関係を有していたことになる。いや近い関係などではなく、狐塚古墳の被葬者は、御獅子塚古墳仮想第三主体に埋葬されるべき人物そのものだったのではないか。

御獅子塚第一主体の西側には第一主体と同等規模の埋葬施設を置くことが可能な空間がある。第一主体と仮想第三主体は格差がない、あるいは小さいパターンが見込まれる。また、御獅子塚古墳第一主体被葬者と仮想第三主体の被葬者は、他の古墳の例から考えるとキョウダイであった可能性が高い。格差のないキョウダイが同時に埋葬される予定であったが、何らかの理由で仮想第三主体の被葬者が独立して狐塚古墳を築造したのではないか。

古墳時代中期中葉から後葉までの桜塚古墳群は、御獅子塚古墳・狐塚古墳・北天平塚（きたてんぴんづか）古墳・南天平塚古墳という首長墳が築造され、短い期間に首長墳が集中して築造される。異なる世代の首長候補者が代々その地位を引き継いだにしては時間が短く、一世代内で首長位が継承された可能性は十分考えられる状況である。狐塚古墳被葬者が御獅子塚古墳第一主体被葬者の兄弟であり、なんらかの事情で独立して古墳を営んだ可能性は低くはないというべきであろう。

このように兄弟は首長権を分掌して同一古墳に埋葬されることもあるが、時として片方のキョウダイが独立して首長の地位を受け継ぐことがありうるということなのである。この場合、それぞれの兄弟の子弟は、次世代の有力な代表首長候補者として見なされうる。

首長位を継承する血筋が分裂する可能性があったのである。

勝福寺古墳の被葬者

猪名川流域にはもう一つ興味深い古墳がある。桜塚古墳群とは反対の猪名川右岸上流にある勝福寺古墳である（図29・30）。六世紀前葉に築造された全長四一メートルの前方後円墳である。筆者が調査担当の一人として発掘に関わった古墳である。この古墳は後円部に横穴式石室二基・前方部に木棺が二基検出されている。

筆者らとともに調査を行った高橋照彦はこの古墳の主たる被葬者を宣化大王第二王子の火焔王子ではないかと推定している（高橋二〇〇七）。通常、古墳被葬者を特定することはかなり困難である。大王・天皇ですらその陵墓を特定することはかなり難しい。地方の首長墳であればなおさらだ。しかし、高橋は埋葬施設・埴輪・副葬品、周辺の遺跡そして文献史料を駆使して、被葬者が火焔王子であると特定する。その分析手腕は見事で説得力を持つ。その主要な根拠をかいつまんで紹介すると以下のようになる。

勝福寺古墳は、初期畿内型横穴式石室を持ち、石室から捩り環頭大刀が出土するなど、宣化大王の父親に当たる継体大王と関係の深い要素を持つ。出土した埴輪は尾張型円筒埴輪といって、尾張地方で製作される埴輪と同じ技法で作られている。継体大王の妃の一人で、宣化大王の母親である目子媛は尾張連草香の娘である。被葬者候補の火焔王子からみれば継体と目子媛は祖父母にあたるので、勝福寺古墳は火焔王子にふさわしい内容を持つ。火焔王子の母は凡河内（おおしこうち）氏の娘で、猪名川流域には傍流であるが凡河内氏が蟠踞（ばんきょ）する。火焔王子自身、その名も猪名氏の祖という伝承を持つので、猪名川流域に埋葬されることがふさわしい。勝福寺古墳築造後には、同じ長尾山丘陵に中山寺白鳥塚古墳・中山荘園古墳という首長墳が築造される。とくに中山荘園古墳は小規模とはいえ八角形を呈する古墳である。八角形墳は七世紀中葉以降の天皇の陵墓として採用されるのであり、八角形墳が地方で発見されることはきわめて珍しい現象である。猪名川流域に八角形墳があることについては明快な理由はこれまで示されていなかった。しかし、勝福寺古墳が火焔王子の墓であるとすると、その後継者は皇親氏族、つまり大王・天皇の末裔となるわけで、天皇陵と同じ墳形を用いることの説明がつくというのである。そのほかにも高橋は、猪名川流域の他氏族や群集墳（ぐんしゅうふん）の分析などを行って、他の候補者の可能性を排除した上で火焔王子を勝福寺古墳の主要な被葬者としたのである。

王族の分派活動としての勝福寺古墳

筆者のつたない説明よりも高橋の論文をぜひ読んで欲しいのだが、それはともかく、火焔王子が勝福寺古墳の被葬者だとすると二つの大きな意味を持つ。一つは、王子が王権の所在地を離れ地方に土着する可能性を示したことであり、もう一つは王子が母親の出自集団に迎えられる形ではあるものの、王統から分離して新たな首長系譜を作る可能性を示したものであった。先に示したとおり、勝福寺古墳の後には首長墳が継続して築造される。しかも勝福寺古墳以前、すなわち古墳時代中期には首長墳が猪名川上流には存在しないのである。猪名川上流では実に百数十年ぶりに築造された首長墳なのである（図30）。火焔王子は王族のいる畿内の中枢を離れて猪名川流域に来て、新たな首長系譜の祖となっているわけである。彼には母親は異なるが上殖葉王子という兄弟がいるとされ、上殖葉王子がいずこに埋葬されたかは不明だが、火焔王子は宣化系王族から独立して首長系譜を新たに作ったことに注目したい。兄弟が袂を分かって地方に下り、新たな首長系譜を作ったことを示す実例なのである。すなわち兄弟は共同統治をし、古墳をともにすることがある一方で、兄弟の一人が首長位を継承することもあれば、とくに王族であれば出身集団を離れ新たな首長系譜の祖となることもあったのである。

文献史料からみる首長系譜と王統の分派

たしかに御獅子塚古墳や勝福寺古墳での考察は推測に頼るところもあり、にわかには信じがたいと思う読者もいよう。首長系譜が分派したり、王族が王権から離れて地方に土着する現象は古墳研究者からみると違和感を覚えるかもしれない。しかし、文献史ではそうした現象は自然なこととして理解されている。

次章以降で詳しく検討することになる継体大王は、王族が王権の所在地を離れて地方に土着するようすをよく示す実例である。『日本書紀』によれば、継体の父である彦主人王は近江におり、継体自身も母親の出自集団に迎えられて越前国の首長となっていた姿が『書紀』に描かれる。継体がどの地を本拠地にしていたかは異説があるものの、母親の出自集団に迎えられ土着化していたことを否定する者はいない。継体が大王として推戴される時、丹波にいた倭彦王という人物も大王候補になるが、これも仲哀大王五世孫という王族で丹波に土着していた人物だった。こうした事例は古代のみならず後の世でも枚挙に暇がない。

また、古代史の水谷千秋は、継体大王に関係の深い滋賀県長浜市にある長浜古墳群と息長古墳群について興味深い見解を示している（水谷二〇一三）。長浜古墳群は長浜市北部にあって五世紀に、息長古墳群は長浜市の南部にあって六世紀に築造が行われる古墳群である。六世紀を境にして首長墳が築かれる場所が、長浜の北部から南部に変化するのである。この現象については、湖北において統治の主導権を握る勢力が長浜北部から南部勢力へ交替したと考えることが一般的であったが、水谷は一つの勢力が移住あるいは分岐した可能性を示している。水谷は具体的な古墳被葬者をそれぞれの古墳に当てはめているが、その根拠はまだ弱いので、被葬者はさらに追究する必要がある。しかし、長浜古墳群から新しく息長古墳群が出現する背景に首長系譜が分派することを念頭においていることに注意したい。首長系譜が分派することは荒唐無稽な議論でなく、検討に値する重要な論理なのである。

古代系図研究との比較

ところで、埼玉稲荷山古墳出土鉄剣銘文のように「其の児」で続けられるような、親から子、子から孫へというようにいっけん直系継承にみえる系図を「竪系図」と呼ぶ。代表例が京都府宮津市式内社籠神社の宮司である海部氏に伝わる海部系図である。平安時代前期に成立したとされる、同社の祝部を勤めた海部直氏の系図である。歴代の祝部の名前が縦にならび、名前の前に「児」の文字が記され、さらに名前の間を線でつないで先代祝部との関係を示している。稲荷山古墳鉄剣銘文はいわゆる文章系譜であるが、その内容を図に示すと海部系図のような竪系図になるであろう。ちなみに巻物に書かれる家系図は横系図と言って、竪系図のあとに出現する。系を順次横に送って、父子関係・兄弟関係を示す系図である（義江二〇〇〇）。

義江明子は古代系図を分析し、竪系図は「地位継承次第」というべき存在で、首長位や祝部などの地位を引き継いだ歴代の人物名表であることを明らかにした。竪系図は、歴代の首長や祝部が大王や天皇あるいは神に、歴代の長が連続して奉仕してきたことを示すことを目的に作られたと義江は言うのである。首長や祝部等の地位を引き継いだ人物名表であるから、その地位にあった者をリスト化することが目的である。したがって、竪系図は、そこにある人物の出自を示す存在ではなく、「其の児」や「子」という文字で先代との関係を示していたとしても、父子の関係にある者もいればそうでない者もいると義江は言う（義江二〇〇〇）。その時の有力人物が首長位や祝部の地位を継承しているので、先代との関係は擬制的で、血縁関係がなくても首長位の地位を継承し得ることとなる。

たしかに親から子、子から孫へという直系原理が、稲荷山古墳鉄剣であれば八代（あるいは三代）も続くとは考えがたく、実力ある者が首長位を継承することはあり得る話である。しかし、血縁関係を全く否定することも困難である。首長位にしても神職にしても誰もがその地位を受け継ぐことなどがあるはずもない。

義江は、竪系図の内容を明らかにするときに京都のカモ社の系図を取り上げる。カモ社の系図は作成時期も対象とする時代も古墳時代よりかなり新しい平安時代以降のことであるが、京都のカモ社には神職の継承次第（竪系図）と神職継承者の続柄を記した二つの系譜がもともとあったとしている。後者によれば、神職の地位は親子・イトコあるいは又イトコの間で継承されており、広く傍系親族まで含むものの、血縁者がその地位を継承していたことがわかっている（義江二〇〇〇）。その図を模式化すると図40のようになる。竪系図に示される首長位の継承は、義江の言うとおり父子の間でなされるとは限らないけれども、血縁関係は無視できないのである。

これまでに見てきたとおり、古墳時代の埋葬原理は血縁者を埋葬する意識が相当に強いので、血縁原理によらない古墳群構成は考えがたい（今津二〇一四）。むしろ、義江の議論

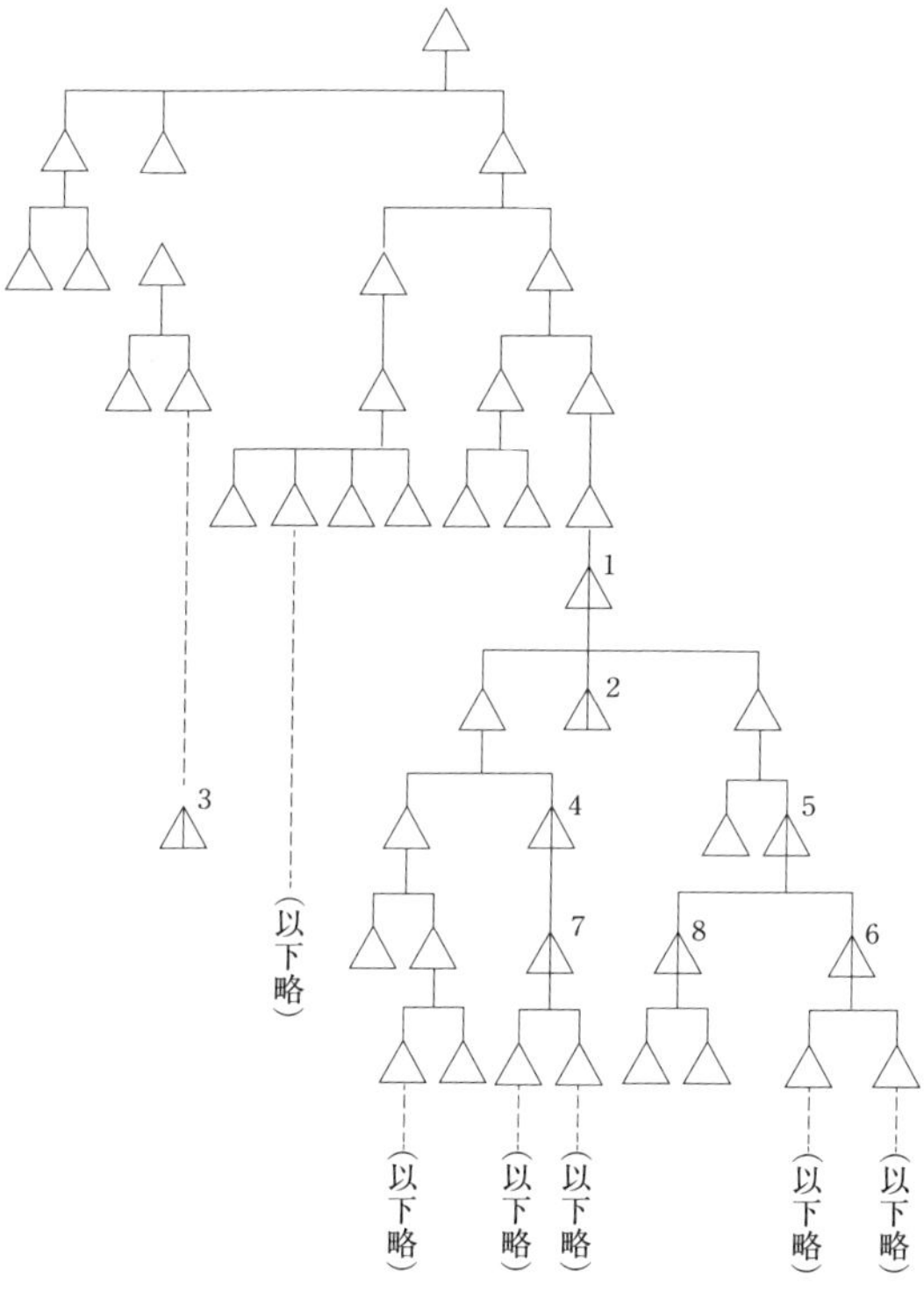

数字は神職（族長位）を継承した者を指し，その順番を示す．

図40　「下鴨系図」の構成（義江2000より，一部改変）

は、父子に限らず傍系親族を含めた血縁者が、「其の児」などというような擬制的父子関係を結ぶことによって地位を継承したことを示すのだと考える。

本章では、兄弟が独立して新たな墳墓を営むことがあり、兄弟間で首長位が継承されることがあることを示した。また兄弟のそれぞれの子が首長位継承候補者となりえることも示したのであった。義江の古代竪系図の研究と本書の内容は反するものでなく、むしろ一致する内容なのである。

本章では、首長墳の埋葬原理が、小古墳と同じくキョウダイ原理であることをまず示した。ただ、首長層の父系化は小古墳の階層よりも早く古墳時代中期初頭に始まることを述べた。これは重要なことで、日本における父系化は全階層を通じて一気に行われたのではなくて、段階があったことになる。その画期は首長層が父系化する中期初頭と、一般層にまで及んでいく中期後葉である（図36）。ただ、一般層は父系化が貫徹しないことは前章「一般層の埋葬原理」で述べたとおりである。

もう一つ重要なことは、父系化した首長層は決して安定して首長位を継承したわけではないということである。父子の間で首長位が継承される場合はもちろんあるが、兄弟の間の格差は小さいので、兄弟間で地位が継承されることもあり得た。さらには兄弟のそれぞれの子供も首長継承の候補者となり得たと考えられた。時には兄弟が、あるいはその子供たちが袂を分かつことになり系譜が分派する可能性もあったと考えられたのである。

大王墓の埋葬原理

大王墓の複数埋葬

大王墓の埋葬原理を検討する前に、いわゆる「天皇陵」の名称について述べておきたい。

「天皇陵」の名称

われわれがよく知る日本最大の前方後円墳は、大仙陵古墳・大山古墳・仁徳天皇陵・仁徳陵古墳などと呼ばれる。宮内庁は「仁徳天皇百舌鳥耳原中陵」と呼ぶ。しかし、この古墳は、仁徳天皇に相当する人物の墓ではないと考える研究者が圧倒的に多く、仁徳天皇の名前を冠することは科学的見地から正しくない。森浩一は古くから「天皇陵」の名称を問題化し、先入観を与えない命名法を提起し続け、前近代の地名や名称を「天皇陵」に用いることに最終的にたどり着いた（今尾二〇一七）。この森の命名は世に広まり、現在の教科書では、くだんの古墳を「仁徳天皇陵」と書く教科書は少なく、「大山古墳」あるいは

「大仙陵古墳」と記し、その後に括弧書きで「伝仁徳陵」などと記載される事例が多いのだという（新納二〇一七）。

しかるに、近年、古市古墳群・百舌鳥古墳群の世界文化遺産登録を目指すことをきっかけとして、「仁徳天皇陵古墳」という名称が公的機関によって使用されるようになってきた。「仁徳天皇陵」に「古墳」という単語をつけることにより、「仁徳天皇陵と呼ばれている古墳」という意味で使用しているものと理解するが、科学性に欠ける名称が復活してきた観がある。戦後歴史科学に逆行する流れとも言える。大仙陵古墳を例に取り上げたが、基本的に他の「天皇陵」も同様のことが当てはまる。本書では、「○○天皇陵古墳」の名称は用いず、所在地や前近代の名称を主として用い、読者の理解を助けるため必要に応じて括弧書きで「伝○○陵」と記すことにしたい。

大王墓の調査

大王墓の多くは、天皇陵や陵墓参考地として宮内庁が管理しており、自由に調査ができない。とくに埋葬施設の内容が判明している事例は多くない。しかし、考古学者が手をこまねいているわけではないし、「天皇陵」に関する調査は少なからず実施されている。

宮内庁は、「天皇陵」の保全整備をする際には事前に調査を行っている。あるいは倒木や雨水の影響で墳丘の土が流れて埴輪等が露出することがあればその資料を採集し、調査成果は『書陵部紀要』などで報告されている。近年は歴史学・考古学の学会からの要望を宮内庁が受け入れ、「天皇陵」や陵墓参考地の最下段まではあるが、立ち入っての観察が許可されるようになった。

幸か不幸か、「天皇陵」の指定は、古墳の全域でないことも多いので、周溝（しゅうこう）や外堤が民地であることも少なくない。そこでは調査を行うことができ、あるいは開発によって破壊されることすらある。埋葬施設はさすがに発掘されることはないものの、墳丘あるいは外堤に配置されていた埴輪資料が徐々に増えてきたのであった。あるいは測量技術の進展により、陵墓に立ち入らずとも詳細な墳丘図を描くことができるようになってきており、大王墓の墳丘構造や墳丘規格が新たな技術で解明されつつある（新納二〇一五ほか）。このように大王墓に関する情報は積み重ねられている。

とくにこの二〇年で埴輪研究が大きく進展し、大王墓の変遷がより具体的に明らかとなってきた。埴輪は墳丘に多量に配列される。大王墓では数万本の埴輪が樹立することは珍しいことではない。埴輪は発掘調査で出土するだけでなく、墳丘表面に破片が散布していることも時々あるため、未調査の古墳であっても埴輪の一部が明らかになっている大王墓は多い。したがって調査が行われていない古墳であっても、埴輪から築造時期をある程度しぼることができる。そういった利便性もあって、埴輪編年の研究が一九七〇年代以降、とくに一九九〇年代から二〇〇〇年代にかけて大いに進んだ。大王墓・首長墳は地域によっては一世代ごとの年代で時期が確定されるようになってきたのである（埴輪検討会二〇〇三、廣瀬二〇一五）。

大王墓の複数埋葬

王墓の埋葬原理と被葬者の親族関係について考えてみることにしよう。先に示したように大王墓の内容がわからないことが多いので、大王墓の埋葬原理や被葬者を明らかにすることはかなり難しい。しかし、さまざまな史資料を組み合わせ、比較検討することでこの内容を明らかにしていこう。まずは、大王墓にも複数埋葬が存在する事実から示していく。意外に思われるかもしれないが、大王墓においても複数埋葬は認められる。

大仙陵古墳の複数埋葬

大王墓において確実な複数埋葬事例は大阪府大仙陵古墳（伝仁徳陵）である。後円部の埋葬についてはよくわからない事が多いが、もちろん大王が埋葬されていよう。享保年間（一七一六〜三六）に成立した『大仙陵絵図』には後円部墳頂部分に大石が描かれており、石室の一部だとされている。また宝暦七年（一七五七）に成立した『全堺詳志』は、かなり大きな「石の唐櫃（からびつ）」、すなわち石棺があったことを伝えている（堺市博物館一九九六）。明治五年に当時の堺県令であった税所（さいしょ）篤（あつし）が陵を清掃するとして立ち入り、前方部の中段で竪穴式石室が発見されている。このように大仙陵古墳には後円部と前方部に埋葬施設があり、合計二基かそれ以上の埋葬施設があったのである。

今城塚古墳の複数埋葬

近年の発掘調査で複数埋葬がわかった事例もある。大阪府高槻市にある今城塚（いましろづか）古墳である。この古墳は天皇陵の指定を受けておらず調査が可能である。多くの研究者が今城塚古墳こそ継体大王の真陵と考え、ほぼ異論がない。現在、継体天皇陵として指定を受けているのは大阪府茨木市の太田茶臼山（ちゃうすやま）古墳であるが、これは五世紀前半から中頃の古墳で西暦五三〇年前後に没したとされる継体大王の古墳と年代が合わない。高槻市による今城塚古墳の調査の結果、後円部の埋葬施設は大きく壊れていたが、横穴式石室の基盤であろうとされる石組みが検出され、さらに複数の石棺石材が出土している。石棺石材は、馬門石（まかどいし）・竜山石（たつやまいし）・二上山白石（にじょうさんしろいし）の三種類があった。首長墳では、一つの石棺は一種類の石棺材から製作されることが多いので、異論はあるものの横穴式石室に三基以上の石棺があったのであろうと推測される。

前方部墳頂に壇を持つ大王墓

また、大王墓あるいは大王墓級の前方後円墳の中には、そのすべてではないが前方部に壇を持つ古墳がある。そうした壇は、埋葬施設にともなうものと考えられており壇の下に埋葬施設が設けられている可能性が高い。最古の大王墓級古墳である奈良県箸墓（はしはか）古墳の前方部に壇はないが、その次世代

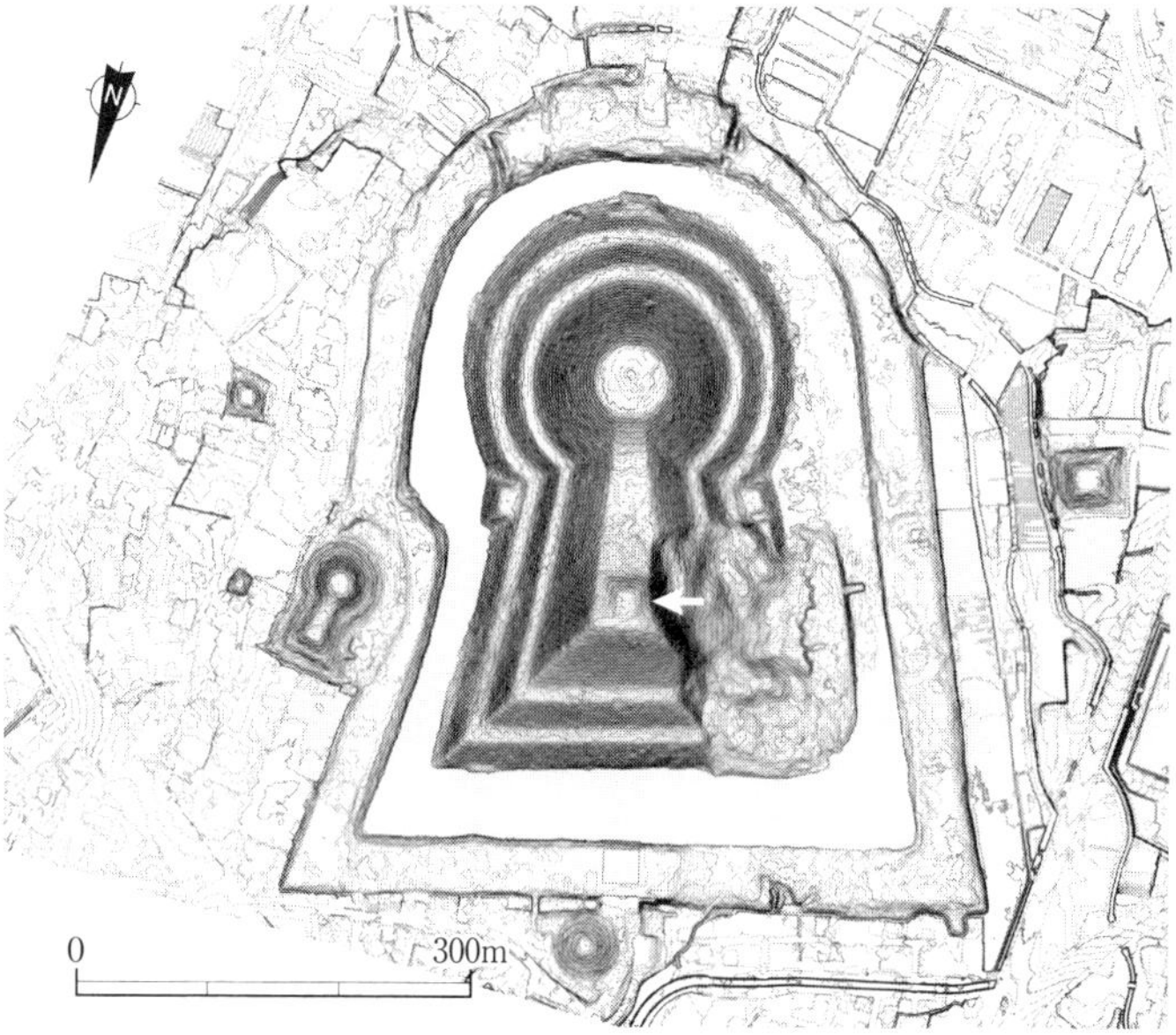

図41　誉田御廟山古墳と方形壇（矢印部分が方形壇）

の古墳である西殿塚古墳には前方部に方形壇がある。すなわち西殿塚古墳には後円部と前方部に埋葬があると考えられるのだ。前方部に方形壇を持つ大王墓級の古墳には、他に誉田御廟山古墳（伝応神陵）などがある（図41）。上石津ミサンザイ古墳（伝履中陵）には前方部頂に円形壇がある。前方部頂に方形壇がなくても、たとえば大仙陵古墳のように前方部中段に埋葬があり得た。また、首長墳では前方部でも後円部よりの平坦面に埋葬施設がある場合や、これまでにも見てきたとおり、首長墳では後円部に複数の埋葬施設がある例もあるので、複数埋葬は大王墓級の古墳に少なからずあったとみるべきであろう。

大王陵における埋葬原理

大仙陵古墳の同性埋葬

大王墓において複数埋葬が一般的に行われていることはわかったものの、埋葬施設の内容が判明している古墳がほとんどないので、どのような関係の被葬者が埋葬されているかは不明である。考古学的情報から埋葬原理を知る手がかりを得られるのは大仙陵古墳のみである。

大仙陵古墳前方部の竪穴式石室内には長持形石棺があり、金銅装の甲冑などの副葬品が出土したことがわかっている。甲冑は男性にのみ副葬されるので、前方部竪穴式石室は男性が埋葬されたのであろう。後円部の石棺は内容が不明であるが、大王が埋葬されたことは間違いない。前章「首長墳の埋葬原理」で示したとおり、古墳時代中期以降における首長墳の主要埋葬には男性のみが埋葬されるようになっていた。首長の上位にある大王墓であるからには大仙陵古墳の主要埋葬には男性が埋葬されていたことはほぼ確実である。『記紀』をみてもこの時期に女性大王の存在は認められない。だとするならば、後円部と前方部埋葬施設の被葬者はともに男性ということになろう。他にも埋葬施設が存在した可能性はあるが、大仙陵古墳は同性埋葬墳の可能性がある。

藤ノ木古墳にみる同性埋葬

大王墓そのものではないが、六世紀の有力王族あるいは有力豪族の墳墓である藤ノ木古墳は同棺複数埋葬が認められる例である。奈良県斑鳩町に存在する直径四八メートルの円墳で、未盗掘の古墳として知られる。横穴式石室に家形石棺が置かれてあり、数々の副葬品とともに人骨が検出された。人骨は遺存状態が悪かったものの、足の骨が二体分検出されたことから、同棺複数埋葬であることが明らかとなったのである。なお、石棺は蓋をしてから開けられた痕跡がなかったので、二人の人物は同時に棺に納められたこともわかっている。二人は同時か、かなり近い時期に亡くなったと考えられるのだ。

遺存が悪かったことから鑑定には苦労したようであるが、片山一道と池田次郎は一号人骨が二〇〜四〇歳の男性、二号人骨は二十歳前後の男性であろうとした（池田・片山一九九三）。当時は田中良之の学説が広まる前であったし、男性どうしの合葬も実例が多くなかったので、男性二人が同一の棺に葬られるということに対して、多くの異論が出たし、未だに反論がある（玉城二〇一五）。

片山らの鑑定が正しいとすると、男性二人の埋葬ということで、同性埋葬墳の一例となる。これは首長墳・中小古墳の分析で見たようにキョウダイ原理の埋葬の一例と考えるのが最も妥当であろう。

白石太一郎は、法隆寺の近くにある墳墓は蘇我系王族が多いので、藤ノ木古墳被葬者は蘇我系王族であろうと推測した。その上で、六世紀後半に同時あるいは近い時期に亡くなった王族に穴穂部王子と宅部王子がいる事を指摘し、藤ノ木古墳の被葬者は穴穂部と宅部であろうとしたのである（白石二〇〇〇）。穴穂部と宅部は、蘇我氏と物部氏が覇権を争った際に、物部についたため、蘇我氏によって殺害されたのである。

『日本書紀』の記述を信じると穴穂部は欽明大王の子であり、宅部は宣化大王の子とされるので、二人は従兄弟にあたる。しかし、一説には宅部は欽明の子とされ、それが正しいとすると二人は兄弟ということになり、王族においてもキョウダイ原理の埋葬が行われていた事例の一つとなる。藤ノ木古墳の年代については強い異論があるので（新納二〇〇九）、被葬者論については参考程度にとどめておくべきであろう。ここでは男性の同性埋葬墳の可能性が高く、王族クラスにおいてキョウダイ原理埋葬があった可能性を指摘するにとどめておきたい。

仁徳大王関連記事にみる埋葬原理

古墳時代に関わる文献史料で埋葬原理を知る手がかりはないのであろうか。古墳時代のことを書いた史料としてはもちろん『古事記』と『日本書紀』がその代表であるが、両者とも奈良時代に成立した文献であり、その内容を利用するには史料批判が必要であることはいうまでもない。その中でも古墳時代の埋葬原理を垣間見せる内容が含まれている。

その一例が仁徳大王と磐之媛のエピソードである。『日本書紀』と『古事記』に類似のエピソードがあるが、埋葬原理について知る手がかりは『日本書紀』の記述に認められる。次のような話である。

仁徳は葛城氏の女である磐之媛を皇后としていたが、八田王女を新たに召し入れて妃にしようとする。しかし、そのことが磐之媛の耳に入り、磐之媛に拒否されてしまった。そこで磐之媛が和歌山に出かけた隙を見計らい、仁徳は八田王女を宮中に入れてしまう。それを聞いた磐之媛は嫉妬し、仁徳のいる難波の高津宮には戻らず大和に帰ってしまうのであった。磐之媛はその後も難波には戻らず、最終的には京都府南部の筒城で亡くなり、奈良県北部の乃羅山に葬られるという話である。

周知のとおり、仁徳は百舌鳥陵（大阪府堺市）に埋葬されるから、皇后である磐之媛は仁徳と墓を異にしていることになる。この話が真実を伝えているかは不明であり、磐之媛の嫉妬という特異なエピソードと理解されるかもしれないが、夫婦が別の墓に埋葬（夫婦別墓）されるという一例である。さらに磐之媛は葛城氏出身であるので、彼女の出身集団の本拠地は葛城にある。葛城は奈良盆地南西部の土地であるから、奈良盆地北部の乃羅山は葛城氏のテリトリーそのものとは言いがたい。しかし、乃羅山から葛城を望んで磐之媛が「我が見が欲し国は　葛城高宮　我家のあたり（私の見たいと思う国は、葛城の高宮の我が家のあたりです）」という歌を作っているくらいだから、彼女の埋葬された乃羅山は、彼女の実家である葛城を意識して選地されていると言えよう。

もちろんこの話が事実かどうかは検討が必要であるし、事実としても彼女は出身地である葛城に帰っているわけではないので厳密には帰葬とは言えないが、出身集団と婚出した人物との強い関係を示すエピソードと言える。

夫婦が異なる墓に葬られ、出身集団に関係する土地で埋葬されるという記述はキョウダイ原理の埋葬と矛盾しない。

継体大王関連記事にみる埋葬原理

継体大王は古代史の画期となる天皇であり、重要である。継体説話は次章とも関わってくるので、やや丁寧に説明をしていこう。篠川賢の考察によると、継体は西暦四五〇年頃に生まれ、西暦五〇七年に即位する（篠川二〇一六）。その死に関しては異説があり五二七年か五三一年あるいは五三四年に亡くなったとされる。大王として活躍したのは六世紀前葉といえよう。

継体の直前の王である武烈（ぶれつ）大王は、暴虐な大王として『日本書紀』には描かれている。このことには意味があって、中国の放伐の思想が反映されているとされる。悪徳の王に替わって有徳の王が新たな王朝を打ち立てる意識が反映されているという。それはともかく、武烈には子供がおらず、王位継承候補者が不在という事態が生じる。この背景には、武烈の少し前、五世紀後半に君臨した雄略大王が、その即位時あるいは即位後も、その地位を脅かす王族を数多く抹殺した事に一因がある。そのため王位継承候補者が不足していたのである。この時に地方にいる王族が王位継承候補者となり、その一人が継体であったのである。

継体大王は応神五世孫と伝えられ、異論はあるが越前の三国あるいは近江にいたとされる、いわば末端の地方王族である。七〇一年に編纂された大宝律令では、五世王は「王と名のれども皇親にあらず」とされる。その後、この規定は慶雲格（けいうんきゃく）によって改正され、五世王も皇族のうちに数えられるようになる。つまり、五世王は奈良時代では皇親かどうかのギリギリのところにいる末裔（まつえい）なのである。皇親かそうでないかの瀬戸際にいる王族が大王に迎えられることも異例だが、越前あるいは近江という地方にいた王族が大王に迎えられることも異例である。

このアクロバチックともいえる継体推戴について、説明する必要があったからであろう、『日本書紀』は継体の出自を詳しく語っている。

彦主人王と振媛

『日本書紀』は、継体が越前にいたことを説明するため、彼の父母である彦主人王と振媛の婚姻から話を始めている。継体の父である彦主人王は近江国高島の「別業」すなわち別宅に住んでいたところ、越前の三国にいる振媛が美人であるとの話を聞いて、妃としたと言う。このことから王族層においては嫁入婚が行われていたことがわかるが、興味深いのはその後だ。二人の間には、後に継体となる王子が生まれるが、王子が幼少の時に彦主人王は亡くなってしまう。そこで振媛は、「帰寧がてらに、天皇を奉養らむ」とした。すなわち親のようすを伺いがてら、親元にもどり王子を養育しようとしたのである。そして彼女は王子を連れて越前に戻り、継体は越前で成長する。継体を大王に推戴すべく、三国に向かった使いを迎えた継体は、「晏然に自若して、胡座に距座す。陪臣を齊へ列ねて、既に帝の坐すがごとし」というようすだったという。「陪臣」を列ねていたということから、三国の地の首長となっていたのであろう。

この話からは、母親は出身集団と強いかかわりを持っていたことがまず理解できる。夫と死別した際に、夫の親族ではなく自分の親元へ戻って子供を養育しているからだ。さらに彦主人王と振媛はおそらく異なる墓に埋葬されている可能性が高いことがわかる。彦主人王が埋葬された古墳は不明であるが、おそらくは近江かそれ以外の彼の本拠地で埋葬されたであろう。振媛は、彦主人王と同じ墳墓に埋葬されているとは考えにくい。彦主人王の死後、親元の越前に戻って来た彼女が、その死後に夫の眠る墳墓にわざわざ葬られるとは考えにくいからだ。彼女は越前で一生を終え、おそらくは越前の古墳に埋葬されているであろう。すなわち夫婦別墓の一端がここに垣間見られる。彼女は親元を頼っていることから、想像をたくましくすると父親あるいは自分のキョウダイと同じ古墳に埋葬されているのかもしれない。このことは首長層においてキョウダイ原理の埋葬が行われているという、考古学・人類学の分析から導き出される結果と合致する。

継体が三国の首長になっていることは、王族がその母方の勢力を頼って地方に至り、その地方の首長となるようすを示している。このことは、前章「首長墳の埋葬原理」で紹介した兵庫県勝福寺古墳で想定された事例が文献においても認められるのでたいへん興味深い。

継体と手白髪王女の埋葬

継体は異端の王であり、かつ時代の画期となる大王だけにその事績はたいへん重要である。『日本書紀』は、大王として推戴された彼の活動や、その治政下で起こった事件を数多く記している。しかし、本書はそれらを語ることを目的としていない。本書は、埋葬のあり方や男女の関係から古墳時代社会を問うことを目的としている。継体の生前の足跡は、そっくりとばしてその埋葬について考えてみよう。継体の活動やその歴史的意義については数多くの図書が出ているので、興味ある方はそれを参考にされたい（たとえば水谷二〇一一、篠川二〇一六など）。

継体の死に関しても、とても興味深い記事があるのだが、これもはしょって埋葬された墳墓について語ることにしよう。『日本書紀』によれば、継体は藍野陵（あいののみささぎ）に埋葬されたとされる。『延喜式』諸陵寮には、継体陵は三嶋藍野陵と記され、摂津国嶋上郡にあるとされている。

現在、宮内庁が継体天皇陵として治定しているのは大阪府茨木市の太田茶臼山古墳である。しかし、真の継体陵は大阪府高槻市今城塚（いましろづか）古墳であり、考古学者でこれを否定する者はいない。太田茶臼山古墳は出土した埴輪から五世紀前半から中頃に築造されたと考えられ、継体大王の没年と合わないだけでなく、その位置は『延喜式』が三嶋藍野陵の所在地とする嶋上郡ではなく嶋下郡にあって、時期と位置が異なるのだ。

今城塚古墳は全長一九〇メートルを測る墳丘を持ち、二重の周溝がめぐる。出土した埴輪や須恵器から六世紀前葉に位置づけられる。墳丘長一九〇メートルはこれまでの大王墓と比較すればやや小型であるが、こと六世紀前葉という時期に限れば最大の古墳である。大王墓として十分にその資格を持つ。嶋上郡に位置していることも『延喜式』と整合的である。

継体は数多くの妃を持つことでも知られている。妃の数は『日本書紀』で九人、『古事記』で七人とされる。王族層は一夫多妻の事例が珍しくないが、これほど多くの妃がいる大王も珍しい（水谷二〇一二）。数多くいる妃の中でも有力な妃は手白髪王女（たしらかのおうじょ）と目子媛（めのこひめ）の二人である。

手白髪王女は仁賢大王の娘で先の大王・武烈の姉に当たる。大王の娘にして先王の姉という、主流中の主流の王族なのだ。『古事記』に「袁本杼命（ヲホドノミコト＝継体のこと）を手白髪命に合せて、天の下を授け奉りき」と記されているとおり、継体は、仁賢の王女に婿入りする形で王位を継承している。手白髪と結婚することによって大王となり得たのである。『日本書紀』では手白髪を皇后とし、『古事記』でも大后と記す。継体と手白髪の間には欽明大王が生まれている。

もう一人の有力な妃である目子媛は尾張連草香（おわりのむらじくさか）の娘である。『日本書紀』では手白髪を除く八人の妃の筆頭に置かれる。手白髪以外の妃は地方豪族の娘が多いのだが、目子媛の父親が最も有力な豪族である。彼女は安閑大王と宣化大王を産んでいる。

目子媛の埋葬場所は不明であるが、手白髪王女の埋葬場所は記録がある。『延喜式』諸陵寮には、衾田墓（ふすまだのはか）に埋葬されたと記される。衾田墓は大和国山辺郡にあり山辺道勾（やまべのみちのまがりの）

岡上陵（崇神陵）の陵戸が衾田墓の陵戸を兼ねることになっているから、山辺の道付近にあったと考えられる。宮内庁は衾田墓を奈良県天理市西殿塚古墳に当てているが、西殿塚古墳は箸墓古墳に続く初期の王墓であり、衾田墓であり得ない。大和東南部で六世紀に下る大型古墳は基本的に限られており、西殿塚古墳の北西に位置する西山塚古墳が、真の衾田墓であろうと考えられている（白石一九八六）。すなわち、手白髪王女は継体の藍野陵には埋葬されず、大和東南部の古墳に埋葬されているのである。この事例は森浩一が古くから指摘するように、夫婦別墓の一例とすることができる（森一九八七）。

大和東南部はヤマト政権の初期の本拠地であり、初期の王墓が集中する地域である。手白髪は仁賢の娘であって、仁賢の陵は河内に存在するものの、ヤマト政権の本拠地の一部に埋葬されたという点で、帰葬に通じる埋葬と言える。

逆にいえば、継体は傍流の王族であり、越前あるいは近江から推戴された。彼の本拠地は大和や河内ではない。したがって、大和や河内に埋葬されなかったのだ。摂津に埋葬されたのは、摂津がいくつかある彼の本拠地の一つ（篠川二〇一六）であるからだ。継体は大王に推戴されたものの、大和あるいは河内という従来のヤマト政権の本拠地に宮を構えることがなかなかできなかった。即位した場所も、摂津と河内の境にある樟葉宮（大阪府枚方市）であり、その後は山背国筒城と山背国弟国で宮を営んだという。大和国で宮を構えたのは即位後二〇年（一説では七年）が経ってからである。樟葉・筒城・弟国は淀川流域にあり、大王に即位後あるいはそれ以前から淀川流域は継体の本拠地の一つであったと考えられるのだ。摂津はもちろん淀川流域である。

このことから継体は大王に推戴されたとしても、ヤマト政権の従来からの本拠地に王墓を築くことは許されなかったと言えよう。自らの本拠に埋葬されるという原則はかなり強かったことがここに推測される。これは帰葬の一種として理解してよい。

目子媛の埋葬

継体のもう一人の妃である目子媛が埋葬された場所は不明である。しかし、継体とともに今城塚古墳に葬られたとは考えがたい。先述のとおり、今城塚古墳からは三種類の石棺材が出土しており、横穴式石室に三基以上の石棺が置かれていた可能性が高い。つまり今城塚古墳には三人以上の被葬者がいた可能性がある。その中に目子媛は含まれていなかったと考える。最も有力な妃である手白髪王女が継体と異なる墳墓に埋葬される以上、他の妃が継体と埋葬される理由がみつからないからだ。最有力の妃を差し置いて他の妃が合葬されるであろうか。もし継体と妃が合葬された場合、手白髪を除いて継体には八人あるいは六人の妃がいるので、合葬されるべき妃を選択する基準が必要となる。

多くの配偶者の中から合葬する妃を選択する際には、外戚が有力な人物などの何らかの政治的理由がまず考えられるが、手白髪が別の墳墓に埋葬されているとすると、別の基準を考えねばならない。無理に妃が継体と合葬されたと考えるよりも、すべての妃が別の墳墓に埋葬されたと考える方が理解がしやすいのだ。

継体関連記事のまとめ

継体関連記事から理解できる埋葬と親族のあり方をまとめると以下のようになる。

①継体の両親である彦主人王と振媛は異なる墳墓に埋葬された可能性が高い。

②振媛は出身地である越前で埋葬された可能性が高い。

③振媛は出身集団とのつながりが強く、彦主人王の死後は出身集団の庇護を受けて継体を養育する。

④継体は成人後、母親の出身地である三国で首長となる。

⑤継体の真陵は今城塚古墳であり、調査の結果、この古墳には複数の埋葬があったと考えられるが、継体は妃と埋葬されていない可能性が高い。

⑥継体の最有力の妃である手白髪王女は、従来のヤマト王権の本拠地の一つである大和東南部に埋葬される。

①・⑤・⑥からは、継体期の王族も夫婦原理で埋葬されていないことがわかる。③と⑥

からは、王族の妻も出身集団とのつながりが強く、王族の妻は②と⑥から出身集団の本拠地の一つに埋葬されることがわかる。これらは帰葬として理解してよい。継体自身も自らの本拠地の一つに埋葬され、これも帰葬の一例として理解が可能である（⑤）。

問題は、⑤にあるように大王あるいは王族の墳墓に複数埋葬がある場合は、どのような人物が合葬されているかである。残念ながら継体関連記事から、妃はその中に含まれないであろうと言うことまでしかわからない。しかし、夫婦原理の埋葬でないこと、婚入者が帰葬される事実は、首長層・一般層と共通する原理であり、キョウダイ原理と矛盾しない。だとするならば、大王や王族もキョウダイあるいは親子での埋葬が原則である可能性が高いと言えよう。

大王墓における夫婦原理の埋葬

継体の三王子

継体に妃が多いことは既述したとおりであり、それだけに子もまた多い。『日本書紀』と『古事記』ではその数と内容に異同があるが、書紀に従うと合計二一人の子がおり、そのうち王子は九人である。九人のうち、三人の王子が大王となる。安閑（あんかん）・宣化（せんか）・欽明（きんめい）である（図42）。

これまで大王や王族層でもキョウダイ原理の埋葬が行われていると述べてきた。しかし、大王が妃と合葬される例が奈良時代以前では四例ある（図24）。夫婦原理で埋葬される四人の大王のうち、三例は継体の王子なのである。

夫婦原理の埋葬が存在するとしても四例しかなく、三例が継体の王子に集中しているそのこと自体が、例外であることを暗示し、スタンダードな埋葬でなかったことが理解され

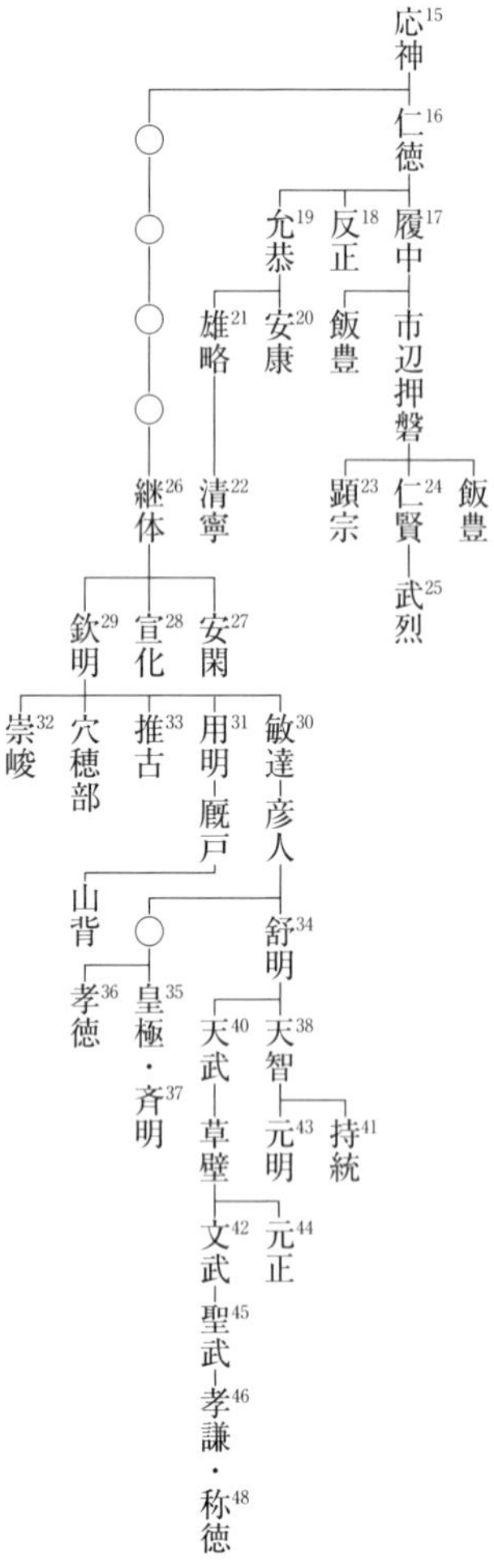

(飯豊の親族関係には2説ある)

図42　記紀の皇統譜

る。その例外が継体の三王子に認められるゆえんを見ていくことにしよう。

安閑と宣化の埋葬

『日本書紀』によれば、安閑は、仁賢の娘である春日山田王女と婚姻を行う。『日本書紀』は安閑の死にあたり、「天皇を河内の古市高屋丘陵に葬りまつる。皇后春日山田皇女及び天皇の妹神前皇女(かむさきのひめみこ)を以て是の陵に合わせ葬れり」と伝え、妃の春日山田王女と安閑の妹である神前王女と同じ陵墓に埋葬されたことを伝える。ただし、『延喜式』諸陵寮は、安閑と神前王女の合葬を伝えるが、春日山田王女は別墓としている。妹である神前王女との合葬はキョウダイ原理の埋葬であるので、とくに問題とならない。

宣化も同じように仁賢娘の橘仲王女と婚姻する。『日本書紀』は「天皇を大倭国の身狭桃花鳥坂上陵に葬りまつる。皇后橘皇女及びその孺子を以て、其の陵に合せ葬る。」と記す。孺子とは未成人の子供のこととされる。すなわち宣化は妃の橘仲王女とその子供と同じ陵墓に埋葬されたのである。

これらの夫婦原理埋葬を例外的と切って捨てるのは簡単だが、例外とする理由を説明せねばならないであろう。くりかえすことになるが、安閑と宣化は継体と目子媛の子供である。目子媛は尾張連草香の子供であるから、母親は地方豪族の出身であって王族ではない。継体大王自身が応神五世孫であったから、継体が即位しなかったとすれば彼らは六世孫となる。先に示したとおり、奈良時代以降の基準では六世孫は皇親ではない。かれらの血統は王族としてかなり弱いのである。継体は仁賢大王の娘である手白髪王女と婚姻して即位し、そして『古事記』の書き方からするとその婚姻こそが継体即位の条件であった。同じ理由で安閑と宣化も仁賢大王の娘と婚姻関係を結んだのであろう。義理の母の妹を妃に迎えているという点では、この婚姻はやや無理があることが理解される。その無理を通してでも仁賢の娘と婚姻する必要があったのである。

ましてや安閑と宣化には、王位を継承する上で強力なライバルが存在した。異母弟の欽明である。欽明は継体と手白髪の子であるので、先王と応神以来の主流の王統である仁賢の血を引く王子である。血筋という点では、欽明が兄たちにくらべ圧倒的に有利である。実際に、継体の死後に安閑・宣化の政権と欽明の政権が並立して存在し、政権争いがあったという二朝並立説という学説すら存在する（喜田一九二八・林屋一九五二）。二朝並立説には異説と異論があって定説を見ていないし、その是非を問うことは筆者の能力を超える。しかし、手白髪王女の血を引く欽明と目子媛を母とする安閑と宣化の間にライバル関係が存在したことは十分にあり得よう。

安閑と宣化は、応神以来の王族としては主流の存在ではなかった。その弱点を覆い隠すために、仁賢の血を引く王女と合葬されたのであろうと考えられるのである。

欽明の埋葬

それでは欽明の合葬はいかに説明されようか。欽明は先述のとおり父王である継体と主流の王族である手白髪の子であるから、大王位を継承するのに血統的になんら問題はない。彼が妃の一人と合葬される理由は別のところにある。

欽明の妃は、『日本書紀』によれば六人、『古事記』には五人とされる。このうち欽明と同じ陵に埋葬されるのは堅塩媛（きたしひめ）である。この人選が奇妙である。なぜなら『日本書紀』が皇后とし、『古事記』でも妃の筆頭に名前を記されるのは宣化の娘である石姫であるからだ。堅塩媛は蘇我稲目（そがのいなめ）の娘である。稲目は大臣という重臣であるが、堅塩媛は臣下の娘に過ぎない。彼女が合葬される人物として選択されたことにこそ、夫婦原理で埋葬された理由が示されている。

そもそも堅塩媛は死後すぐに欽明墓に合葬されたわけではない。堅塩媛は欽明墓に改葬されたことが『書紀』には記されている。改葬とは、別の場所あるいは墓に葬られていた遺体を異なる墓に移して埋葬することを言う。改葬記事は七世紀の文献で散見される。『日本書紀』によれば欽明はその三十二年（五七一）に亡くなり、檜隈坂合陵に埋葬されたとされる。堅塩媛の没年は不明であるが、推古二十年（六一二）に堅塩媛を檜隈大陵に改葬した記事がある。檜隈大陵は檜隈坂合陵と同じ陵を指すとされる。すなわち夫である欽明が亡くなってから四〇年後に改葬されるのである。欽明の妃であるからには堅塩媛と欽明は同世代であろう。堅塩媛が欽明より長く生きたとしても、数十年も長く生きたとは考えがたい。堅塩媛は相当長期にわたって欽明とは別の墓に埋葬されていたのである。

堅塩媛の改葬は大きな国家的行事であった。『日本書紀』には、改葬時に「軽の術に誄した」ことを伝える。軽とは奈良県橿原市の地名であって、欽明の墳墓があった場所であり、誄とは死者に捧げる言葉である。推古大王と蘇我馬子大臣をはじめとする諸臣が参列し、堅塩媛あるいは欽明の霊に捧げる器と衣は一万五〇〇〇を超えたという豪華さであった。

これほどの国家的行事はどうして行われたのか。堅塩媛は、改葬を主催した推古大王の母親にして、蘇我馬子大臣の姉妹であったことがその理由である。蘇我氏の血を引く大王をいただき、この時の蘇我氏は全盛を迎えている。その政治的デモンストレーションとして堅塩媛を夫である欽明の陵に改葬したのである（関口二〇〇二）。すなわち臣下の娘が大王と同じ墓に埋葬されるようすを諸臣に見せつけたのである。

欽明死後四〇年たっての改葬であったということは、その間は欽明は一人で埋葬されていた可能性が高い。蘇我氏の隆盛がなければそのまま一人で埋葬され、堅塩媛も別の墓で眠り続けていたに違いない。この堅塩媛改葬記事は、むしろ夫婦別墓が行われていたことを示す事例であるのだ。

考古学的にも上記の推測を裏付ける資料がある。欽明の墳墓、檜隈坂合陵あるいは檜隈大陵とされる古墳は、奈良県橿原市にある見瀬丸山（みせまるやま）古墳であることがほぼ定説化している（高橋二〇〇四など）。見瀬丸山古墳は墳丘長三一〇メートルの前方後円墳で、最後の巨大古墳である。墳丘長で全国第六位の規模を誇る。後円部の一部は陵墓参考地となっており、そこに日本最大の横穴式石室が設置されている。この横穴式石室は古くに開口し、巨大な石室とその中に二基の家形石棺があることがわかっていた。その後、石室は入ることができなくなっていたが、一九九一年に石室入口が再び開口したことをきっかけに、宮内庁による石室と石棺の実測調査が実施されたのであった（図43）。その結果、六世紀後半の須恵器

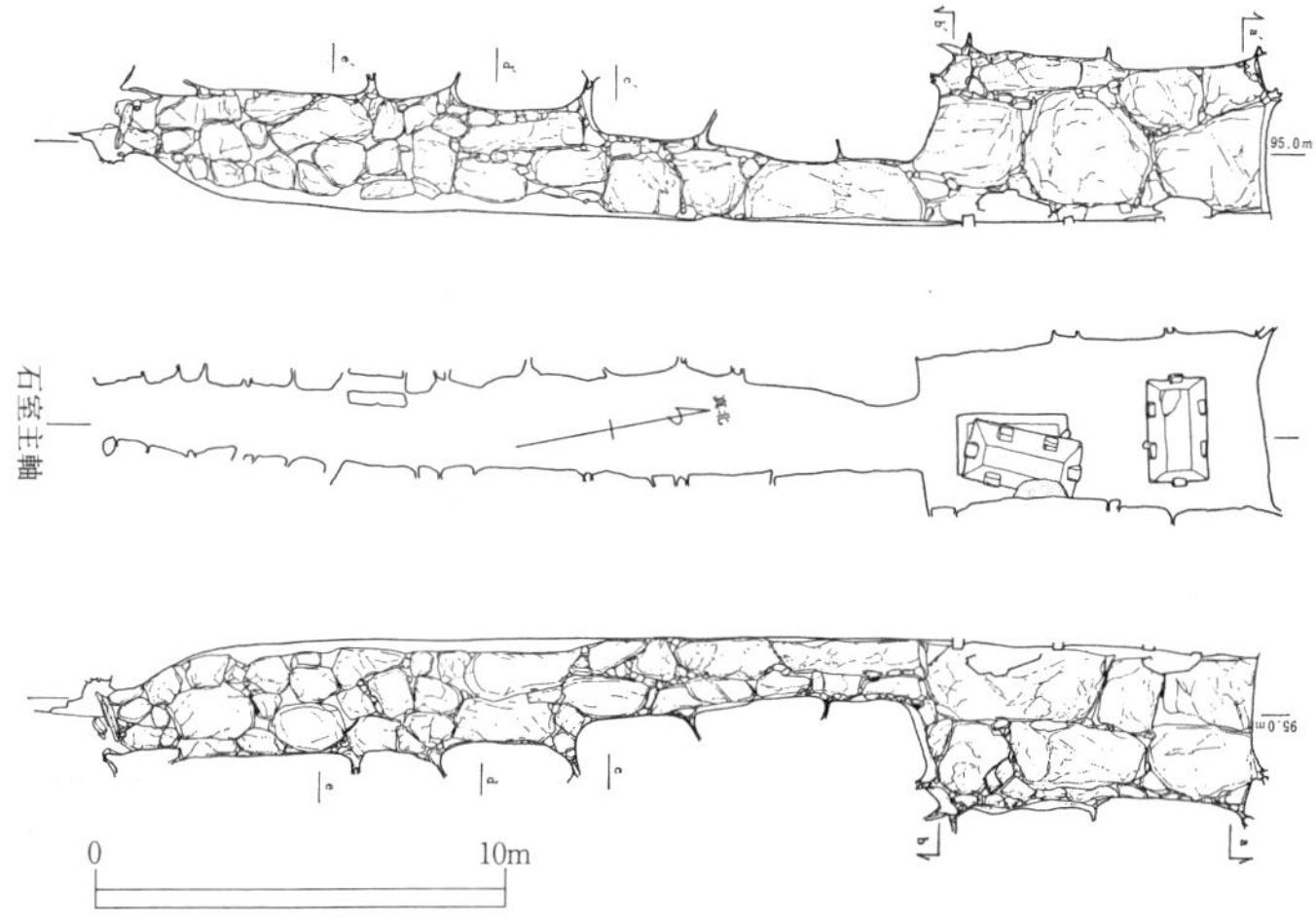

図43　見瀬丸山古墳の石室と石棺

片が採集されるとともに、家形石棺はその形態から奥壁側が七世紀前葉、石室入り口側が六世紀後半に位置づけられることが明らかとなった。この年代は、欽明の没年と堅塩媛の改葬記事の年代に合致する。

さらに重要なことは二点ある。まず一つは奥壁側に新しい石棺が配置され、石室入り口側に古い石棺が置かれていたことである。横穴式石室では奥側に古い棺が設置されることが一般的であるから、見瀬丸山古墳における棺の配置は時間的に逆転していることになる。このことに関しては多くの関心が寄せられさまざまな仮説が示されたが、古い石棺と新しい石棺の場所を追葬時に入れ替えたと考えることが自然である（土生田一九九九）。

もう一つ重要な点は石室羨道部分に改築の可能性が指摘されたことである（陵墓調査室一九九四、図43）。羨道幅はもっとも狭いところで、幅一四〇チセンしかない。これに対し二つの石棺の幅は一四四～四五チセンを測るので、羨道を通すことができない。堅塩媛は追葬されているので、少なくとも彼女の石棺は石室構築後に搬入されたはずである。石棺の位置を入れ替えたのであれば、欽明の石棺をいったん外へ持ち出したことも考えられる。しかし、この幅では二基の石棺はともに羨道を通らないのである。土生田純之は、堅塩媛の石棺を搬入するために羨道を一部解体し新たに積み直したとみる（土生田一九九九）。そうだとすると見瀬丸山古墳の横穴式石室は、もともと欽明を単独で埋葬することを想定していた可能性が出てくる。追葬が予定されているならば、そのために羨道をもっと広く作っているはずだからだ。堅塩媛と合葬されることは欽明埋葬当初に計画されていなかったのである。欽明は四〇年間は単独で埋葬されており、ほんらいはそのまま一人で眠り続けるはずであったのだ。

大王墓の夫婦原理と武寧王陵

継体の三人の王子たちが夫婦原理で埋葬されている背景には、かなり特殊な政治的事情があったことがわかるであろう。これらの資料から、夫婦原理の埋葬が王族層の中で一般的であったとすることはできない。

しかし、政治的デモンストレーションに夫婦原理の埋葬が用いられたとして、夫婦原理の埋葬はどこから着想を得たのであろうか。その目星はおおよそついている。百済の武寧王陵である。

武寧王は西暦四六三年に生まれ五二三年に亡くなったとされるので、継体大王とほぼ同年代の人物だ。即位した年も五〇一年であり、継体即位年と近い。彼は筑紫の各羅嶋で生まれたという逸話が『日本書紀』に記載されていることに加え、その陵に納められた木棺は高野槙製であった。高野槙は韓半島には自生していないとされ、逆に日本列島では弥生時代以来、棺材として好んで用いられる木材である。武寧王の棺材はヤマト政権からもたらされた可能性が高い。また、武寧王陵から出土した鏡は群馬県綿貫観音山古墳と同型であることも知られており、当時の倭と武寧王は密接な関係を築いていた。このほか、著名な隅田八幡宮蔵人物画像鏡の鏡背には、斯麻という人物が意柴沙加宮にいた男弟王に長く奉仕することを念じて鏡を作らせたことを記す銘文がある。異論は多いが斯麻は武寧王を指し、男弟王はヲト王と読んで継体に当てる説がある（山尾一九八三）。これが正しいとするなら武寧王とヤマト政権、とりわけ継体とのつながりは強かったと言える。

武寧王陵は一九七一年に発見された。発掘の結果、石室内から買地券を含む二枚の刻字石版が出土した。買地券とは、冥界の王に墓地として土地利用することを伝え、死者の安寧を願う板である。死者の名前・死亡年月日・土地の代価などが記されることがある。武寧王陵から出土した買地券はその代表的な資料であって、武寧王の名前である「斯麻王」の文字が記され、別の刻字石版にはその妃が埋葬されていることが記されていたのである。六世紀の日本列島で検出される石室や武器・馬具を見ると、百済の影響が強い。武寧王陵における夫婦合葬の情報はヤマト政権に伝わっていたのであろう。これがアイデアの源となって、大王の、あるいは蘇我氏の政治的デモンストレーションに活用されたのだと考えられる（関口二〇〇一、清家二〇〇六）。

なお、百済における夫婦原理の埋葬は続いていかないようである。吉井秀夫は、百済において横穴式石室の主軸に並行するように二人の被葬者が並べられる事例を挙げ、二人並列葬と呼んだ。二人並列葬は、武寧王陵の事例から基本的に夫婦埋葬であると吉井は仮定する。しかし、百済においても泗沘（しひ）時代に入って単葬化が進み二人埋葬は減少する方向にある（吉井一九九七）。夫婦埋葬の刺激が日本列島にあったとしてもそれは短期間であり、その影響は大きくなかったと考えられる。

天武・持統の埋葬

夫婦原理で埋葬されている天皇が古代にはもう一組ある。天武天皇と持統天皇である。もちろん天武と持統は夫婦である。天武は六八六年、持統は七〇二年に亡くなっており、もはや古墳時代とは言いがたいが俎上にあげておこう。

『延喜式』諸陵寮によれば天武天皇と持統天皇は檜隈大内陵に合葬されたとされる。天武天皇と持統天皇の没年の差はとても重要である。天武天皇は、これまでとおりの埋葬であったが、持統天皇は火葬されての埋葬であった。天武の死後、持統が亡くなるまでの間に火葬が正式に実施されるようになったので、二人の遺体処置は異なるのである。この天武と持統の合葬に見合う古墳がある。野口王墓古墳である。

野口王墓古墳は八角形四段の古墳で、対辺長は三七メートルを測る。八角墳は七世紀中葉以降に王族のみが使用する墳丘形態である。野口王墓古墳の埋葬施設のようすもおおよそわかっている。

野口王墓古墳は鎌倉時代に盗掘にあったが、その盗人は検非違使によって捕まり、その時の記録が残されている。『阿不幾乃山陵記』という。これによれば、切石で作られた横口式石槨の中に金銅製棺台にのる夾紵棺と思われる棺と銀製容器があったとされる。銀製容器は火葬骨を納める蔵骨器の外容器であろう。この埋葬形態は、火葬が行われなかった天武と火葬された持統という埋葬のあり方によく合致する。野口王墓古墳は、被葬者について異論のない数少ない事例の一つである。

天武と持統が合葬される理由は夫婦であると同時に、父系同族であることを評価すべきである。持統は天智天皇の娘であって、天武にとっては姪に相当する（図42）。夫婦で合葬されていると言うこともできるが、叔父と姪の合葬とも言い得るのである。キョウダイ原理そのものではないが、血族のみが合葬されるというバリエーションの一つとして理解することが可能である。

さらに持統が即位した時、そして孫の文武に皇位継承を行う時、それぞれで皇位継承問題が発生していたことに注目する必要がある。夫である天武が亡くなった時、天武と持統の子供であり、将来の即位が期待されていた草壁皇子はまだ若年で即位ができなかった。持統が称制を行っている間に、草壁は早世してしまう。持統の期待は、草壁の子にして彼女の孫である軽皇子の成長を待って即位させる方向へ移行した。しかし、軽皇子以外に、高市・刑部皇子ら天武の皇子が多く生存していた（吉村二〇一二）。彼らに皇位を継承させてしまうと、軽皇子即位の可能性は格段に下がってしまう。そのため彼女自身が中継ぎとして即位したのであった。

それでも軽皇子即位は既定路線とはならなかった。『懐風藻』葛野王伝には、持統が王公と諸臣に誰を後継者とすべきか諮ったところ、「衆議紛紜」だったという。後継者を一本化するほど皇位継承方法が定まっていなかったのだ。そこで葛野王が直系原理を主張する。すなわち軽皇子を後継者に推したのであった。これに対し、天武の子である弓削皇子が異議を唱えようとするが、葛野王が一喝してその発言を封じ、軽皇子後継が決まったという。持統はそれをいたく喜んで葛野王を賞したと伝えられる。そして持統から軽皇子へ譲位が行われ、軽皇子は一五歳の若さで即位する。文武天皇である。

このように軽皇子即位は盤石であった訳ではない。関口裕子（せきぐちひろこ）は、天武と持統の合葬は、天武―草壁―文武の直系原理による天皇位継承を強化する必須の条件だったと考えている（関口二〇〇一）。カリスマ性のあった天武と合葬されることで持統の権威はより高まるであろうし、その二人の子である草壁系統の皇子の権威もまた高まるであろう。このことは盤石でない状況下で即位した文武を十分に助けたことだろう。

天武と持統の合葬も夫婦原理そのものとは言いがたく、キョウダイ原理のバリエーションの一つと考えることができるし、夫婦原理であったとしても政治的デモンストレーションとしての行為であるので、これを一般化することはやはりできないのである。

大王墓とそれに準じるクラスの埋葬ならびに文献史に散見される埋葬のあり方をみてくると、証拠は多くないものの、大王墓においてもキョウダイ原理の埋葬が行われたことが垣間見られ、かつ夫婦原理の埋葬が一般的ではないことを明らかにした。

婚入者は基本的に出身集団あるいは自らの本拠の一つに埋葬される。この現象は首長墳や中小古墳で考えられた帰葬という概念で理解することが可能である。継体の埋葬もある意味で帰葬だと言える。彼は手白髪王女と婚姻を結ぶ形で大王位を継承する。最終的には磐余玉穂宮で執政を行うことが『書紀』には記される。越前あるいは近江の首長であった彼は、ヤマト政権の主流派王族に婿入りする形で大王位を継承する。しかし、彼は河内あるいは大和に埋葬されず、彼の本拠地の一つである摂津に埋葬された。婿入者が帰葬された訳である。

王族は首長層や中小規模墳の階層とくらべ、政治的背景が複雑で本拠地が複数存在する。さらに多妻の傾向も強いのでやや複雑な様相を示しているが、基本の埋葬原理は共通していると言うべきである。

埋葬原理研究からみた「王朝交替論」

「王朝交替論」をめぐる研究略史

「王朝交替論」の始まり

埋葬原理研究は、古代研究の中で論争となってきたある重要なテーマに積極的にかかわる。そのテーマとは、いわゆる「王朝交替論」である。言うまでもなく「王朝交替論」とは、第二次世界大戦後に江上波夫の騎馬民族説が一つの契機となり、「大和朝廷」が単一の王朝ではなく、王朝交替が繰り返されたという学説である。その端緒を開いた水野祐は、崇神王朝・仁徳王朝・継体王朝の三つの王朝があって、王朝が交替したと述べた（水野一九五二）。これを井上光貞が自著で取り上げ、その後、直木孝次郎・上田正昭・岡田精司ら戦後の日本古代史を支えた論客がこれに関する論文・著書を発表し、大きな論争となった。それぞれの「王朝交替論」には違いがあり、また研究の進展によって論理も変更が生じているところもある。

「王朝交替論」の課題

「王朝交替論」において論ずべき課題は多い。しかし、ここでそれらをすべて取り上げるのは不可能だ。それだけで一書が必要かもしれない。ここでは下垣仁志（しもがきひとし）のまとめを参考にしつつ（下垣二〇一二）、本書の内容である地位継承の問題点にしぼって、これまでの研究を振り返ってみる。そして、それは「王朝交替論」の本質にかかわることが理解されるであろう。

王統は一つか？

「王朝交替論」は、戦前の「万世一系」の天皇家が代々君主として日本列島を統治してきたとすることに対するアンチテーゼとして出現した。大平聡によれば、王朝が交替することによって「万世一系」を否定するという論理の背後には、一系的王統の存在を前提的に認めているという論理的弱点があるという（大平一九九二）。つまり、「一系的な王統」が「一系的な王統」に取って代わることによって「万世」は否定するものの、「一系的な王統」の存在を前提として認めてしまっている点に問題があるという。果たして、そのような王統が成立していたかが問われている。さらに、大平は、「王朝交替論」では系譜上の不連続が政治的不連続と等値されている点にも疑問を抱く（大平二〇〇二）。重要な指摘である。

文献史では、古くから倭の五王の讃・珍・済・興・武のうち、珍と済の続柄が『宋書』に記載されていないことから、二者の血縁関係を疑問視するむきも多く、二つの大王家が存在したと考える者もいる（藤間一九六八・原島一九七〇・川口一九八一・大平二〇〇二）。とくに大平は、非血縁者間における王位継承が存在する可能性を示し（大平一九九二）、仁藤敦史も、五世紀以前の「倭の五王」段階には、王位を継承する集団が複数存在していることを主張する。「新たな卓越した指導者を求めて王や王系を交替させる不安定性を内包していた」と述べる。大王位が一つの王統に固定されるのは欽明期以降だと言う（大平二〇〇二・仁藤二〇一七）。

ただし、王を輩出する有力集団が複数存在し、あるいは血縁原理に関係なく王位が継承されることが基本的なルールであったとしても、王を輩出する集団が時期によって異なり、新たな有力集団が出現する中で、大きな政治変動があったかもしれない。このことは別問題として語られねばなるまい。

王墓群の移動

この問題にかかわって、考古学的に重視されてきたのは、王墓群の築造地域が移動する現象である。この現象は「王朝交替論」を支える大きな根拠の一つだった。初期の大王墓は、大和盆地東南部に集中するが、前期後半には大和盆地北部に、そして古墳時代中期には古市(ふるいち)古墳群・百舌鳥(もず)古墳群が河内と和泉に形成される（図44・46）。大王墓は、大王の本拠地を示しており、大王墓の場所が移動することは文字通り王位を継承する王族集団が変化したものととらえ、「王朝交替」あるいは「政権交替」が行われたと理解する訳だ。

白石太一郎は古くからヤマト政権が連合政権であり、連合政権を構成する有力勢力の間で盟主権が移動していると述べ（図46）、それを「王朝交替」と呼ぶことに対して疑問を呈していた（白石一九六九）。広瀬和雄も初期ヤマト政権に連合政権の性格を認め、時期によって大王（墓）と首長連合の関係が変質することを説く（広瀬一九八七）。連合政権の「中」で盟主権が移動しているだけだから、政体としては一貫していることを述べつつ、盟主権の移動にともなう政治的変化は認めるという主張なのだと理解する。

都出比呂志は地域首長の側から研究を進め、この議論に大きな影響を与えた。都出は山城の古墳群をベースに研究を進め、「系譜」とも見なされる継起的に築造された古墳グループが存在することを指摘した（都出一九八八）。首長墳は古墳時代を通して一つの地域に安定して築造が続けられるのではなく、首長墳の築造は時に断絶し、また復活する。地域の首長を束ねる盟主的古墳の築造地域も同時に変化する。こうした現象が全国的に認められることを指摘したのである。この首長墓系譜の変動は、中期初頭・中期後葉・後期前葉の三つの時期に認められると言うのである。後に都出は前期後葉も画期の一つとして加えるが（都出一九九〇）、これらの時期はまさに王墓群が移動する時期に相当する。地域首長墳は王墓と連動して変化することから、王墓群の移動は単なる墓域の移動ではなく、全

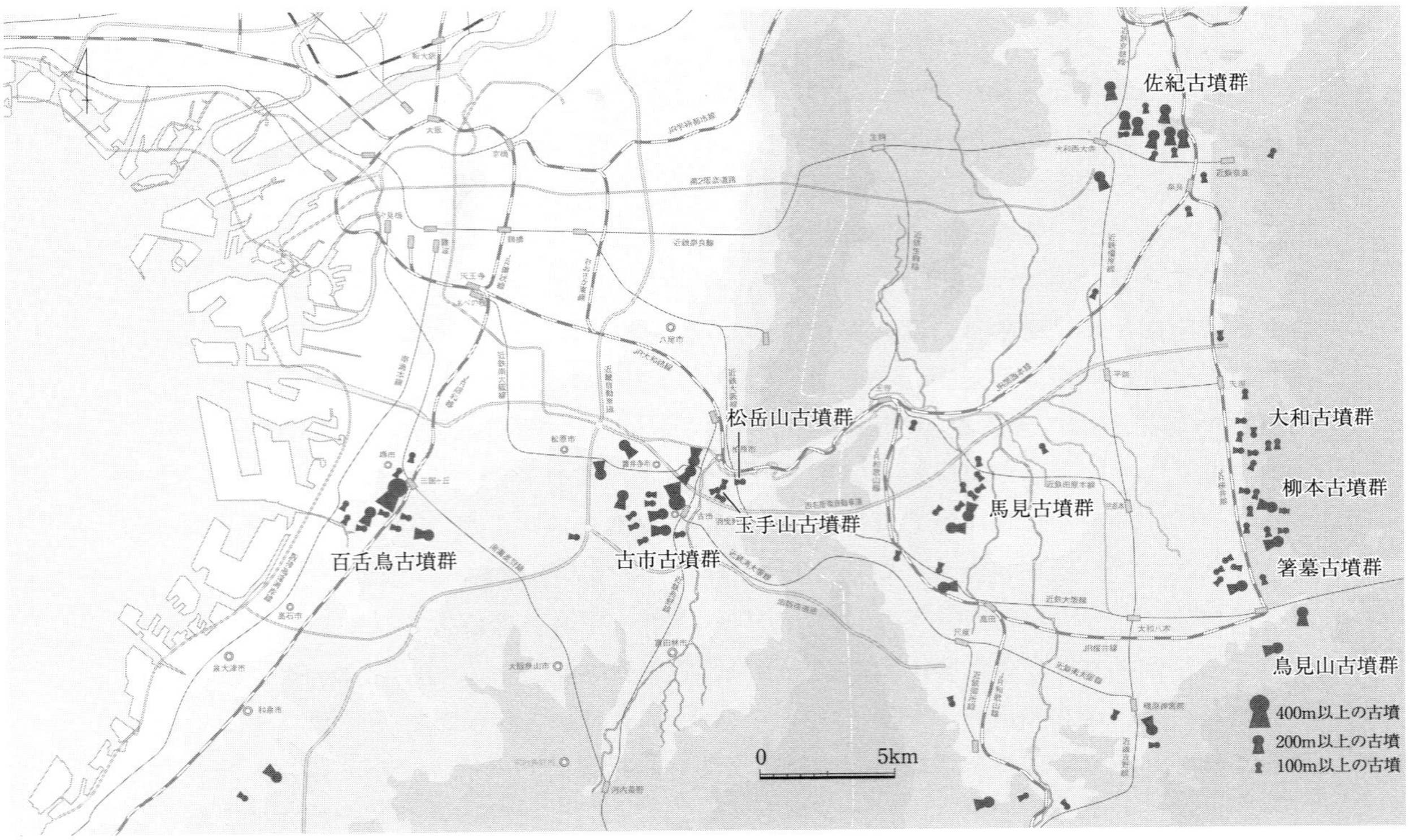
佐紀古墳群
松岳山古墳群
馬見古墳群
大和古墳群
柳本古墳群
玉手山古墳群
百舌鳥古墳群
古市古墳群
箸墓古墳群
鳥見山古墳群
0
5km
400m以上の古墳
200m以上の古墳
100m以上の古墳

図44　王墓群の位置

国の首長を巻き込んだ大きな政治的変動が伴うと考えたのである。

さらに王墓群の移動とともに、大王墓の諸要素とくに鏡や甲冑などの威信財の内容が変化することが知られており、このことは「政権交替論」を支持する根拠となっている。新たに出現する王墓群とそれを支える新勢力は、それまでの王墓群と異なる墳墓要素を創出し、関係する地域勢力との間で墳墓要素を共有したと考えられている（福永二〇〇五、田中二〇〇九など）。新たな王墓群が出現する時期と新たな墳墓要素が出現する時期が一致することが多いので、この論理を支持する者は多い。

もちろん大王墓の移動から「王朝交替」や「政権交替」を説くことに否定的な見解もある。大王墓は王の政治的拠点を示すものではなく、宮こそ政治的本拠を示すと考える研究者は少なくない（和田一九八八など）。とくに古墳時代中期の古市古墳群と百舌鳥古墳群の出現については、考古学者の中にも大王墓は墓域が移動しただけで、政治勢力が変化したわけではないと考える者がいる（近藤一九八三、辻田二〇〇六、下垣二〇一二）。威信財の変化についても、下垣仁志は単なる時期差を示しているに過ぎないのではないかという（下垣二〇一二）。また、一瀬和夫（いちのせかずお）は古市古墳群と百舌鳥古墳群では系譜の成り立ちが違うと主張し、百舌鳥古墳群は大和盆地東南部勢力が侵入して成立したとする一方で、古市古墳群は在地勢力を核とするとして、折衷的な理解を示す（一瀬二〇一六）。

以上のように考古学的には、王墓群の移動が、単なる墓域の移動であるのか、「王を輩出する集団の交替」を示すのか、そしてそれらに政治的変動が伴うのか、が問われていると言えよう。長い間にわたって論争があるが、決定的な結論に至っていない。

本書の視点

前章までに古墳あるいは古墳群の埋葬原理を明らかにしてきた。埋葬原理はまさに被葬者と被葬者のつながり、ひいては古墳群と古墳群の関係を明らかにしうる。この知識を援用し、王墓群の移動の意味を探っていこう。そこから王位継承の具体相を明らかにしていく。王権の構造の中でも王位継承のあり方はとくに重要な位置を占める。埋葬原理から王墓群の構成を問い、そして王位継承の具体相を探って王墓群の築造域が変化する意味を探りたいと思うのだ。

初期ヤマト政権は連合政権か？

初期大王墓群の構成

まず初期王墓群の構成を見ておこう。西暦二五〇年前後、大和盆地東南部に箸墓古墳（墳丘長二八〇メートル）が登場する。これが日本列島で初めての墳丘長二〇〇メートルを超える巨大前方後円墳であり、最初の大王墓である。この被葬者は邪馬台国女王・卑弥呼の可能性が高いと考えているが（清家二〇一五）、それは今は問わない。箸墓以前にも四〇～八〇メートル級の墳墓はいくつか存在したが、三〇〇メートル級の古墳は、それまでの墳墓を大きく凌駕する画期的な墳墓であった。

箸墓古墳以降、西殿塚古墳（墳丘長二三〇メートル）・柳本行燈山古墳（伝崇神陵・墳丘長二四二メートル）・渋谷向山古墳（伝景行陵・墳丘長三〇〇メートル）と初期の大王墓は大和盆地東南部に築造される（図45）。これ以外にも箸墓の南約五キロにある鳥見山周辺に桜井茶臼山古墳（墳

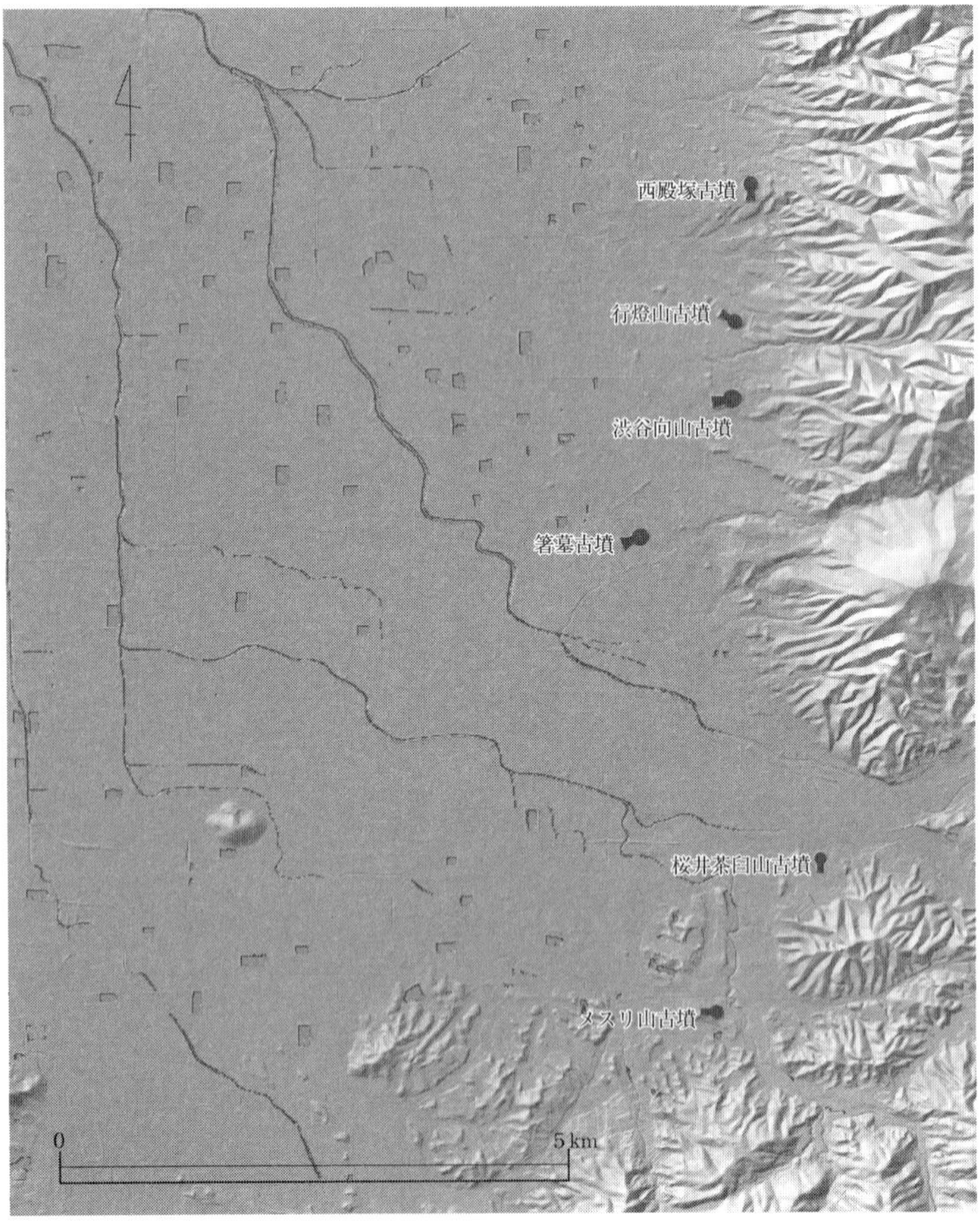

図45　大和盆地東南部の主な大型古墳

丘長一九四メートル）とメスリ山古墳（墳丘長二三五メートル）が存在し、この二つも大王墓に数える研究者は多い（白石一九九九など）。あるいは、前者のグループと鳥見山のグループの間で王権内の機能を分担したという者もいる（岸本二〇〇八・千賀二〇〇八）。広瀬和雄や加藤一郎らは桜井茶臼山古墳とメスリ山古墳を大王墓に含めない立場であり、私もこの考えに賛成だ（広瀬一九八七・加藤二〇一五）。確かに桜井茶臼山とメスリ山は墳丘長二〇〇メートルを相前後する大型前方後円墳であるが、私が大王墓とする四基の古墳と比べると一回り小さい。さらに桜井茶臼山古墳とメスリ山古墳が単独墳であって、中型の古墳がその周辺に存在しないことも、大王墓と認めない理由である。箸墓・西殿塚・柳本行燈山・渋谷向山にしろ、それぞれの周辺には数十メートルから百メートル級の古墳が併存している。大王がその権力を行使するときには、それを補佐し、実行する人間や組織が必要であろう。桜井茶臼山古墳とメスリ山古墳にはそうした人物の存在を示す中小規模古墳の存在が認められない。それでも大王墓にあと一歩まで迫る規模を持つ古墳であることは頭に入れておく必要がある。

点的に分布する大王墓

さて、箸墓を含めた四古墳が大王墓であるとして、その分布を見るときわめて点的だという特徴に気づく。大和盆地東南部の古墳群は大和柳本古墳群（おおやまとやなぎもとふんぐん）としてひとくくりにされることもあるが、多くの研究者は箸墓古墳を中心とする箸墓古墳群、西殿塚古墳を中心とする大和古墳群、そして柳本行燈山と渋谷向山を中心とする柳本古墳群の三つの古墳群に分けて考えることが多い。

白石太一郎は、これら三つの古墳群に桜井茶臼山・メスリ山のグループ（鳥見山古墳群）を加えて、四つの古墳群は別個の政治集団であると考えた。この時期の大王はいくつかの集団によって共立され、その地位は集団間を移動しうると説いた。すなわち王を輩出しうる複数の集団が存在し、初期ヤマト政権はそれらの連合政権であると言う（白石一九九九）。もともと連合政権であって、大王権は複数の集団間を移動するものであるから、中期の河内・和泉に大王墓が移動する現象は王朝交替などではなく、盟主権の移動に過ぎないと説く。

私が桜井茶臼山古墳とメスリ山古墳を大王墓に含めないことはすでに述べたが、基本的に白石の言うことは正しいと考える。王を輩出する集団は一つではなく複数存在し、その中で最も優れた能力と勢力を持つ者が大王に選抜される連合政権であったと考える。箸墓らを一つのグループに考えて王統が一つであったという考えも成り立たない。桜井茶臼山古墳とメスリ山古墳は大王墓ではないが、その一歩手前の勢力を持ち、大王の地位を奪取できる可能性を持っていた。王を輩出する集団は一つでなかった証左であろう。

過渡期の大型古墳

過渡期の大型古墳にみる特徴

次に注目したいのは、王墓群が移動する前後の王墓級の古墳である。埴輪編年が進んで王墓級の古墳の築造時期がより詳しく判明してきた。新たな王墓群は、従来からの王墓群と入れ替わるように出現するのではなく、両者は一定期間併存することがより明確になってきたのである（図46）。以前から、新しい王墓群と従来から存在する王墓群の存続期間は重複すると考えられてはきたが、重複する時間は長くないと考えられていた。重複期間がある場合でも、新たな王墓群は大王墓の出現がきっかけとして始まったと考えられていた。新出の大型古墳群における最初の大型古墳は大王墓であるとされていたのであった。たとえば、大和盆地東南部の王墓群の築造が停止した後、新しく佐紀古墳群が出現すると考えられていた。また、

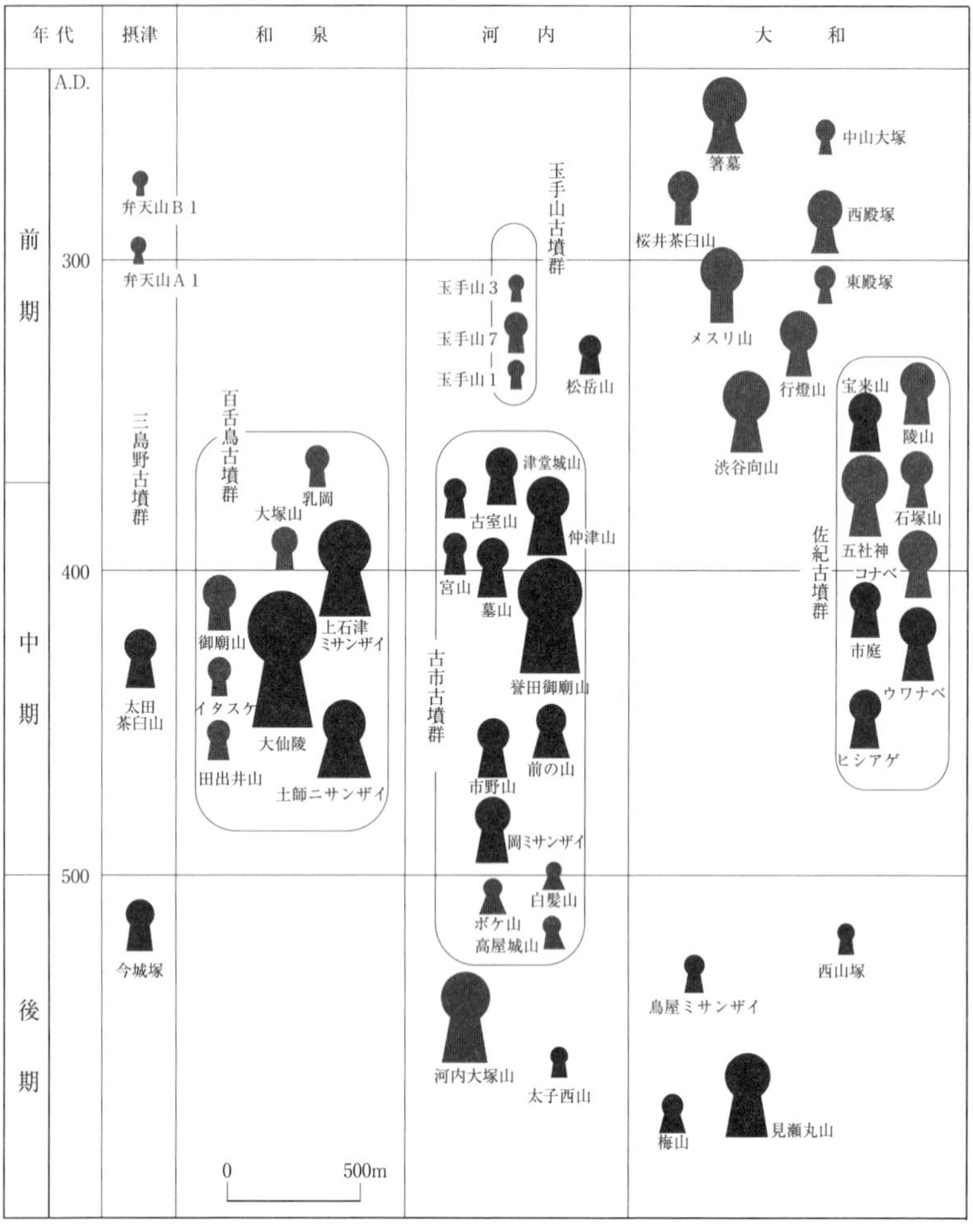

図46　畿内における大型古墳の変遷（白石2015を参考に作成）

佐紀古墳群は、古市古墳群と百舌鳥古墳群が出現した後も西群から東群へと場所を移動しながら継続はするものの、古市古墳群最初の大型古墳である津堂城山古墳と百舌鳥古墳群最初の大型古墳である上石津ミサンザイ古墳（伝履中陵）は大王墓であると考えられていた。

しかし、大型古墳の編年がより正確になってきたことにより、上記のイメージは大きく転換することとなった。すなわち佐紀古墳群が出現した後も、大和盆地東南部の大王墓は築造が続くことが明らかとなった。佐紀古墳群の出現が王朝交替や政権交替を示すどころか、その頃に大和盆地東南部最大の大王墓である渋谷向山古墳（伝景行陵）が築造されているのである。佐紀古墳群の初期の大型古墳は陵山古墳（伝日葉酢媛命陵）と宝来山古墳（伝垂仁陵）である。出土埴輪の検討から陵山古墳は渋谷向山古墳よりやや古いかほぼ同時期と考えられ（岸本二〇一〇・廣瀬二〇一五）、宝来山古墳は渋谷向山古墳よりやや後出するとされる（岸本二〇一〇・加藤二〇一三b）。陵山古墳と宝来山古墳の墳丘長はそれぞれ二〇六メートル・二二七メートルで、二九四メートルの渋谷向山古墳より一回り以上小さく、最大規模墳が大王墓であるという理解に立つ限り渋谷向山古墳が大王墓であって、陵山古墳と宝来山古墳は大王墓ではありえない。佐紀古墳群で大王墓と考えられる古墳は、陵山古墳より一世代後の五社神古墳である。

古市古墳群最初の大型古墳である津堂城山古墳（墳丘長二一〇メートル）が築造された頃、佐紀古墳群にはそれを凌駕する墳丘長二六七ｍの五社神古墳（伝神功陵）が築造される（図46）。白石や今尾らが考えるとおり津堂城山古墳は大王墓ではないのであろう（白石二〇〇八、細川・今尾二〇一一、加藤二〇一五）。古市古墳群で最初の大王墓は津堂城山古墳の次世代の古墳である仲津山古墳と言える。

このように新たな王墓群が形成され始めても、その最初から大王墓が築造されるのではなく、新たな王墓群が形成されてから一定の期間を経た後に、大王墓が出現するのである。新たな古墳群が形成され始めてから大王墓が出現するまで、いわば助走期間があるのである。新たな王墓群の出現と同時に大王墓が築造されるという理解が、「王朝交替」やドラスチックな「政権交替」のイメージに沿うものであっただけに、この認識の変化が意味するところは大きい。

助走期間があるという点では、摂津唯一の大王墓である今城塚古墳も同じである。真の継体陵である今城塚古墳は、これまで大王墓が築造されたことのない摂津に突如として出現するように見えるが、よく知られているように今城塚古墳築造以前には太田茶臼山古墳が出現している。太田茶臼山古墳は墳丘長二二五メートルを測り、王墓級の古墳である。太田茶臼山古墳と今城塚古墳の間には数世代に及ぶ時間差が指摘されるところであるが、大王墓が出現する前に大王墓ではない大型古墳が築造されるという点は、佐紀古墳群や古市古墳群と共通するのである。

新たな王墓群の出現期に築造された古墳、言い換えると助走期間に築造された大型古墳を詳しく見てみよう。王墓群が移動する過渡期の古墳であるので、大王墓が移動する際の状況と意味をよく示していると考えられるからである。

佐紀古墳群のさきがけ・佐紀陵山古墳

まずは、佐紀古墳群で最初に築造されたと考えられる佐紀陵山古墳を見てみよう。宝来山古墳は陵山古墳と時期が近いが、出土した埴輪からは陵山古墳がやや古いとされる（加藤二〇一三b）。ほんらいなら両方の古墳の内容がわかればいいのだが、宝来山古墳はその内容が陵山にくらべあまり良くわかっていない。ここでは佐紀古墳群成立期における古墳の内容を陵山古墳に見ることにしよう。

陵山古墳は、大和盆地の北端、奈良市山陵町に所在する。平城宮の北西側にあるといえばその位置がわかりやすいであろうか。近接して佐紀高塚古墳（伝称徳陵）・佐紀石塚古墳（伝成務陵）・五社神古墳という大型古墳が築造されている。佐紀古墳群でも西側に位置するグループであるので、やや南にある宝来山古墳とあわせて佐紀古墳群西群と呼ばれることが多い（図47）。

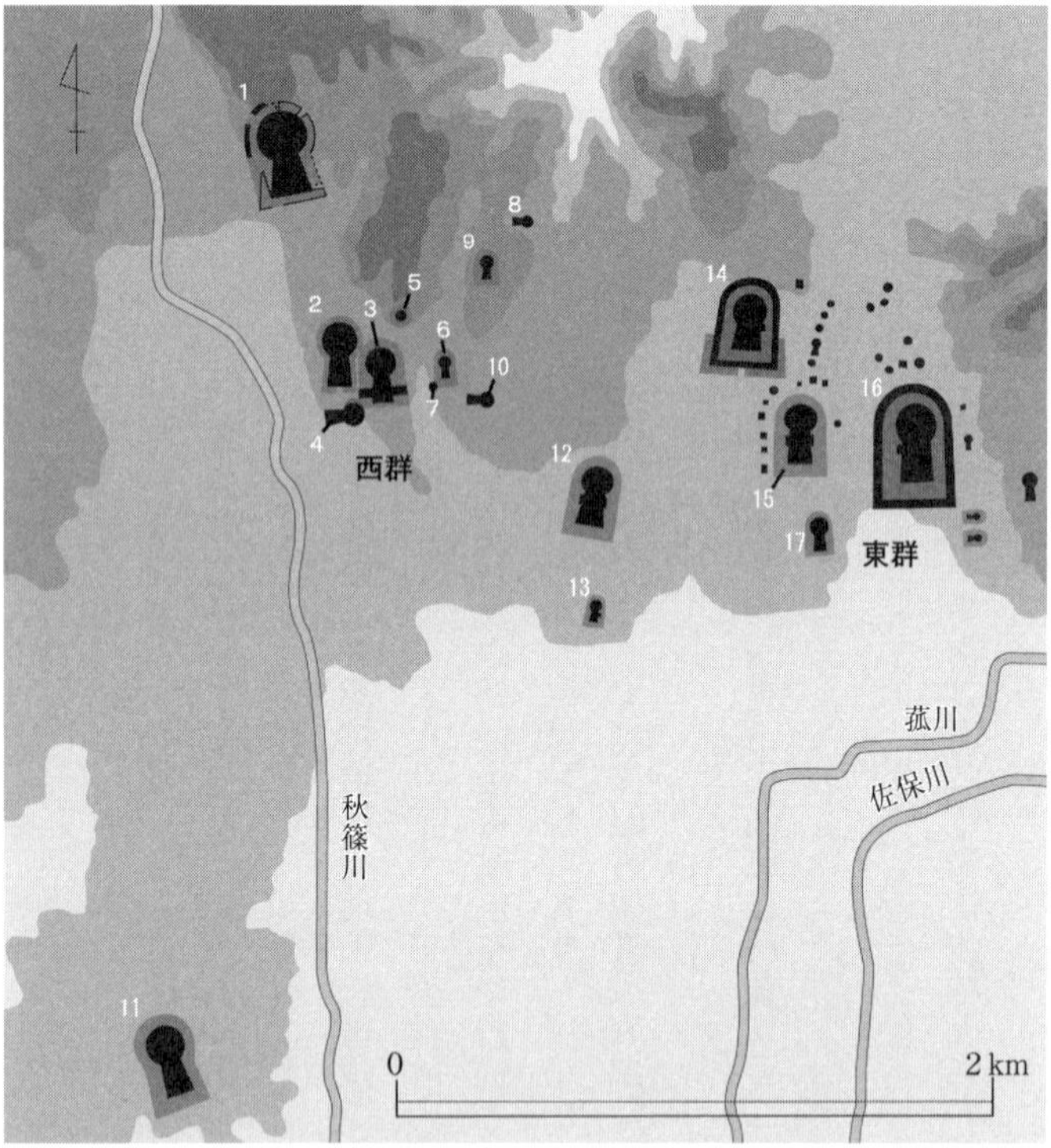

1．五社神古墳　2．佐紀石塚山古墳　3．佐紀陵山古墳　4．佐紀高塚古墳　5．マエ塚古墳　6．瓢箪山古墳　7．衛門戸丸塚古墳　8．オセ山古墳　9．塩塚古墳　10．猫塚古墳　11．宝来山古墳　12．市庭古墳　13．神明野古墳　14．ヒシアゲ古墳　15．コナベ古墳　16．ウワナベ古墳　17．木取山古墳

図47　佐紀古墳群の主な大型古墳

陵山古墳の墳丘長は二〇六メートルを測り、盾形周溝をもつ。一九一六年に盗掘があり、それによって埋葬施設や副葬品が判明している。埋葬施設は埋め戻され、回収された副葬品は石膏模型を作った上で再埋納された。埋葬施設は竪穴式石室で、長さ八・五五メートル・幅一・〇九メートル・高さ一・四八メートルを測る巨大なそれであり、北小口と南小口は上半部に矩形の穴を穿った高さ二メートルの一枚石を使用している。

副葬品は銅鏡五面（方格規矩鏡二面・変形内行花文鏡・四獣鏡・不明）・鍬形石三点・車輪石三点・石釧一点・管玉一点・石製模造刀子三点・同斧頭一点・同高杯二点・合子蓋一点・石製臼一点・椅子形石製品一点・貝殻形石製品一点・琴柱形石製品二点・不明二点である。一九一六年の盗掘以前にも盗掘はあったようで、副葬品の全容は不明であるけれども、おおよその傾向は見て取れる。三角縁神獣鏡の出土がないことと、多くの石製模造品とくに腕輪形石製品が含まれていることが大きな特徴である。

佐紀陵山古墳の埴輪

陵山古墳の特徴で説明を欠かすことができないのは埴輪である。一九一六年の盗掘時における復旧工事の際には、大型の蓋形埴輪や盾形埴輪が出土している。また一九八六年・一九九〇年に実施された墳丘調査でも埴輪が出土している。円筒埴輪にはヒレ付円筒埴輪が含まれていることも明らかとなっている。ヒレ付とは円筒埴輪の側面に幅数センチから十数センチの粘土板を二方向に貼り付けたものである。

円筒埴輪を並べる際に、埴輪と埴輪の間にどうしても隙間ができてしまうが、その隙間をふさぐ機能を持つ。

佐紀陵山古墳の墳墓要素

鏡・石製品・埴輪の特徴は、佐紀古墳群に特有なそれであって、それ以前にあった大和盆地東南部の王墓群と異なる特徴を有していると考えられていた。これは単に副葬品や埴輪の形態が、王墓群によって異なるというだけではなく、政治的戦略の結果と理解するむきが多い。すなわち、異なる勢力がそれぞれに異なる権威の象徴を持ち、それを管理することで自らの権威や政治的優位性を作り、かつ誇示したと理解するのである。

とくに銅鏡研究で知られる福永伸哉(ふくながしんや)は、鏡は地方勢力にとって中央とのつながりを示す重要な威信財であり、かつ葬送儀礼上きわめて重要な産物であったとし、それを中央政権が管理することによって、地方への優位性を確立したと言う。その考えに立てば、新しく出現する佐紀の王墓群が大和盆地東南部の王墓群と異なる副葬品を持つことは、新たな権威を創出した新興勢力ということになる（福永二〇〇五）。

こうした考えに基づいて、墳墓要素、その中でとくに重要な副葬品の種類から政権交替を説き、さらに中央政権と地方勢力の関係を問う研究者は少なくない。

佐紀陵山古墳にかかわって新たに出現した墳墓要素には以下のようなものがある。出土鏡のうち内行花文鏡は新式倭製鏡（林二〇〇二）とされ、腕輪形石製品（岡寺一九九九）やヒレ付円筒埴輪と器財埴輪（高橋一九九四）は佐紀古墳群を象徴する副葬品や器物だとされる。竪穴式石室の形状もこれまでと異なっており、これも新出の要素である。陵山古墳からは出土していないが、佐紀古墳群で新たに加わったと考えられる副葬品に新式神獣鏡（福永二〇〇五）があり、田中晋作は筒形銅器（つつがた）・巴形銅器（ともえがた）もその中に数える（田中二〇〇九）。福永伸哉は筒形銅器と巴形銅器を佐紀古墳群と古市古墳群にまたがる威信財とみるから（福永二〇〇五）、田中と福永の理解にはやや違いがあるものの、大和盆地東南部の王墓群にはない新たな墳墓要素であるという点では一致している。

一方、佐紀陵山古墳のみならず佐紀古墳群からは三角縁神獣鏡が出土しない。三角縁神獣鏡は大和盆地東南部の勢力が保有し各地に配布した威信財であり、それを含まない佐紀古墳群は大和盆地東南部の勢力とは異なる勢力であると考え、政権交替論を支える根拠となっていた（福永二〇〇五・田中二〇〇九など）。

腕輪形石製品も同様である。腕輪形石製品の分布の中心は佐紀古墳群にあり、佐紀古墳群の勢力がこれを主導して創出した威信財であり、それを関係地域勢力に配布したと言われていた。形象埴輪のパイオニア的研究で知られる高橋克壽（たかはしかつひさ）は、豊富な形象埴輪とともにヒレ付円筒埴輪は佐紀古墳群で創出されたと説く。とくにヒレ付円筒埴輪は突帯間隔や器高に規格性が認められ、佐紀古墳群と関係の強い地域にもたらされたという（高橋一九九四）。

こうしてみると、佐紀陵山古墳は、それまでの大王墓と比べて新出要素がたくさんあり、墓制に大きな変革があったように見える。そしてこれらの新出要素は、これまでの政権とは異なるからこそ出現してきたと考えられるようになっていた。

大和盆地東南部に由来を持つ古墳の要素

佐紀古墳群を象徴する副葬品や埴輪は上記のように多いが、これは佐紀古墳群の勢力と大和盆地東南部の勢力が異なることを示すのであろうか。二つが異なる勢力であったとしても、その相違の具体的な内容はいかなるものであろうか。

そもそも大王墓の墳丘は前方後円墳であり続け、時期によって少しずつ変化はしているものの、佐紀陵山古墳を含む王墓級古墳の墳形は大和盆地東南部における大王墓の墳丘形態の系譜上にある。前方後円墳の墳丘規格から王権のあり方を復元しようとする岸本直文は、前方後円墳には二系列の墳丘形態が成立当初から存在したと言う。その二系列を主系列と副系列と名付け、陵山古墳の墳丘をメスリ山古墳以来の副系列の中に位置づける。さらに、陵山古墳は渋谷向山古墳の墳丘を基準にしてその三分の二の規格に設計されたと言う（岸本二〇一〇）。墳丘の形からは、佐紀古墳群と大和盆地東南部の大王墓との関係はむしろ深いと言える。

佐紀古墳群の威信財とされる新式倭製鏡も文様構成や鈕孔形態が、大和盆地東南部勢力が製作に関与したとされる初期の倭製鏡と関連を有していることが明らかとなっている（林二〇〇二）。また、腕輪形石製品の淵源も、下池山古墳や桜井茶臼山古墳の副葬品をみれば大和盆地東南部にある。大和盆地東南部勢力が腕輪形石製品の創出にかかわった可能性が高い。柳本行燈山古墳に隣接する櫛山古墳からは数百にものぼる腕輪形石製品の破片が出土しており、腕輪形石製品の分布の中心は佐紀古墳群にのみあるわけではない。佐紀古墳群に認められる墳墓要素の多くは大和盆地東南部に起源があると言って良い状況である。

最古のヒレ付円筒埴輪も東殿塚古墳にあって、これも大和盆地東南部にある。王墓級の古墳から出土した円筒埴輪を分析した廣瀬覚（ひろせさとる）は、大和盆地東南部勢力の埴輪製作技術は佐紀古墳群のそれに引き継がれ、大和盆地東南部勢力と佐紀の勢力が協調しながら前期後半の埴輪を創出した可能性すら指摘する（廣瀬二〇一五）。

もちろん、大和盆地東南部に関係を求めることのできない威信財もあって、筒形銅器・巴形銅器はむしろ朝鮮半島と関係する。竪穴式石室に認められる新しい要素も今のところ大和盆地東南部の古墳には認められない。ただし、大王墓の発掘が行われていないことから、その関係を詳しく問うことができないというのが実情である。

以上の特徴をまとめると、佐紀古墳群は、大和盆地東南部の王墓群の墳墓要素を数多く引き継いでおり、そこに新たな要素が加わっていると言うことができよう。ただし、大和盆地東南部勢力から引き継いだ要素はそのまま移植されたのではなく、新式神獣鏡も大きく文様構成を変え、腕輪形石製品も石材が変わり、文様も変化する。ヒレ付円筒埴輪も佐紀古墳群に導入される段階で規格化され多量配列が行われるようになる。大和盆地東南部に淵源がたどれつつも独自性が発揮される。大和盆地東南部勢力と深く関わる三角縁神獣鏡が佐紀古墳群からほとんど出土しない点も、佐紀古墳群の独自性であり、大和盆地東南部勢力との関係を示唆していよう（福永二〇〇五）。

以上のような特徴をみると、佐紀古墳群という新たな大型古墳群の出現は、大和盆地東南部勢力とまったく関係を持たない勢力の出現であると理解することはできない。坂靖（ばんやすし）も佐紀古墳群と大和盆地東南部勢力の親密な連携を指摘する（坂二〇一二）。むしろ佐紀古墳群の古墳の諸要素は、その多くが大和盆地東南部に淵源をたどることができた。ここから「王朝交替」と呼ぶようなきわめて過激な変化を説くことは無理である。されども、まったく政治的に変化がなかったわけでもないであろう。新たな王墓群が出現すること自体、その背景に政治的変化を考えざるをえないし、新しく加わる墳墓要素や大和盆地東南部から継続しない要素もまたあった。ましてや、大和盆地東南部の大王墓と、佐紀古墳群の大型古墳は一時期ではあるものの同時に築造された。二つの勢力が併存したことは間違いない。陵山古墳の次の段階、大王墓は佐紀に築造された。すなわち五社神古墳である。ここに至って大王が佐紀の勢力から擁立されたのである。佐紀古墳群の墳墓要素の多くは大和盆地東南部にたどることができるものの独自性も発揮した、と理解することができる。

次に古市古墳群における最初の大型古墳である津堂城山古墳について、とくに津堂城山古墳から加わる新しい要素について見ていくことにしよう。

古市古墳群のさきがけ・津堂城山古墳

津堂城山古墳は中期初頭に築造される（図46・50）。埴輪の分析から津堂城山古墳は佐紀古墳群の大王墓である五社神古墳とほぼ同時期の古墳とされる（廣瀬二〇一五）。津堂城山古墳の墳丘は、墳丘長二一〇メートル・後円部径一二八メートル・くびれ部幅九一メートル・前方部長一〇一メートル・前方部幅一二一メートルを測る。両くびれ部に造出（つくりだし）を持つと同時に周溝内に方形の島状遺構を二基持つ。南東部の島状遺構は一辺一七メートルを測り、そこには大きな水鳥形埴輪が置かれていたことはとくに有名である。大阪府立近つ飛鳥博物館には水鳥形埴輪が島状遺構に配されたようすが復元展示されており、観覧者の目を引いている。

津堂城山古墳の墳丘でさらに特筆すべきことは、盾形の二重周溝がめぐることだ。外側の周溝を含めた長さは四四〇メートル、最大幅は三八二メートルとされる。二重の周溝は、墳丘の見た目以上に大規模な印象を与えている。盾形の二重周溝はこの後、王墓級古墳では頻繁に採用され地方の大型首長墳でも散見されるようになる。ただし、同時期には墳丘長二六七メートルの五社神古墳があり、津堂城山古墳はこれを下回る。さらに、津堂城山古墳は陪塚を持たず、周囲に中小型古墳も認められない。大王を支えるべき者の墓がないのである。津堂城山古墳は大王墓でないのであろう。

王者の石棺

津堂城山古墳は後円部の大部分が宮内庁によって陵墓参考地とされ、それ以外の墳丘は国史跡となっている。後円部の埋葬施設は現在見ることも調査することも基本的にできない。しかし、後円部の埋葬施設は、完全ではないがその内容が明らかになっている。一九一二年（明治四十五）に、神社の石碑を建立するために後円部頂にあった巨石を掘り起こしたところそれが天井石であり、それをきっかけとして石室が発掘されたからである。学術的な契機ではないにしろ、王墓級の埋葬施設、しかも古市古墳群における初源期のそれであるから、資料としてはきわめて重要である。

石室は竪穴式石室で、中に長持形石棺が納められていた。長持形石棺は型式的に完成したものの中では最古とされ（石橋二〇一三）、古市古墳群成立期に新たに加わった要素ともいえる。その大きさは長さ三・四メートル・幅一・六メートル・高さ一・九メートルを測る。長持形石棺は別名「王者の石棺」とも呼ばれ、中期大型古墳の埋葬施設に用いられるようになる。

なお、石室は埋め戻され、現状は石室も石棺も見ることはできない。ただ、天井石は上記の神社石碑以外にも葛井寺（ふじいでら）の忠魂碑やその他寺院の庭石にも転用され、そのうちのいくつかは津堂城山古墳のガイダンス施設に移設されている。長持形石棺も復元展示されている（図48）。その大きさから大王墓に準じる大型古墳の石室の偉容を想像することができる。

図48　津堂城山古墳の復元石棺

移り変わる副葬品

出土した副葬品のほとんどは宮内庁に、一部が東京大学と関西大学で保管されている。発掘の経緯が学術的なものでなかったし、調査時期も一〇〇年以上も前である。破片の資料が多いので点数が変化する可能性があるものの、副葬品の概要はうかがい知ることができる。二〇一三年に藤井寺市教育委員会によって、津堂城山古墳におけるこれまでの調査が集大成され、判明する

図49　B種ヨコハケ（野中古墳）

限りでの副葬品の報告がリストとともにそこで示されている（藤井寺市教育委員会二〇一三）。詳しくはそれを見ていただきたいが、主要なものを示すと、鏡八面分・巴形銅器一〇点・三角板革綴短甲破片・方形銅板一点以上・鍬形石一点・車輪石二点・滑石製模造品（刀子形二点・剣形一点・鏃形一点）・刀四六点以上・剣八点などである。

B種ヨコハケを持つ埴輪

津堂城山古墳の埴輪は、時期区分の上で一つの画期とされることが多い。円筒埴輪の外面にB種ヨコハケ（図49）という調整技法が初めて導入される古墳だからだ。ハケとは、埴輪や土器の表面を板状工具でなでて表面を平滑（へいかつ）にする行為である。工具の木目が、あたかもハケでなでたようなスジ目となって器壁上に残るので、ハケと呼ばれる。このうちB種ヨコハケとは、板状工具を横方向に動かしつつ、ところどころで工具を止めることでできる。横方向の木目がつき、さらに工具を器壁上で止めることで工具の圧痕が縦につく。中期前葉から中葉の古市古墳群や百舌鳥古墳群の埴輪には、このB種ヨコハケが念入りに美しく施される。B種ヨコハケの地方への波及は窖窯（あながま）焼成の技術とともに王権を介してのそれであったと理解されている（一瀬二〇〇二）。津堂城山古墳の埴輪はB種ヨコハケが施される初源期のそれであることが評価され、埴輪編年の画期とされる。ただ、津堂城山古墳の埴輪に見られるB種ヨコハケの量はきわめて少ないことには注意しなければならない。

円筒埴輪には少数であるがヒレ付円筒埴輪が含まれることも重要である。形象埴輪（けいしょうはにわ）は、蓋形（きぬがさ）・盾形・翳形（さしば）・水鳥形埴輪などが出土している。

津堂城山古墳に認められる新旧の要素

津堂城山古墳に、それ以前の大型古墳にはない新しい要素が加わっていることがわかる。しかし、その存在が「王朝交替」や「政権交替」を示すかどうかは別問題である。

墳丘は、大和盆地東南部・佐紀古墳群の系譜を引く。岸本は、津堂城山古墳の墳形は渋谷向山古墳・佐紀陵山古墳の系譜を引く副系列墳だとする（岸本二〇〇八）。津堂城山古墳の長持形石棺は確かに古相を示し、これ以後、王陵あるいは王陵級の大型古墳や首長墳の棺として採用される。しかし、長持形石棺の祖型や要素のいくつかは、佐紀古墳群と大和盆地東南部に淵源があるとされる。あるいは長持形石棺は佐紀古墳群で成立した可能性すら示されている（鈴木二〇〇二・石橋二〇一三）。

副葬品は、大和盆地東南部の王墓群あるいは佐紀古墳群とかかわりが深い副葬品が少なからず含まれている。出土鏡の中には三面の倣製神獣鏡（ぼうせいしんじゅうきょう）が含まれている。福永伸哉によれば、古墳時代前期前半における神獣鏡の倣製は一部の三角縁神獣鏡以外にほとんどなく、前期後半になって現れる倣製神獣鏡（新式神獣鏡という）は佐紀と河内の新興勢力によって製作・配布されたと言う（福永二〇〇五）。福永はいわゆる政権交替論者であるが、大和盆地東南部勢力と新興勢力との競合を考えており、佐紀と河内の勢力を対立的に見ない点で特徴がある。徳田誠志も、津堂城山古墳出土鏡は佐紀古墳群に副葬される鏡を踏襲しているを述べる（徳田二〇一三）。鏡からは佐紀古墳群と津堂城山古墳の間に関係があったことが理解される。

鍬形石と車輪石は、大和盆地東南部勢力に淵源を持ち、佐紀古墳群の古墳で数多く出土していたことは佐紀陵山古墳の箇所でも述べた。津堂城山古墳から出土した方形銅板は類例の少ない資料であるが、盾に用いられた部材だと考えられている。この銅板は加藤一郎によって柳本行燈山古墳出土銅板との関連が指摘されており、これも大和盆地東南部の王墓と関わりを示している（加藤二〇一三a）。巴形銅器は論者によって性格付けが異なるが、田中晋作は佐紀古墳群が主体となって各地の首長に配布したと見る（田中二〇〇九）。一方、福永伸哉は大和盆地東南部勢力に対する新興勢力、すなわち佐紀と河内の勢力が主体となって巴形銅器を配布したと説く（福永二〇〇五）。いずれにしても、巴形銅器は佐紀の勢力と津堂城山古墳の間に関係があったことを示している。

埴輪はB種ヨコハケの出現や新たなタイプの蓋形埴輪が出現することを評価して、新たな生産体制が確立したと見るむき（高橋二〇〇一）もあるが、佐紀古墳群に多く認められるヒレ付円筒埴輪を一部に持ち、新しいタイプの蓋形埴輪も佐紀や大和盆地東南部の埴輪から逸脱した存在ではないので、むしろ大和の勢力との関係を示していると言えよう。水鳥形埴輪も、津堂城山古墳と同じ頃に築造された大和南西部の巣山古墳で出土している。廣瀬覚は、古市・百舌鳥古墳群の初期埴輪生産は全面的に奈良盆地勢力の影響下にあったとみているし（廣瀬二〇一五）、加藤一郎も埴輪生産の基盤となる技術的要素は安定して推移していると述べる（加藤二〇一五）。

以上の点は、佐紀古墳群・大和盆地東南部勢力を引き継いだ要素と言える。

津堂城山古墳で新たに加わった要素としては、二重の周溝と帯金式甲冑の副葬が挙げられるであろう。この二つは、中期における大型古墳のスタンダードになっていく。津堂城山古墳には新たな墳墓要素が付け加わり、一つの画期をなしているとは言える。しかし、他の要素の多くは佐紀と大和盆地東南部の大型古墳群から引き継がれたものである。佐紀陵山古墳と同様な現象が津堂城山古墳でも認められると言えよう。大和盆地東南部の勢力と佐紀古墳群の古墳要素を多分に持つ津堂城山古墳とその後継と考えられる古市古墳群の出現は、やはり「王朝交替」を示すものではない。

百舌鳥古墳群の出現

古市古墳群が出現すると同時に和泉に百舌鳥古墳群の築造が開始される。百舌鳥古墳群では内容が詳しく判明している大型古墳、とくに初源期のそれがないので、詳しくは述べることはできない。しかし、その傾向はおおよそ古市古墳群と同様なものであったろうと推測される。たとえば乳岡(ちのおか)古墳の存在からその傾向を推測できる。乳岡古墳は、百舌鳥古墳群形成開始期の古墳である。墳丘長一五五メートルの前方後円墳で全容は不明ながらも後円部には長持形石棺があり、鍬形石と車輪石の出土が知られている。これまでの議論で示したとおり、長持形石棺・鍬形石・車輪石は佐紀あるいは大和盆地東南部に淵源があった。乳岡古墳は墳丘長が二〇〇メートルに満たない中型古墳であるという違いはあるものの、おおよそ津堂城山古墳と似た傾向が読み取れるであろう。

王墓群移動が意味するもの

それでは佐紀古墳群や古市・百舌鳥古墳群という大型古墳群が新たに出現し、大王墓の造営場所が移動する現象は、どのように理解するべきであろうか。

墓域移動説と在地勢力説

大王墓の築造場所が変化しただけで、王権あるいは政権の本拠地が変化したわけではないという意見は根強い。古くは近藤義郎（一九八三）・広瀬和雄（一九八七）からその主張がなされている。とくに近年、廣瀬覚は、大和盆地東南部での大型前方後円墳が途絶した直後に古市・百舌鳥古墳群の造営が開始されることを埴輪編年の検討から明らかにした。古市・百舌鳥古墳群は大和盆地東南部勢力が古墳造営地を大阪平野に求めた結果であるとして、大和盆地東南部勢力が佐紀に移動したというこれまでの墓域移動を否定しつつ、新たな墓域移動説を唱えている（廣瀬二〇一五）。

その一方で、大阪平野の在地勢力が成長し、古市古墳群や百舌鳥古墳群を成立させたという見解も根強い。しかしながら、古墳時代前期における河内には有力な古墳が少ない。唯一、玉手山古墳群と松岳山古墳がある程度であった。玉手山古墳群と松岳山古墳は大阪府柏原市にあり、大和盆地から大和川を下ってくると葛城山系と生駒山系の間を抜けて大阪平野にでるが、その大阪側にある古墳群である（図44・46）。その立地から古市古墳群を営む集団の前身と考えられ、河内王朝論・河内政権論を支える根拠の一つとされていた。しかしながら、調査と研究が進み、玉手山古墳群は古墳時代前期末を待たずに衰退し、古市古墳群に時間的に連続しないことが明らかとなってきたのであった（安村二〇〇一・鐘方二〇〇一・下垣二〇一一）。なお、新しい王墓群の前に、その前身となる勢力が認められないという点は、佐紀古墳群・百舌鳥古墳群も共通する要素である。

ただ、大和盆地東南部勢力と佐紀古墳群には時間的な重複が存在するし、佐紀と古市・百舌鳥古墳群の間でも同様である。単純な墓域移動説は成立しがたい。廣瀬の墓域移動説は、大和盆地東南部勢力→古市・百舌鳥古墳群のそれであり、その見解は緻密な埴輪分析に基づくものであって、説得力があるが、それでも佐紀古墳群が出現する意味が明らかでない。また、大和盆地東南部勢力が墓域を大阪平野に移動させたとしても、古市と百舌鳥という二つの古墳群がほぼ同時に出現することが説明できないので、すべてを受け入れることはできない。大和盆地東南部勢力が大阪平野に進出しただけであるなら、古市と百舌鳥という二つの古墳群が形成される必要がないからだ。

キョウダイ原理埋葬と王墓群の移動

ここで王墓群の移動現象を埋葬原理研究からどのように理解できるかを示してみよう。これまでに本書では、以下のことを記してきた。

①王墓から小型の墳墓まで複数埋葬が認められる。

②複数埋葬の場合、キョウダイ原理が基本である。

③キョウダイ原理の埋葬では、キョウダイ間の格差が大きい組み合わせと、格差の小さい場合がある。

④首長墳の場合、ともに同じ古墳に埋葬されるはずだったキョウダイの一人が独立して墳墓を営むケースも考えられた。

⑤王族の場合、主流派王族から分派し、母親等の出身集団を頼って地方に至り、新たな首長系譜を創出することがあり得た。

新たな王墓群の成立や王墓群の移動現象は、このようなことから理解ができると考える。格差の小さいキョウダイが併存し、王権を分掌あるいは、大王を支援している場合、大王のキョウダイは大王の後継資格を十分に持つであろう。実際に文献史では六世紀以降の大王位継承は世代内の継承が主流であり、ある世代の継承が終わった後、次世代へ王位が継承されることを明らかにしている（大平一九八六）。そして、それが五世紀に遡ると同時に、王位の継承が兄弟間だけでなく、さらに広範な傍系親族まで含んで行われたことを明らかにしている（大平一九八六）。キョウダイからキョウダイへ王位が継承されるだけでなく、大王のキョウダイが分派して、新たな王統＝古墳群を創出する可能性すら考えることができよう。上記④や⑤の事例から、有力王族が王権の地を離れ、新たな大型古墳群を造ることがあり得たと考えるのである。

王族の分派活動であれば、大和盆地東南部に大王墓が築造されている時に佐紀古墳群が新たに形成が開始され、大和盆地東南部の王墓の要素を多分に引き継いでいることが説明できる。王族の分派の結果として新たな王位継承集団が成立し、その結果として新たな王墓群が成立するとすれば、新たに出現する王墓群は旧勢力からの墳墓要素を多分に引き継いでいることはむしろ当然であるし、新たに加わる墳墓要素を分派の証しとみればそれも理解できる。新たな王墓群ができる場所にその前身となる勢力が存在しないという点も説明できる。分派する際に王権の領域内で、既存勢力のないエリアに分派勢力が進出したと理解できるからである。第三章で、勝福寺古墳が王族の分派活動の一つである可能性を示した。首長墳の築造が一世紀以上途絶えていたところに、勝福寺古墳が契機となって新たな首長系譜が出現したのであった。新たな王墓群の出現はこの現象と類似する。

古市古墳群や百舌鳥古墳群も同様である。王族の分派活動であるならば新たに二つの古墳群が同時期に成立することも説明できる。複数の王族が分派活動を行ったと考えるのである。王権の混乱期には複数の王族が個別に運動をすることは十分にあり得よう。

このことは決して突飛な仮説ではない。白石太一郎は、佐紀古墳群は佐紀の勢力（白石は曾布と呼ぶ）がもともと存在して、その勢力が台頭したのではなく、大和盆地東南部の勢力が佐紀にいた姻族との関係で墓域を移動したと考えている（白石一九八九）。四世紀に大和盆地東南部の勢力が佐紀の勢力と婚姻関係を結んでいたという証拠はないので、その是非は問いがたい。さらに私は大和盆地東南部に主流派の王族が存在し、そこから分派した王族が佐紀へ移動したと考えるので、その点も白石とは異なる。しかし、大和盆地東南部勢力の王族が佐紀古墳群を営んだという点では白石と共通する。また、岸本直文は、津堂城山古墳被葬者を佐紀政権による河内の直接的な掌握のために送り込まれた王族ではないかと見る（岸本二〇一三）。このように佐紀古墳群や古市・百舌鳥古墳群の成立契機は、旧勢力の王族が発端であるとみる研究者は少なくないのだ。筆者は、埋葬原理研究とそこから判明する親族構造に基づいて、王族の分派という現象が構造的にあり得ることを示し、新たな王墓群の出現と王墓群の移動現象において従来の説では説明できなかった箇所も合理的に説明できることを示したのであった。

ただし、大和盆地東南部における古墳築造の終了と同時に古市・百舌鳥古墳群が築造されることから、廣瀬覚が大和盆地東南部勢力が大阪平野に進出した可能性を指摘したことについて（廣瀬二〇一五）、筆者はそれを完全に否定するものではない。そうであったとしても、古市古墳群と百舌鳥古墳群がほぼ同時に出現する理由が廣瀬説では説明ができない。大和東南部勢力が古市の地に墓域を移動したとしても、その背景には王権内部で混乱があり、王族が分派活動をする中で、ある系統の集団は古市へ、別の系統の集団は百舌鳥へと墓域を求めたと考える。

文献にみる王統の分立

『記紀』の王統譜において信頼性が高まる継体期以降についてみていくことにしよう。継体以降、とくに欽明大王以降は欽明の血を引く王族による世襲的継承が確立されたとされるが（仁藤二〇一七）、欽明以降においても王統が分立して対立を生み出し、やがて有力な王統が一つに絞られ、その後再び王統が分立するということが繰り返されるようすが見て取れる。

すでに前々章「首長墳の埋葬原理」でみたとおり、継体の死後、継体の三人の王子である安閑・宣化・欽明が相ついで即位する。二朝並立説（喜田一九二八・林屋一九五二）を否定するむきもあるが（三品一九六六、山尾一九七七ほか）、三大王の間において王位継承がスムースでなかったとみる研究者は多い（大橋一九九九・水谷二〇〇一）。欽明以降、王位を継承する系統は最終的に欽明の子孫に絞られるものの、欽明の死後も王位継承は安定しない。欽明の王子・王女が王位を継承する中で、敏達と用明の死後に穴穂部王子が王位を要求し、穴穂部は最終的には蘇我氏に殺害される。欽明の王子たち、すなわちキョウダイの中で王位継承の争いがあったのである（図42）。

欽明の王子・王女の中で最後に大王となったのは推古で、その死後、次世代の山背大兄王子と田村王子の間で王位継承が争われる（図42）。山背大兄は用明大王の孫であり、田村は敏達の孫に相当する。大王位を継承した兄弟の子孫が、それぞれ有力な王位継承候補者となり、王位継承を争っているのである。山背大兄が上宮王家、田村が押坂王家と呼ばれる（吉川二〇一一）ように、二つの王統に分派したのである。最終的には田村が即位する。舒明である。山背大兄とその一族は後に滅ぼされて、大王位は敏達の子孫が独占することになる。しかしながら、舒明の死後、乙巳の変をへて孝徳天皇が即位するが、孝徳と中大兄皇子との対立が生じる。両者は叔父と甥の間柄である。この争いでは中大兄皇子が主導権を握り、孝徳は失意のうちにその生涯を終え、斉明天皇重祚をへて中大兄が即位を果たす。天智天皇である。

天智在位中から、次期皇位継承を巡って天智とその弟である大海人皇子の対立が顕在化する。天智死後、大海人と天智の子である大友皇子の間で皇位継承をめぐって古代最大級の内乱である壬申の乱が発生する。壬申の乱では大海人皇子が勝利し、即位を果たす。天武天皇である。すなわち天智系と天武系に王統が再び分派し、最終的には天武系の子孫が王統を独占することとなったのである。

このように、『記紀』の王統譜に信頼がおけるようになり、王位継承が欽明の王統に限定されるようになって以降も、キョウダイ間での同世代継承が続いた結果、王統が分派し、それが一本化されることが繰り返されている。このような王統の分派活動が、前代にもありうると筆者は考えているのである。

五世紀以前の王位継承争い

五世紀以前でも王位継承にかかる兄弟間の争いは多かったことが文献から推測できる。表8は吉田晶が作成した王位継承に関わる『日本書紀』の内乱記事の一覧である（吉田一九九八）。これをみると兄弟間の争いがきわめて多いことがわかる。同世代間の王位継承、とくに兄弟間の継承が多いからこそ兄弟間の争いが多いのである。もちろんこれらの伝承がすべて真実を伝えていると考えているわけではない。ただ、これらから兄弟間における王位継承争いが多かったであろうことは想像に難くないとは言えよう。

表8　王位継承にかかわる『日本書紀』の内乱記事（綏靖から清寧まで）（吉田1998より，一部加筆）

『日本書紀』出典	内乱の概要
綏靖即位前紀	庶兄・手研耳を綏靖と神八井耳が射殺
崇神紀10年9月	武埴安彦と妻の吾田媛が反乱
垂仁紀4年9月，5年10月	垂仁妃である狭穂媛の兄・狭穂彦が反乱
神功紀1年2月	香坂王・忍熊王が神功・応神と戦う
仁徳即位前紀	庶弟・宇治稚郎子と互譲の間，大山守王子が反乱
履中即位前紀	住吉仲王子の反乱
允恭即位前紀	群臣の推戴により即位
安康即位前紀	同母兄・軽王子を追放
雄略即位前紀	従兄弟・市辺押磐王子，同母兄・八釣白彦王子をはじめとした王族の殺害．葛城円大臣を打倒
清寧即位前紀	異母弟・星川王子のクーデタを鎮圧

忍熊王反乱伝承　とくに応神大王が擁立される際の、香坂（かごさか）王と忍熊（おしくま）王反乱伝承は興味深い。

『日本書紀』によれば、応神は仲哀（ちゅうあい）大王と神功（じんぐう）皇后の子供であり、香坂王と忍熊王は応神の腹違いの兄である。神功が応神を身ごもっている時、仲哀は神のお告げに従わなかったために亡くなってしまう。仲哀の代わりに神功は、身重の体のまま神のお告げに従って新羅へ出兵する。新羅から帰国した神功は九州で応神を出産し、大和へ帰還しようとする。その時、大和にいた香坂王と忍熊王は、応神の誕生を知って自らの地位を危ぶみ、神功・応神親子を迎え撃つ。最終的には神功・応神親子が勝利し、後に応神が即位するというストーリーである。神功紀には脚色が多く、神話的ストーリーが多いので史実とは言えないが、無視しえない要素を多分に持つ。

塚口義信はこの伝承を重視する。オシクマの地名は奈良市にあって五社神古墳の近隣を指す。すなわち佐紀古墳群西群の地である。忍熊王は佐紀西群の正当な後継者であったというのである。塚口は、忍熊王らの行動から忍熊王は大和盆地北部から山城を勢力圏としていることを示すと同時に、忍熊王らと対立した神功は息長（おきながし）氏の系譜にあって同じく山城に根拠地を持つとした。すなわち対立する両者はともに同じ勢力圏にあり、内部勢力の対立であったと説くのである（塚口一九八五・一九九三）。吉田晶も、塚口説を引きつつ、佐紀に本拠を持っていた王族が分裂し、王位継承をめぐる内乱をへて、応神を始祖とする新たな王系による倭王権が成立するとの理解をし、古市・百舌鳥古墳群への巨大古墳の移動はその結果として生まれたとするのである（吉田一九九八）。応神が河内王権の始祖とされるだけにきわめて興味深い見解である。新たな王墓群の出現を筆者は王族の分派活動に求めたが、塚口と吉田の説はその理解と通じる解釈なのである。

王族の分派活動と政権交替論

王族の分派活動によって王墓群が新たに出現することは、王族の分派活動の中でも最も突出した動向と言えよう。新たな王墓群が出現して、その中に大王墓が出現する背景には、大きな政治的変動があったであろうことは想像に難くない。王族の分派活動は王位継承を行う新たなグループの出現であり、その意味で新興勢力ということができる。新興勢力が旧勢力の権威を引き継ぎつつ、新たな墳墓要素を加えて新たな権威を創出したと理解できる。さらに新興勢力が新たに王権を継承したとすれば、地方の首長へその影響は波及し、都出比呂志が言う首長系譜の断絶と新たな盟主墳の出現も理解ができる（都出一九八八）。

王族はさらに分派する

王族の分派活動は、王墓群出現期あるいは王墓移動期に限られたことではあるまい。格差の小さい兄弟は世代毎に存在していたであろうから、新興の王墓群出現時だけに分派活動があったわけではない。

古市古墳群と百舌鳥古墳群の支群

古市古墳群と百舌鳥古墳群の群構造を見ると、両古墳群は単一集団で構成されているわけでなく、複数の集団から構成されることが指摘されている。残念ながら、古市古墳群・百舌鳥古墳群はそのほとんどが天皇陵や陵墓参考地に指定されているので内容が不明である。そのため、大王陵以外の古墳の性格についてはさまざまな見解がありつつも、古墳の内容が不明なままではその内容に深入りすることはできない。

ただ、高橋照彦は、古市古墳群・百舌鳥古墳群内の大王陵に準じる大きさの古墳には大

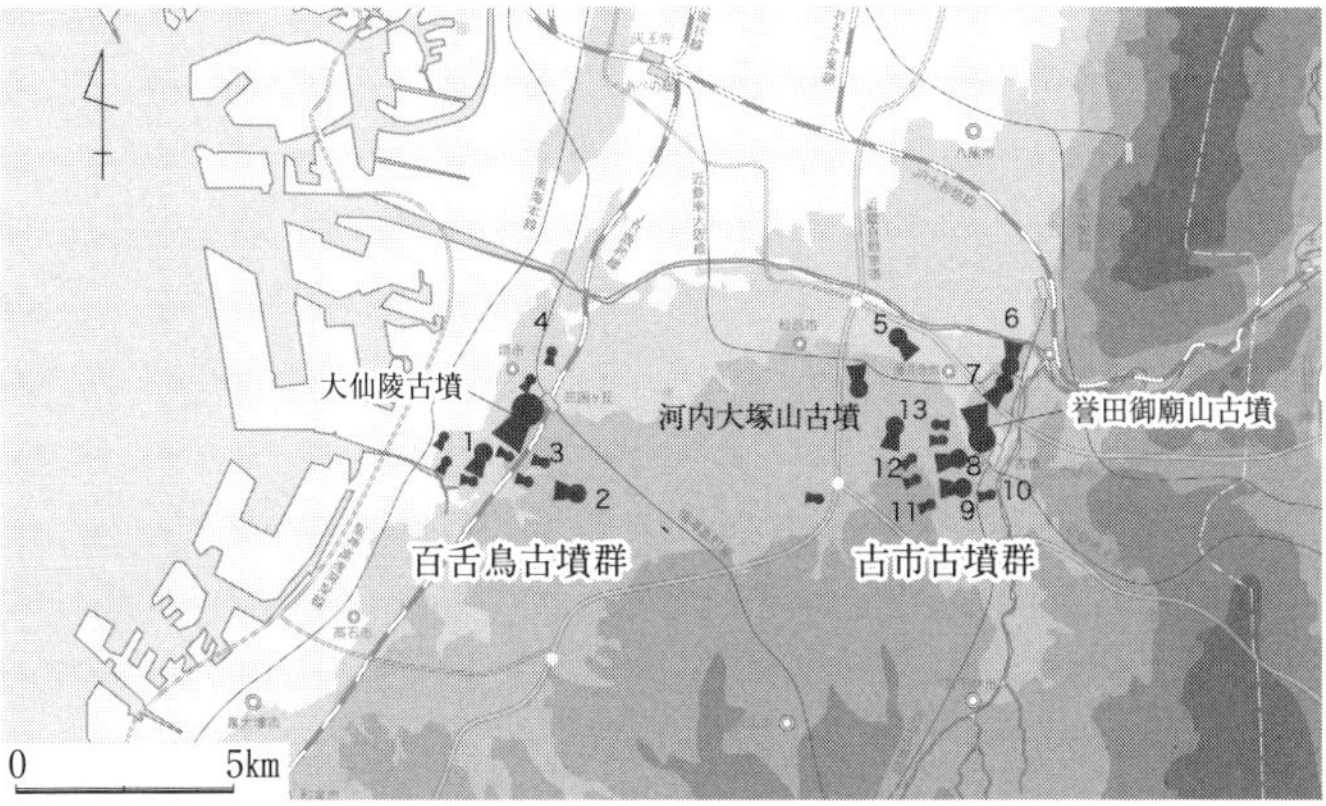

1．上石津ミサンザイ古墳　2．土師ニサンザイ古墳　3．御廟山古墳　4．田出井山古墳　5．津堂城山古墳　6．市野山古墳　7．仲津山古墳　8．墓山古墳　9．前の山古墳　10．高屋築山古墳　11．白髪山古墳　12．野中ボケ山古墳　13．岡ミサンザイ古墳

図50　百舌鳥古墳群と古市古墳群の主な大型古墳

王の近親者が埋葬される可能性を指摘している（高橋二〇一四）。たとえば誉田御廟山（こんだごびょうやま）古墳の南西にある墓山（はかやま）古墳は長さ二二五メートルの墳丘を持つ上に二重周溝を有する。その規模は時期の近い誉田御廟山古墳や仲津山古墳に比べると小さいため、大王墓として取り扱われることはないが、後の大王陵とされる市野山古墳や岡ミサンザイ古墳に匹敵する（図46・図50）。高橋は墓山古墳に代表される大型古墳には王族が埋葬されると考えるのである。

また、十河良和（そごうよしかず）は、大仙陵古墳の南東にある百舌鳥御廟山古墳の被葬者が、『宋書』倭国伝にその名を残す倭隋である可能性を示している（十河二〇一四）。御廟山古墳は墳丘長二〇三メートルを測る前方後円墳で、百舌鳥古墳群の南部に所在する前方後円墳である。上石津ミサンザイ古墳・大仙陵古墳などの大王陵が南北方向に造られる一方、百舌鳥古墳群の南部にある古墳は東西方向を向いていることから別グループとされる（森一九七八、図50）。『宋書』倭国伝における倭の五王は、倭讃などの名に示されるように国名の「倭」を姓としているので、倭隋は有力王族であろう。十河は御廟山古墳の被葬者を王族であろうと理解しているわけである（十河二〇一四）実際には御廟山古墳の被葬者を特定するにはまだまだ問うべきことがあると考えるが、東西方向に築造された古墳は大王とは別系統の王族グループである可能性は高い。

このように大王以外の王族が大型墳墓を古市古墳群や百舌鳥古墳群内で営んでいるとの認識を示す者は多い。このことは王族が大型墳墓を単に営んでいたということではない。王族はさらに複数の系統に分派していた可能性を示す。古市古墳群と百舌鳥古墳群に分派した王族は、さらにその中で分派している可能性を指摘しておこう。

倭の五王における二系統

『宋書』によれば讃（さん）・珍（ちん）・済（せい）・興（こう）・武（ぶ）のいわゆる倭の五王が宋に遣いを送ったとされる。五王が『記紀』における天皇の誰に相当するかという議論が行われてきたが、ここでは深入りしない。より重要なことは『宋書』に記された五王の血縁関係である。

『宋書』によれば、讃と珍は兄弟であり、済と興・武が親子、すなわち興と武が兄弟であることが記される（図51）。珍と済の関係は記されていない。『梁書』には珍（『梁書』では「彌」とされる）と済を親子とするが、『梁書』の成立年代は『宋書』より新しいので、一般的には『宋書』の記述の方が信頼性が高いとされる。

中国王朝は王の系譜をきわめて重視するので、『宋書』に珍と済の血縁関係を記さないことは単なる書き漏らしではなく、両者に血縁関係がないのであり、さらには男系的つながりがないからではないかという説がある（藤間一九六八）。それに対し、五王はすべて「倭」姓を名乗っているから同族であるとの説もある（吉村一九九八）。

こうした考え方は私の分派説に基づくならば、両者は矛盾せず理解することが可能である。珍と済は分派した異なる系統の王族であり、遠い血縁関係にあるのではないか。遠いながらも同じ系統の王統から分派したので同じ「倭」姓を持つという理屈である。

図51　『宋書』による倭の五王の系譜

なお、宋から与えられた将軍号は本書の内容に適合的なのでここで触れておこう。倭の五王が宋から与えられた将軍号は基本的に安東将軍（あんとうしょうぐん）であった。珍の時、倭隋ら一三人に平西（へいせい）・征虜（せいりょ）・冠軍（かんぐん）・輔国（ほこく）の将軍号を仮授し、宋から認められた。倭王に基本的に与えられた安東将軍と倭隋らに与えられた将軍号はいずれも第三品に相当し、安東将軍はその中での上位にあるに過ぎない。珍の安東将軍と倭隋に与えられたとされる平西将軍はわずかに一級の差しかない（坂元一九七八）。済と武が後に安東大将軍に進号されたことを考慮にいれたとしても、倭王とその他王族あるいは豪族との格差は大きくないといえる。倭隋は王族であろうと先に述べた。珍と隋がどのような関係であるか、すなわち兄弟か従兄弟か、あるいは叔父・甥なのかは明確には言えないものの、倭王が王族の中でも突出した存在でないことは確かである。キョウダイ原理の埋葬ではキョウダイの格差が大きくないケースがあるとしたことと通じてこよう。

中国史料とは別に、古市晃（ふるいちあきら）は五世紀の王名と王宮を分析しつつ、仁徳系と允恭（いんぎょう）系王族の対立を指摘する。二系統の王族は対立するものの、それぞれが拠点とする王宮の所在地が一致していることから、その対立は本質的でないとも述べる（古市二〇一二）。この考えも筆者の分派説と親和的である。二系統の王族は同じ系統の王族から分派したからこそ、拠点が同じで、対立もしうるのである。

地方に分派する王族

王族が分派するとすれば、分派した王族が本拠を構える場所は王権の所在地とその周辺だけではあるまい。王族が地方へ下り、あるいは母方の親族を頼って地域に土着することも十分に予測できる。

王族が地方に土着した例を後の世に求めると、数限りない。たとえば平安朝以降、臣籍降下したものの天皇の血を引く源氏や平氏が地方に土着した例は数多い。後の時代に例を求めなくても第三章で取り上げた勝福寺古墳の事例はまさに王族の地方土着の例であった。第四章で見たように、継体の父である彦主人王が近江におり、継体自身も母に従って越前の国あるいは近江で成長する。継体が推戴される前に大王候補となった倭彦王は丹波にいたのであった。

太田茶臼山古墳の意義

継体大王の真陵である今城塚（いましろづか）古墳が摂津に出現する以前に、太田茶臼山古墳が築造されることを先に指摘した（図46）。これは津堂城山（つどうしろやま）古墳や佐紀陵山（みささぎやま）古墳と同じように、大王陵が新たな地に築造される以前の助走期間の古墳に当たると述べた。

この太田茶臼山古墳の被葬者も古市古墳群の王族から派生し、摂津に土着した王族と考えると継体大王陵＝今城塚古墳が摂津に築造されることがある程度合理的に説明できる。太田茶臼山古墳は墳丘長二二五メートルを測り、出土する埴輪（はにわ）や須恵器（すえき）の比較から中期前半に位置づけられる（図52）。墳丘長二二五メートルは古墳時代中期前半では大王陵とは認められないが、真の継体陵である今城塚古墳が墳丘長一九〇メートルであることからわかるように、時期によっては大王陵の評価を受けることが十分にあり得る規模である。また摂津で唯一、陪塚（ばいづか）を持つ古墳であることも見逃せない（森田二〇〇六）。陪塚は八基が確認され、その中には二基の前方後円墳を含む。

摂津三島の地には、古墳時代前期に、弁天山古墳群あるいは将軍山古墳（墳丘長一〇七メートル）、紫金山古墳（墳丘長一一〇メートル）・闘鶏山古墳（墳丘長八六メートル）・郡家車塚古墳（墳丘長八六メートル）など全長一〇〇メートル前後の前方後円墳が継起的に築造される。これら前期古墳を築造した集団が勢力を拡大し、王陵級の古墳を造ったと考えることも理屈の上では可能であ

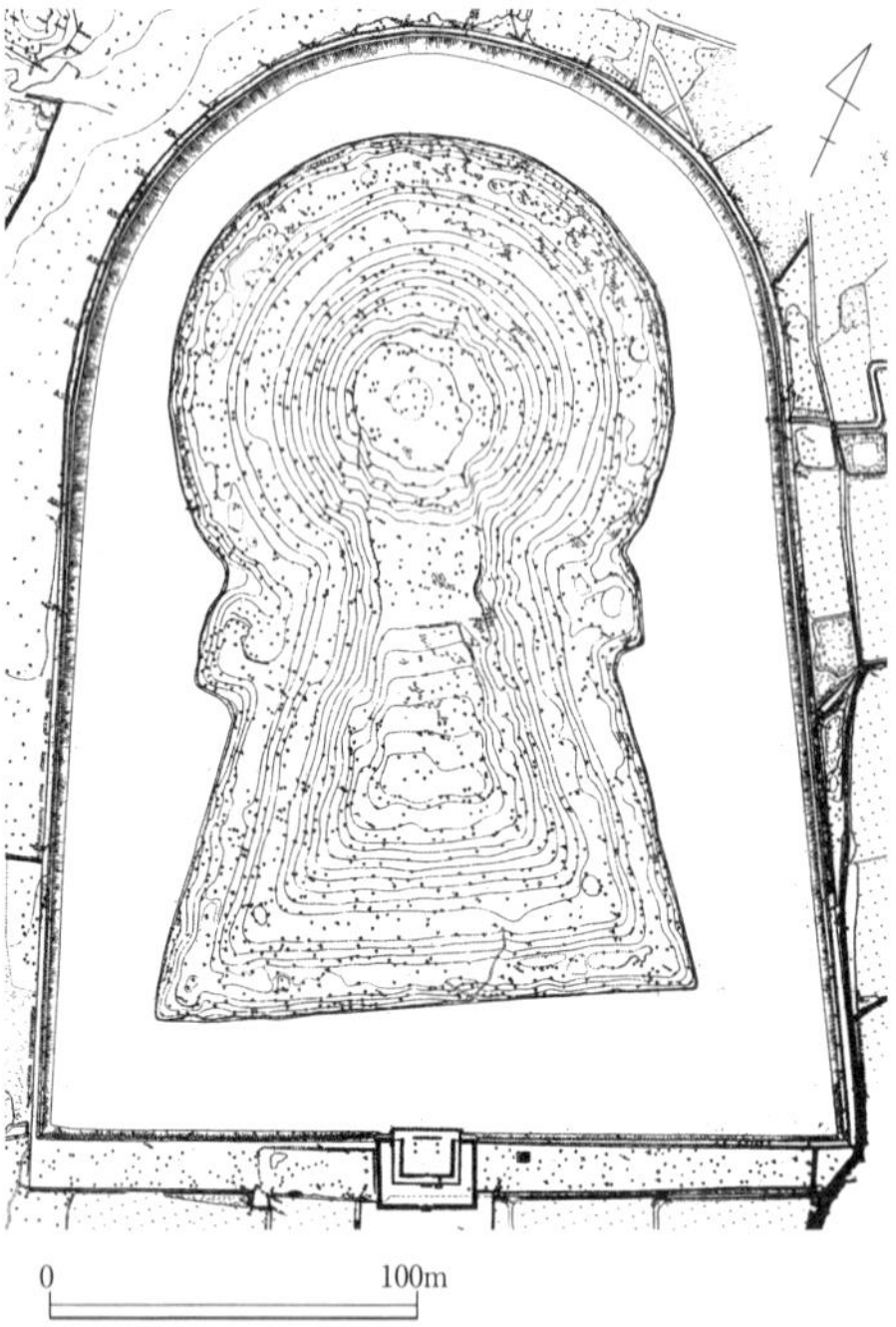

図52　太田茶臼山古墳の墳丘

る。

しかし、そう考えるにはいくつか問題がある。まず太田茶臼山古墳の墳丘と摂津の前期古墳の間には大きな格差が認められる。はたして一〇〇メートル前後の古墳しか造っていなかった集団が成長・拡大して太田茶臼山古墳を築造できるものだろうか。至近の河内には巨大な大王権力が目を光らせている。王権と良好な関係を築いたとしても、至近に巨大な勢力があると王権にとっては目障りであろう。また、太田茶臼山古墳被葬者の前世代に相当すると考えられる前塚古墳は、九四メートルの墳丘を持つとは言え、帆立貝形という前方部が短い古墳である。帆立貝形古墳の評価はさまざまあるが、有力な見解の一つにはヤマト政権から規制をうけて前方部を短くしたという理解がある（小野山一九七〇など）。太田茶臼山古墳築造以前の古墳を見ると、摂津の勢力が成長して太田茶臼山古墳を築造すると考えるには、連続性に欠けるのである。

太田茶臼山古墳は誉田御廟山古墳（伝応神陵）と同じ墳丘形態をしており、誉田御廟山古墳に隣接する墓山古墳あるいは大王墓の一つとされる市野山古墳（伝允恭陵）と同形同大とされる。出土する埴輪は誉田御廟山古墳と同じ技法が用いられている。埴輪は前期から摂津には存在するが、太田茶臼山古墳の埴輪はその系統が前期のそれとは異なり、王権と密接な関係を示しているのである。墳丘規模と埴輪の形態や作り方から見れば、摂津の前期古墳とは脈絡がなく、突如として出現した感がある。

森田克行（もりたかつゆき）は太田茶臼山古墳の被葬者は在地集団の長ではないと考えており（森田二〇〇六）、小浜成（こはませい）は、誉田御廟山古墳と太田茶臼山古墳の被葬者は、墳形と埴輪の類似性から特別な関係があると述べる。その上で、「ひょっとすると」と慎重な態度ながら、両被葬者は血縁関係があったかもしれないと言う（小浜二〇一二）。つまり、河内の王族の一人が摂津へ下り、そこで墳墓を築いたと考えるのである。

太田茶臼山古墳と今城塚古墳

そうだとすると、応神五世孫の伝承を持つ継体が摂津に墳墓を築造する理由も理解しやすいだろう。継体が真に応神五世孫であったかどうかは筆者には判断がつかない。もしかすると本当に応神五世孫であったかもしれない。それが真実でなくとも、五世孫と信じられていた、あるいは名のっていたからこそ大王位を継承したのである。このことは重要である。すでに小浜も述べるところであるが（小浜二〇〇八）、継体は自らの出自を示すためにも、王族のものと考えられる墳墓の近くに自らの墳墓を築造する必要があったはずである。だからこそ、北陸・近江・南山城など、いくつかある彼の本拠地の中で、太田茶臼山古墳のある摂津が墳墓造営地として選択されたのだ。逆にいえば太田茶臼山古墳は、継体天皇真陵＝今城塚古墳の存在から、王族墓の可能性が浮上してくるのである。

なお、岸本直文も太田茶臼山古墳の被葬者は応神系の王族であり、継体はその子孫であるからこそ摂津に陵を築造したと考えている（鈴木・古市・岸本二〇一六）。私は、継体が真に応神五世孫であるかどうかまでは断言できないし、太田茶臼山古墳被葬者の子孫かどうかも論証が足りないと思っている。擬制的な血縁関係である可能性もあるからだ。ただ岸本説を完全に排除することもできないと考える。

一瀬和夫（いちのせかずお）は、太田茶臼山古墳の墳丘が古市古墳群と関係が深いことを指摘した上で、太田茶臼山古墳の被葬者を大王の「配偶者的立場」の者と想定する（一瀬二〇〇三）。しかし、婚入者が出身集団に帰葬された場合、単独の古墳を築造しうるかは疑問である。確かに仁徳妃の磐之媛（いわのひめ）は『日本書紀』の記載から単独の古墳を造ったように読めるが、あくまで伝承なので実際にどうだったかまでは『記紀』の記載からは判断することができない。継体の妃であった手白髪王女（たしらかのおうじょ）のために衾田墓（ふすまだのはか）が築造されていることは、信頼できる記事なのでその可能性はある。ただ、手白髪の場合も継体擁立という特殊事情の中なので、これを一般化できるかどうかは不明である。そのため五世紀以降の主要埋葬に埋葬される人物は男性に限定されると言う原則が適応されるべきである。だとすれば大王や王族の妃が帰葬されて太田茶臼山古墳を築造したという考えは排除すべきである。

もう一つ注意しておくと、太田茶臼山古墳の被葬者を理解する時に使用した論理を他に応用するときは慎重であらねばならない。大王墓と関連の強い大型古墳が、前代の古墳と脈絡なく突発的に出現する例は古墳時代中期に散見される。これらの古墳の中には分派した傍系王族や、母親の出身集団を頼って地方で新たな首長系譜を創出した王族が葬られている事例も含まれていることであろう。しかし、そうした事例がすべて、王族が地域に土着したものと理解してはならないし、そうは理解できないであろう。太田茶臼山古墳は大王墓に匹敵する規模の古墳で王権に近い摂津にあり、継体大王真陵＝今城塚古墳という存在があるからこそ、先の説が提出できるのである。

昔、畿内的な古墳が地域で出現すると畿内から派遣された将軍墓ではないかと理解する派遣将軍説という仮説があったが、現在では否定的に考えられている。派遣将軍説を理由なく繰り返すようなことがあってはならない。

古墳時代の埋葬原理を基盤として、王墓群の移動現象を理解しようとした。この議論は多岐の要素を含んでいるので、話がやや枝分かれしてわかりにくかったかも知れない。最後に、重複を恐れず時系列を軸にして自説を展開し、本章のまとめにかえたい。

まず、三世紀中頃に王墓が初めて築造される。箸墓古墳である、これ以後二〇〇～三〇〇メートル級の王墓が大和盆地東南部に築造される。大王は一つの集団から擁立されるのではなく、三から四集団の中で、実力ある者が擁立されたとみられ、箸墓の後、西殿塚・柳本行燈山・渋谷向山古墳という王墓が点在する形で分布する。その中の王族の一部が分派して佐紀古墳群を形成する。佐紀古墳群と大和盆地東南部の古墳群は一時期併存する。佐紀古墳群の勢力は、古墳群成立当初は大王を輩出することはかなわなかったが、佐紀陵山古墳・宝来山古墳を経て五社神古墳の段階で大王が擁立される。ちょうどその頃、古市古墳群と百舌鳥古墳群が河内・和泉に成立する。これら二つの大型古墳群の成立も謎に包まれているが、大和の勢力が河内・和泉に単に移動したとの見解を採用することはできない。二つの大型古墳群が同時に成立したことは、大和の勢力が移動したことだけでは説明がつかないし、その同時性も偶然とは考えがたい。王権に揺らぎが生じ、既存の王族が分派した可能性を考えたい。このときに佐紀古墳群から初めて大王（＝五社神古墳）が輩出されたことも示唆的である。王位継承に大きな揺らぎがあったことを推測せしめるし、そうなると忍熊王反乱伝承も示唆的である。

古市古墳群と百舌鳥古墳群の成立は王位継承に大きな変化をもたらしたと考えられる。大和盆地東南部に王墓が築造されていた時代は、大王を輩出する王統は複数存在し、実力ある者が選択される形であったと推察される。しかし、古市古墳群・百舌鳥古墳群成立以後は大王は両古墳群のグループに限定される。大王を輩出する集団はかなり限定されている。これは桜塚古墳群で見たように首長位が父系的に継承される現象と無関係でないであろう。畿内では古墳時代中期には父系的地位継承集団が成立していた。王族の中でも父系的集団が形成され、それが二グループ存在し、その中から大王が擁立されたのだと考えるのである。佐紀古墳群は西群から東群に古墳群の位置を移しながらも存続し、奈良盆地西部の馬見古墳群においても大型古墳が築造されたとしても、古市古墳群と百舌鳥古墳群の地位を脅かすことはできなかった。

古市古墳群・百舌鳥古墳群成立後も王族の分派活動は続いたものと考える。両古墳群はそれぞれ複数グループに分けうることが指摘されているし、そのグループの中に王族の大型古墳が含まれている可能性も示したとおりである。古市古墳群・百舌鳥古墳群から離脱する形で分派した王族も存在したと考えられる。摂津の太田茶臼山古墳被葬者はその可能性が最も高い例である。

古市古墳群・百舌鳥古墳群の築造が終わる頃、継体大王が出現する。継体大王真陵である今城塚古墳が摂津に築かれるが、このことと太田茶臼山古墳の存在は無関係ではない。継体が太田茶臼山古墳被葬者の血を引く者か、あるいはそれを自称することにより大王になり得たのであろう。継体の後、安閑と宣化を経て、継体と手白髪王女の子である欽明が登場し、欽明の血を引く王子たちが大王位・天皇位を継承することとなり、王統はいったん一本化される。しかし、王族の分派活動はその後も止むことはなかったのである。

埋葬原理の意味するもの——エピローグ

本書の要点は大きく二つある。

一つは古墳時代は双系的社会から父系的社会へ変化する大きな変革期であったことである。この変革は一気に成し遂げられたものではなく、すくなくとも二段階を経ていることを述べた。古墳時代前期には女性首長・女性家長が一般的に存在し、男女の地位に違いは存在していなかった。

しかしながら、古墳時代中期には女性首長が姿を消し、首長層は父系化する。しかし、その父系化は一般層には作用していなかった。一般層が父系化するのは古墳時代中期後葉以降だと考えられる。しかし、一般層への父系化は貫徹せず、双系的要素が依然強く残っていると考えられた。

父系化は貫徹しなかったものの、それが進行した理由は、倭国の国際環境に大きな要因があったものと思われる。前期の終わり頃から中期初頭にかけて、倭国は韓半島をめぐる軍事的緊張と戦争に巻き込まれ、あるいは積極的に自ら関与したのであった。そうした軍事的緊張と戦争が首長層からの父系化を押し進めたのだと考える。その主体はおそらくヤマト政権であったろう。続いて中期後半には高句麗の南下政策に対応するため、一般層にも父系化が及んだと考えられた。

本書の要点その二は、王墓群の築造地域が移動する現象を王族の分派活動に伴う政治変動あるいは政権交替であるという仮説を示したことである。首長系譜や王族が分派することが、大王墓や首長墳の埋葬原理とそこから明らかとなる親族構造にもとづき、構造的に起こりうることを示したのであった。キョウダイ原理の埋葬は、格差がそれほど大きくない兄弟の存在を示していた。兄弟とその子供たちはそれぞれ、王位・首長位の継承候補者となり得る。時として、王族や首長層の中には、主流派の王族から分かれて分派することがあり得たのであった。このことは要点その一で述べた父系化の内容に関わってくる。父系化と言っても地位継承は、父から子、子から孫へという単純な直系原理ではない。兄弟・父子・従兄弟・叔父甥などの間で継承があり得る。広い父系的親族の中で地位継承が行われた可能性を示している。

こうした地位継承のあり方を具体的に示した考古学的研究はほぼ皆無である。それだけに、問うべきこと、分析すべきことはまだまだ多い。本書はその扉に手をかけたに過ぎないともいえよう。また、いわゆる「王朝交替論」や「政権交替論」に一石を投じたつもりだが、その理解もまだまだ不十分である。今後も研鑽を積み、王権構造の内容をより明らかにするよう努めていきたい。

あとがき

本書では拙著『古墳時代の埋葬原理と親族構造』（大阪大学出版会）の内容を継承し、古墳時代の埋葬原理から親族構造を示した。さらにそこから古墳時代の王権や政治変動の構造を明らかにしようとした。

前著である『卑弥呼と女性首長』（学生社）では、卑弥呼や女性首長に軸足を置きつつ、弥生時代中期から古墳時代前期における親族構造や男女の関係史を記しており、本書はその続編とも言える内容である。併せてお読みいただけると、筆者のささやかな弥生時代・古墳時代観がご理解いただけると考える。

本書は二〇一六年夏頃から執筆を始めた。二〇一七年梅雨にそれを終わろうとしている。その間、世の変化に驚き、歴史研究者として考える出来事が多かった。民主主義と学問の自由を守るため研究者は行動しなければならない。現在の歴史家は、将来の歴史家にその行動を問われるであろう、時代の変化点にいると感じた。

極右政治家が神武天皇の実在を公然と語り、万世一系なる言説を吐くたびに、われわれ歴史家はその存在意義が問われているような気がする。本書のような著作が政治に左右されず世に出るような、自由な社会でいつまでもあり続けて欲しいし、その努力をわれわれは怠ってはならない。

本書は、吉川弘文館の永田伸氏から執筆のお誘いがあり、それが執筆のきっかけとなった。二〇一三年春のことであった。前著を執筆中であったのでいったんお断りしたのであるが、「気長にお待ちします」という氏の一言があって、本書は実現した。氏の熱意と忍耐に感謝する。また、編集を引き継いだ並木隆氏には丁寧に仕事を進めていただいた。

本書の基本的な構想は、前職である高知大学時代に組み立て、執筆は岡山大学に移ってから行った。高知大学人文学部ならびに岡山大学文学部の歴史学教員は研究熱心で気さくな方が多く、良い環境の下、本書を執筆することができた。安部みき子・五十嵐由里子・伊藤聖浩・杉井健・中久保辰夫・廣瀬時習・福永伸哉・宇土市教育委員会・大分県立歴史博物館・大阪大学考古学研究室・大阪府立近つ飛鳥博物館・熊本大学からは様々なご教示と便宜を図っていただいた。また、本書の校正には荒井順子さんの手を煩わせた。心よりお礼申し上げたい。

最後に、多忙な筆者をいつも支えてくれる家族に感謝し、筆を擱くことにしたい。

二〇一八年二月

清　家　章

参考文献

女性首長の墓が語るもの―プロローグ

今井　堯　一九八二「古墳時代前期における女性の地位」『歴史評論』三八三　校倉書房

清家　章　二〇一〇『古墳時代の埋葬原理と親族構造』大阪大学出版会

埋葬原理研究のこれまで

石部正志　一九六一「多葬墳に関する一考察」『先史学研究』三　同志社大学考古学研究室

池田次郎　一九八五「島根県能義郡広瀬町本郷上口遺跡」『季刊人類学』第一六巻第三号、講談社

片山一道　一九九〇『古人骨は語る』同朋舎

白石太一郎　一九九三「弥生・古墳文化論」『岩波講座日本通史』第二巻古代一　岩波書店

白石太一郎　一九九六「総論―考古学からみたウジとイエ」『家族と住まい』考古学による日本歴史一五　雄山閣出版

清家　章　二〇一五『卑弥呼と女性首長』学生社

関口裕子　二〇〇〇「田中良之著『古墳時代親族構造の研究―人骨が語る古代社会―』批判」『宮城学院女子大学　キリスト教文化研究所年報』三四号（関口裕子二〇〇四『日本古代家族史の研究』下巻塙書房に改訂の上収録）

関口裕子　二〇〇一「日本古代における夫婦合葬の一般的不在—六世紀前半から九世紀初頭を中心に—」『清泉女子大学人文科学研究所紀要』二二号（関口裕子二〇〇四『日本古代家族史の研究』下巻 塙書房に改訂の上収録）
田中良之　一九九五『古墳時代親族構造の研究』柏書房
谷畑美穂・鈴木隆雄　二〇〇四『考古学のための古人骨調査マニュアル』学生社
都出比呂志　一九八九『日本農耕社会の成立過程』岩波書店
土肥直美・田中良之・船越公威　一九八六「歯冠計測値による血縁者推定法と古人骨への応用」『人類学雑誌』九四巻二号
馬場悠男編　一九九八『考古学と人類学』考古学と自然科学①　同成社
松村博文・西本豊弘　一九九六「中妻貝塚出土多数合葬人骨の歯冠計測値にもとづく血縁関係」『動物考古学』動物考古学研究会
水野正好　一九八二「向原第6号墳の被葬者」『向原古墳』奈良大学考古学研究室調査報告書第六集 鳥取県大山町教育委員会・奈良大学考古学研究室

一般層の埋葬原理

安部みき子・山口誠治　二〇〇三「久宝寺1号墳出土の人骨について」西村　歩編　二〇〇三『久宝寺遺跡・竜華地区発掘調査報告書』Ⅴ（財）大阪府文化財センター調査報告書第一〇三集　大阪府文化財センター

池田次郎　一九九四「法貴Ｂ一号墳および堀切六号横穴の改葬人骨と近畿におけるその類例」『橿原考古学研究所論集』第一二集　吉川弘文館
石川健・舟橋京子・渡辺誠・原田智也・田中良之　二〇〇四「長湯横穴墓人骨について」『長湯横穴墓群　桑畑遺跡』大分県教育委員会
今井　堯　一九八二「古墳時代前期における女性の地位」『歴史評論』№三八三　校倉書房
今尾文昭　一九九一「遺物の配列組成　一　配列の意味」『古墳Ⅱ　副葬品』古墳時代の研究三　雄山閣出版
大林太良　一九八七「親族構造の概念と王家の近親婚」『ウヂとイエ』日本の古代一一　中央公論社
川西宏幸・辻村純代　一九九一「古墳時代の巫女」『博古研究』第二号　博古研究会
喜田貞吉　一九一四～一九一五「古墳墓年代の研究」『歴史地理』第二四巻一・五・六号、第二五巻三～六号（一九七九『喜田貞吉著作集』第2巻所収　平凡社）
栗原　弘　一九七九「平安中期の入墓規定と親族組織」『京都地域史の研究』国書刊行会（一九九八『婚姻と女性』日本女性史論集四　吉川弘文館に再録）
小林行雄　一九五二「阿豆那比考」『古文化』第一巻第一号（一九七六『古墳文化論考』平凡社に所収）
小林行雄　一九五九『古墳の話』岩波書店
白石太一郎　一九九三「弥生・古墳文化論」『岩波講座日本通史』第二巻古代一　岩波書店
清家　章　二〇〇四「横穴式石室導入前後の親族構造と女性家長」『西日本における前方後円墳消滅過程の比較研究』大阪大学大学院文学研究科

清家　章　二〇一〇『古墳時代の埋葬原理と親族構造』大阪大学出版会
関口裕子　二〇〇〇「田中良之著『古墳時代親族構造の研究―人骨が語る古代社会―』批判」『宮城学院女子大学　キリスト教文化研究所年報』三四号（関口裕子二〇〇四『日本古代家族史の研究』下巻塙書房に改訂の上収録）
関口裕子　二〇〇一「日本古代における夫婦合葬の一般的不在―六世紀前半から九世紀初頭を中心に―」『清泉女子大学人文科学研究所紀要』二二号（関口裕子二〇〇四『日本古代家族史の研究』下巻塙書房に改訂の上収録）
高倉洋彰　一九七五「右手の不使用」『九州歴史資料館研究論集』一　九州歴史資料館
武田佐知子　一九九八『衣服で読み直す日本史』朝日選書
田中良之　一九九一「岩塚古墳出土人骨について」『九州横断自動車道関係埋蔵文化財調査概報―日田～玖珠間―』第一集　大分県教育委員会
田中良之　一九九五『古墳時代親族構造の研究』柏書房
田中良之　一九九八「山の神第2・3・4号古墳被葬者の親族関係」『山の神古墳群・池ノ迫遺跡群』広島県埋蔵文化財センター調査報告書第一六五集　広島県埋蔵文化財センター
田中良之　二〇〇一「岩屋遺跡出土古墳人骨の親族関係」『岩屋遺跡・平床Ⅱ遺跡』島根県教育委員会ほか
田中良之　二〇〇八『骨が語る古代の家族』吉川弘文館
田中良之・舟橋京子・吉村和昭　二〇一二「宮崎県内陸部地下式横穴墓被葬者の親族関係」『九州大学

総合研究博物館報告』一〇　九州大学総合研究博物館
辻村純代　一九八三「東中国地方における箱式石棺の同棺複数埋葬」『季刊考古学』一四巻二号
西村　歩編　二〇〇三『久宝寺遺跡・竜華地区発掘調査報告書』Ⅴ（財）大阪府文化財センター調査報告書第一〇三集　大阪府文化財センター
広瀬和雄　一九九二「前方後円墳の畿内編年」『前方後円墳集成』近畿編　山川出版社
舟橋京子　二〇一四「磯間岩陰遺跡出土人骨にみられる親族関係」『東アジア古文化論考』中国書店
間壁葭子　一九九二「古墳における男性二人合葬」『神女大史学』九号　神戸女子大学
森　浩一　一九九一「黄金塚古墳と女性の被葬者」①②『古代学研究』一二四・一二五　古代学研究会
柳本照男編　一九八七『摂津豊中大塚古墳』豊中市文化財調査報告第二〇集　豊中市教育委員会
Igarashi, Yuriko　一九九二：Pregnancy Bony Imprint on Japanese Female Pelves and Its Relation to Pregnancy Experience. Journal of the Anthropological Society of Nippon, 103

首長墳の埋葬原理

荒木敏夫　一九九九『可能性としての女帝』青木書店
今津勝紀　二〇一四「文献学から見た古墳時代―古墳時代における政治の様式―」『二一世紀の古墳時代像』古墳時代の考古学九　同成社
川畑　純　二〇一五『武器が語る古代史―古墳時代社会の構造転換―』京都大学出版会
佐伯有清編　一九八八『古代を考える　雄略天皇とその時代』吉川弘文館

笹生　衛　二〇一六『神と死者の考古学』吉川弘文館
下垣仁志　二〇一一『古墳時代の王権構造』吉川弘文館
鈴木一有　一九九六「前期古墳の武器祭祀」福永伸哉・杉井健編『雪野山古墳の研究』考察篇　八日市市教育委員会
鈴木靖民　二〇〇二「倭国と東アジア」鈴木編『倭国と東アジア』吉川弘文館
清家　章　二〇一五『卑弥呼と女性首長』学生社
高橋照彦　二〇〇七「猪名川流域の古代氏族と勝福寺古墳」『勝福寺古墳の研究』大阪大学大学院文学研究科考古学研究室報告第四冊
滝沢　誠　二〇一五『古墳時代の軍事組織と政治構造』同成社
田中良之　一九九五『古墳時代親族構造の研究』柏書房
田中良之　二〇〇八『骨が語る古代の家族—親族と社会—』吉川弘文館
都出比呂志　一九八八「古墳時代首長系譜の継続と断絶」『待兼山論叢』第二二号　史学篇　大阪大学文学部
豊島直博　二〇〇〇「古墳時代中期の畿内における軍事組織の変革」『考古学雑誌』第八五巻第二巻　日本考古学会
奈良国立博物館　一九八九『特別展発掘された古代の在銘遺宝』
土生田純之　二〇〇六「国家形成と王墓」『考古学研究』第五四巻第四号　考古学研究会
広瀬和雄　一九九二「前方後円墳の畿内編年」『前方後円墳集成』近畿編　山川出版社

福永伸哉　二〇〇三「美濃における古墳築造動向と生産基盤」『史跡　昼飯大塚古墳』本文編　大垣市埋蔵文化財調査報告第一二集　大垣市教育委員会
藤沢一夫　一九六二「野々井二本木山古墳の調査」『大阪府の文化財』大阪府教育委員会
G．P．マードック（内藤莞爾訳）一九七八『社会構造』新泉社
松木武彦　二〇〇一『人はなぜ戦うのか』講談社選書メチエ
水谷千秋　二〇一三『継体天皇と朝鮮半島の謎』文春新書
溝口睦子　一九八二『日本氏族系譜の成立』学習院学術研究叢書九　学習院
森下章司　一九九八「鏡の伝世」『史林』八一巻四号
柳本照男編　一九八七『摂津豊中大塚古墳』豊中市文化財調査報告第二〇集　豊中市教育委員会
義江明子　二〇〇〇『日本古代系譜様式論』吉川弘文館
和田晴吾　一九八八「南山城の古墳―その概要と現状―」『京都地域研究』四　立命館大学人文学研究所
和田晴吾　一九九二「山城」『前方後円墳集成』近畿編　山川出版社
和田晴吾　一九九四「近畿の刳抜式石棺―4・5世紀における首長連合体制と棺―」『古代文化』四六巻六号　古代學協會
Igarashi, Yuriko　一九九二：Pregnancy Bony Imprint on Japanese Female Pelves and Its Relation to Pregnancy Experience. Journal of the Anthropological Society of Nippon' 103
Melvin Ember and Carol R. Ember　一九八三・Marriage, Family, and Kinship, HRAF Press

大王墓の埋葬原理

今尾文昭　二〇一七「天皇陵古墳をどのように呼ぶか—森浩一の軌跡と先駆的役割—」『世界遺産と天皇陵古墳を問う』思文閣出版

池田次郎・片山一道　一九九三「Ⅶ　人骨」『斑鳩藤ノ木古墳第二・三次調査報告書』奈良県立橿原考古学研究所

喜田貞吉　一九二八「継体天皇以下三天皇皇位継承に関する疑問」『歴史地理』第五二巻第一号（一九八一『国史と仏教史』喜田貞吉著作集第三巻　平凡社に再録）

堺市博物館　一九九六『大王墓の時代—百舌鳥古墳群・よみがえる五世紀—』

篠川　賢　二〇一六『継体天皇』吉川弘文館

白石太一郎　一九八六「後期古墳の成立と展開」岸俊男編『日本の古代』第六巻　中央公論社

白石太一郎　二〇〇〇『古墳の語る古代史』岩波現代文庫

清家　章　二〇〇六「勝福寺古墳の埋葬施設と継体大王関連記事にみる古墳時代後期の埋葬原理」『川西市勝福寺古墳発掘調査報告』川西市教育委員会

関口裕子　二〇〇一「日本古代における夫婦合葬の一般的不在—六世紀前半から九世紀初頭を中心に—」『清泉女子大学人文科学研究所紀要』二二号（関口裕子二〇〇四『日本古代家族史の研究』下巻　塙書房に改訂の上収録）

高橋照彦　二〇〇四「畿内最後の大型前方後円墳に関する一試論—見瀬丸山古墳と欽明陵古墳の被葬者—」『西日本における前方後円墳消滅過程の比較研究』大阪大学大学院文学研究科

玉城一枝　二〇一五「藤ノ木古墳の南側被葬者男性説は成り立つのか」『森浩一先生に学ぶ』同志社大学考古学シリーズⅪ
新納　泉　二〇〇九「前方後円墳廃絶期の暦年代」『考古学研究』第五六巻三号　考古学研究会
新納　泉　二〇一五「誉田御廟山古墳」『日本考古学』第三九号　日本考古学協会
新納　泉　二〇一七「教科書の天皇陵古墳」『世界遺産と天皇陵古墳を問う』思文閣出版
埴輪検討会　二〇〇三『埴輪論叢』第四号、第五号
土生田純之　一九九九「最後の前方後円墳」吉村武彦編『古代を考える　継体・欽明朝と仏教伝来』吉川弘文館
林屋辰三郎　一九五二「継体・欽明朝内乱の史的分析」『立命館文学』八八（林屋一九五五『古代国家の解体』東京大学出版会に再録）
廣瀬　覚　二〇一五『古代王権の形成と埴輪生産』同成社
森　浩一　一九八七「古墳にみる女性の社会的地位」『女性の力』日本の古代一二　中央公論社
水谷千秋　二〇一一『謎の大王　継体天皇』文春新書
山尾幸久　一九八三『日本古代王権形成試論』岩波書店
吉井秀夫　一九九七「百済横穴式石室墳の埋葬方式」『立命館大学考古学論集』Ⅰ　立命館大学考古学論集刊行会
吉村武彦　二〇一二『女帝の古代日本』岩波新書
陵墓調査室　一九九四「畝傍陵墓参考地石室内現況調査報告」『書陵部紀要』第四五号、宮内庁書陵部

（一九九六『書陵部紀要所収陵墓関係論文集』Ⅲ　学生社に所収）

埋葬原理研究から見た「王朝交替論」

石橋　宏　二〇一三『古墳時代石棺秩序の復元的研究』六一書房
一瀬和夫　二〇〇二「倭国の古墳と王権」鈴木靖民編『倭国と東アジア』日本の時代史二　吉川弘文館
一瀬和夫　二〇〇三「大王墓の移動現象と大型古墳」『関西大学考古学研究室開設五拾周年記念　考古学論叢』上巻　関西大学考古学研究室開設五拾周年記念刊行会
一瀬和夫　二〇一六『百舌鳥・古市古墳群』同成社
大橋信弥　一九九九「継体・欽明朝の『内乱』」吉村武彦編『古代を考える　継体・欽明朝と仏教伝来』吉川弘文館）
大平　聡　一九八六「日本古代王権継承試論」『歴史評論』四二九
大平　聡　一九九一「古代の『皇位継承』」『歴史評論』四九三
大平　聡　二〇〇二「世襲王権の成立」『倭国と東アジア』日本の時代史二　吉川弘文館
岡寺　良　一九九九「石製品研究の新視点―材質・製作技法に着目した視点―」『考古学ジャーナル』四五三
小野山節　一九七〇「五世紀における古墳の規制」『考古学研究』第一六巻三号　考古学研究会
加藤一郎　二〇一三a「津堂城山古墳出土の不明銅製品について」『津堂城山古墳』古市古墳群の調査研究報告Ⅳ　藤井寺市文化財報告第三三集

加藤一郎　二〇一三b「垂仁天皇菅原伏見東陵採集の埴輪について」『書陵部紀要』第六四号〔陵墓篇〕
加藤一郎　二〇一五「埴輪からみた古墳時代前期の大型古墳について―埴輪編年に関する雑感―」『埴輪研究会会誌』第一九号
鐘方正樹　二〇〇一「古墳時代前期の円筒埴輪編年と玉手山古墳群」『玉手山古墳群の研究』Ⅰ―埴輪編　柏原市教育委員会
川口勝康　一九八一「五世紀の大王と王統譜を探る」『巨大古墳と倭の五王』青木書店
喜田貞吉　一九二八「継体天皇以下三天皇皇位継承に関する疑問」『歴史地理』第五二巻第一号（一九八一『国史と仏教史』喜田貞吉著作集第三巻　平凡社に再録）
岸本直文　二〇〇八「前方後円墳の二系列と王権構造」『ヒストリア』第二〇八号　大阪歴史学会
岸本直文　二〇一〇「玉手山1号墳と倭王権」『玉手山1号墳の研究』大阪市立大学考古学研究室報告第四冊
岸本直文　二〇一三「玉手山古墳群・松岳山古墳と河内政権論」『百舌鳥・古市古墳群出現前夜』大阪府立近つ飛鳥博物館
小浜　成　二〇〇八「誉田御廟山古墳と今城塚古墳―埴輪からみた関連性―」『近畿地方における大型古墳群の基礎的研究』奈良大学文学部文化財学科
小浜　成　二〇一二「総持寺遺跡から見た太田茶臼山古墳」『新修茨木市史年報』一〇号
近藤義郎　一九八三『前方後円墳の時代』岩波書店
坂元義種　一九七八『古代東アジアの日本と朝鮮』吉川弘文館

下垣仁志　二〇一一『古墳時代の王権構造』吉川弘文館
白石太一郎　一九六九「畿内における大型古墳群の消長」『考古学研究』一六巻一号
白石太一郎　一九八九「巨大古墳の造営」白石編『古代を考える　古墳』吉川弘文館
白石太一郎　一九九九『古墳とヤマト王権』文春新書
白石太一郎　二〇〇八「倭国王墓造営地移動の意味するもの」『近畿地方における大型古墳の基礎的研究』奈良大学文学部文化財学科
白石太一郎　二〇一五「考古学からみたワカタケル大王とその時代」『ワカタケル大王の時代』大阪府立近つ飛鳥博物館
鈴木明裕　二〇〇二『政権交替』奈良県立橿原考古学研究所附属博物館
鈴木靖民・古市晃・岸本直文　二〇一八「討論　倭の五王の実態と百舌鳥・古市古墳群」『倭の五王と百舌鳥・古市古墳群—東アジアからみた巨大古墳—』堺市文化観光局文化部文化財課
清家　章　二〇一五『卑弥呼と女性首長』学生社
十河良和　二〇一四「百舌鳥御廟山古墳の被葬者像」『関西大学博物館紀要』二〇　関西大学博物館
高橋克壽　一九九四「埴輪生産の展開」『考古学研究』第四一巻四号
高橋浩二　二〇〇一「古市古墳群成立前後の埴輪—前期埴輪系譜の転換過程—」『玉手山古墳群の研究』Ⅰ　埴輪編　柏原市教育委員会
高橋照彦　二〇一四「古市・百舌鳥古墳群の被葬者像」『野中古墳と「倭の五王」』大阪大学出版会
田中晋作　二〇〇九『筒形銅器と政権交替』学生社

千賀　久　二〇〇八『ヤマトの王墓　桜井茶臼山古墳・メスリ山古墳』新泉社
塚口義信　一九八五「四世紀後半における王権の所在」『末永先生米寿記念獻呈論文集』坤　奈良明新社
塚口義信　一九九三『ヤマト王権の謎をとく』学生社
辻田淳一郎　二〇〇六「威信財システムの成立・変容とアイデンティティ」『東アジア古代国家論』すいれん舎
都出比呂志　一九八八「古墳時代首長系譜の継続と断絶」『待兼山論叢』第二二号　史学篇　大阪大学文学部
都出比呂志　一九九〇「桂川流域における鳥居前古墳の位置」『鳥居前古墳』総括編　大阪大学文学部考古学研究室
藤間生大　一九六八『倭の五王』岩波新書
徳田誠志　二〇一三「古市古墳群における鏡鑑出土古墳の検討」『津堂城山古墳』古市古墳群の調査研究報告Ⅳ　藤井寺市文化財報告第三三集
仁藤敦史　二〇一七「王統譜の成立と陵墓」『世界遺産と天皇陵古墳を問う』思文閣出版
埴輪検討会　二〇〇三『埴輪論叢』第五号、第六号
林　正憲　二〇〇二「古墳時代前期倭鏡における2つの鏡群」『考古学研究』第四九巻二号
林屋辰三郎　一九五二「継体・欽明朝内乱の史的分析」『立命館文学』八八（林屋一九五五『古代国家の解体』東京大学出版会に再録）

原島礼二　一九七〇『倭の五王とその前後』塙選書
坂　靖　二〇一二「畿内」『古墳時代研究の現状と課題』上巻　同成社
広瀬和雄　一九八七「大王墓の系譜とその特質（上）（下）」『考古学研究』三四巻三号、四号
廣瀬　覚　二〇一五『古代王権の形成と埴輪生産』同成社
福永伸哉　二〇〇五『三角縁神獣鏡の研究』大阪大学出版会
藤井寺市教育委員会　二〇一三『津堂城山古墳』古市古墳群の調査研究報告Ⅳ　藤井寺市文化財報告第三三集
古市　晃　二〇一一「五・六世紀における王宮の存在形態―王名と叛逆伝承―」『日本史研究』五八七
細川修平・今尾文昭　二〇一一「近畿」『講座　日本の考古学』七巻　古墳時代上　青木書店
三品彰英　一九六六「『継体紀』の諸問題―とくに近江毛野臣の所伝を中心として―」『日本書紀研究』第二冊　塙書房
水谷千秋　二〇〇一『謎の大王　継体天皇』文春新書
水野　祐　一九五二『日本古代王朝史論序説』私家版（水野祐一九九二『日本古代王朝史論序説』〈新版〉早稲田大学出版部）
森　浩一　一九七八「古市・百舌鳥古墳群と古墳中期の文化」『大阪府史』第一巻古代編一
森田克行　二〇〇六『今城塚と三島古墳群』同成社
安村俊史　二〇〇一「玉手山古墳群出土埴輪について」『玉手山古墳群の研究』Ⅰ　埴輪編　柏原市教育委員会

山尾幸久　一九七七『日本国家の形成』岩波新書
吉川真司　二〇一一『飛鳥の都』シリーズ日本古代史③　岩波新書
吉田　晶　一九九八『倭王権の時代』新日本出版社
吉村武彦　一九九八『古代天皇の誕生』角川選書
和田　萃　一九七三「磐余地方の歴史的研究」『磐余・池ノ内古墳群』奈良県史跡名勝天然記念物調査報告書第二八冊　奈良県教育委員会
和田　萃　一九八八『古墳の時代』大系日本の歴史第二巻　小学館

本稿脱稿後、河内春人二〇一八『倭の五王』中公新書が発行された。済が讃と珍の同族であることを示すなど、本書と関係する箇所も多い。ぜひ参照されたい。

挿図・表出典

図1：宇土市教育委員会提供
図2：森将軍塚古墳発掘調査団編一九九二『史跡　森将軍塚古墳』―保存整備事業発掘調査報告書―更埴市市教育委員会
図3：森浩一・松藤和人編　一九九四『糸谷古墳群』同志社大学文学部調査報告第九冊　同志社大学文学部文化学科より再トレース
図4：森・松藤編　一九九四より再トレース
図5：筆者作成
図6：筆者作成
図7：田中良之　一九九五『古墳時代親族構造の研究―人骨が語る古代社会―』柏書房より再トレース
図8：西村　歩編　二〇〇三『久宝寺遺跡・竜華地区発掘調査報告書』Ⅴ（財）大阪府文化財センター調査報告書第一〇三集　大阪府文化財センターより再トレース
図9：筆者作成
図10：櫃本誠一ほか　一九七八『柿坪中山古墳群』第二集　山東町教育委員会より再トレース
図11：筆者作成
図12：田中良之　二〇〇六「国家形成下の倭人たち―アイデンティティの変容―」『東アジア古代国家

論』すいれん舎
図13：筆者作成
図14：筆者作成
図15：網干善教　一九五七「櫛羅の古墳」『奈良文化財調査報告』（埋蔵文化財編）第二集　奈良県教育委員会より再トレース
図16：高橋美久二　一九六九「堀切横穴群発掘調査概要」『埋蔵文化財発掘調査概報』京都府教育委員会より再トレース
図17：筆者作成
図18：筆者作成
図19：筆者作成
図20：富樫卯三郎編　一九七八『向野田古墳』宇土市教育委員会より再トレース
図21：柳本照男編　一九八七『摂津豊中大塚古墳』豊中市文化財調査報告第二〇集　豊中市教育委員会より再トレース
図22：筆者作成
図23：泉森　皎編　一九七三『磐余・池ノ内古墳群』奈良県教育委員会より再トレース
図24：筆者作成
図25：栗原　弘　一九七九「平安中期の入墓規定と親族組織」『京都地域史の研究』国書刊行会（一九九八『婚姻と女性』日本女性史論集四　吉川弘文館に再録）より一部抜粋して、再トレース

図26：中村浩・宮野淳一　一九九〇「二本木山古墳の調査」『陶邑』Ⅶ　大阪府教育委員会より再トレース
図27：1．真野和夫ほか　一九八六『免ヶ平古墳』大分県立宇佐風土記の丘歴史民俗資料館、2．大分県立宇佐風土記の丘歴史民俗資料館　一九九一『免ヶ平古墳』より再トレース、3．大分県立歴史博物館提供
図28：筆者作成
図29：高橋照彦　二〇〇七「猪名川流域の古代氏族と勝福寺古墳」『勝福寺古墳の研究』大阪大学大学院文学研究科考古学研究室報告第四冊を参考に作成
図30：筆者作成
図31：柳本照男ほか　二〇〇五『新修豊中市史』第四巻　豊中市より再トレース。一部改変
図32：森下章司　一九九八「鏡の伝世」『史林』八一巻四号より再トレース
図33：和田晴吾　一九八八「南山城の古墳―その概要と現状―」『京都地域研究』4　立命館大学人文学研究所と和田晴吾　一九九二「山城」『前方後円墳集成』近畿編　山川出版社）を参考に作成
図34：城陽市教育委員会　一九八七『城陽市文化財調査報告書』第一七集を改変
図35：常磐井智行　一九八三「由良川中流域の古墳の動向」『丹波の古墳』Ⅰ　山城考古学研究会、平良泰久　一九九一「前方後円墳の伝播」『京都府埋蔵文化財論集』第二冊　京都府埋蔵文化財調査研究センター、平良泰久・高井健司　一九九二「丹波」『前方後円墳集成』近畿編　山川出版社を参考に作成

図36：筆者作成
図37：西藤清秀ほか編　二〇〇三『後出古墳群』奈良県史跡名勝天然記念物調査報告第六一冊　奈良県立橿原考古学研究所より一部改変
図38：筆者作成
図39：柳本ほか　二〇〇五を再トレース
図40：義江明子　二〇〇〇『日本古代系譜様式論』吉川弘文館より再トレース、一部改変
図41：藤井寺市総務部世界遺産登録推進室　二〇一五『古市古墳群測量図集成』古市古墳群世界文化遺産登録推進連絡会議より一部改変
図42：筆者作成
図43：陵墓調査室　一九九三「畝傍陵墓参考地石室内現況調査報告」『書陵部紀要』第四五号　宮内庁書陵部より一部改変
図44：大阪府立近つ飛鳥博物館　二〇一三『百舌鳥・古市古墳群出現前夜』より一部改変
図45：筆者作成
図46：白石太一郎　二〇一五「考古学からみたワカタケル大王とその時代」『ワカタケル大王の時代』大阪府立近つ飛鳥博物館を参考に作成
図47：大阪府立近つ飛鳥博物館　二〇一三より一部改変
図48：筆者撮影
図49：大阪大学考古学研究室提供

図50：大阪府立近つ飛鳥博物館　二〇一一『百舌鳥・古市の陵墓古墳』より一部改変

図51：筆者作成

図52：宮内庁書陵部陵墓課編　二〇一四『陵墓地形図集成〈縮小版〉』学生社より一部改変

表1〜7：筆者作成

表8：吉田　晶　一九九八『倭王権の時代』新日本出版社より、一部加筆

著者紹介
一九六七年、大阪府に生まれる
一九九三年、大阪大学大学院文学研究科前期課程修了
豊中市教育委員会、大阪大学文学部助手、高知大学人文学部教授を経て、
現在、岡山大学大学院社会文化科学研究科教授、博士（文学）
主要著書
『古墳時代の埋葬原理と親族構造』（大阪大学出版会、二〇一〇年）
『卑弥呼と女性首長』（学生社、二〇一五年）

歴史文化ライブラリー
465

埋葬からみた古墳時代
女性・親族・王権

二〇一八年（平成三十）五月一日 第一刷発行
二〇一八年（平成三十）九月二十日 第二刷発行

著者 清家（せいけ）章（あきら）
発行者 吉川道郎
発行所 株式会社 吉川弘文館
東京都文京区本郷七丁目二番八号
郵便番号一一三―〇〇三三
電話〇三―三八一三―九一五一〈代表〉
振替口座〇〇一〇〇―五―二四四
http://www.yoshikawa-k.co.jp/
印刷＝株式会社 平文社
製本＝ナショナル製本協同組合
装幀＝清水良洋・柴崎精治

© Akira Seike 2018. Printed in Japan
ISBN978-4-642-05865-0

JCOPY〈(社)出版者著作権管理機構 委託出版物〉
本書の無断複写は著作権法上での例外を除き禁じられています．複写される場合は，そのつど事前に，(社)出版者著作権管理機構(電話 03-3513-6969，FAX 03-3513-6979，e-mail: info@jcopy.or.jp)の許諾を得てください．

歴史文化ライブラリー

1996.10

刊行のことば

現今の日本および国際社会は、さまざまな面で大変動の時代を迎えておりますが、近づきつつある二十一世紀は人類史の到達点として、物質的な繁栄のみならず文化や自然・社会環境を謳歌できる平和な社会でなければなりません。しかしながら高度成長・技術革新にともなう急激な変貌は「自己本位な刹那主義」の風潮を生みだし、先人が築いてきた歴史や文化に学ぶ余裕もなく、いまだ明るい人類の将来が展望できていないようにも見えます。このような状況を踏まえ、よりよい二十一世紀社会を築くために、人類誕生から現在に至る「人類の遺産・教訓」としてのあらゆる分野の歴史と文化を「歴史文化ライブラリー」として刊行することといたしました。

小社は、安政四年(一八五七)の創業以来、一貫して歴史学を中心とした専門出版社として書籍を刊行しつづけてまいりました。その経験を生かし、学問成果にもとづいた本叢書を刊行し社会的要請に応えて行きたいと考えております。

現代は、マスメディアが発達した高度情報化社会といわれますが、私どもはあくまでも活字を主体とした出版こそ、ものの本質を考える基礎と信じ、本叢書をとおして社会に訴えてまいりたいと思います。これから生まれでる一冊一冊が、それぞれの読者を知的冒険の旅へと誘い、希望に満ちた人類の未来を構築する糧となれば幸いです。

吉川弘文館

歴史文化ライブラリー

考古学

タネをまく縄文人 最新科学が覆す農耕の起源──小畑弘己
農耕の起源を探る イネの来た道──宮本一夫
O脚だったかもしれない縄文人 人骨は語る──谷畑美帆
老人と子供の考古学──山田康弘
〈新〉弥生時代 五〇〇年早かった水田稲作──藤尾慎一郎
交流する弥生人 金印国家群の時代の生活誌──高倉洋彰
文明に抗した弥生の人びと──寺前直人
樹木と暮らす古代人 木製品が語る弥生・古墳時代──樋上　昇
古　墳──土生田純之
東国から読み解く古墳時代──若狭　徹
埋葬からみた古墳時代 女性・親族・王権──清家　章
神と死者の考古学 古代のまつりと信仰──笹生　衛
土木技術の古代史──青木　敬
国分寺の誕生 古代日本の国家プロジェクト──須田　勉
銭の考古学──鈴木公雄

古代史

邪馬台国 魏使が歩いた道──丸山雍成
邪馬台国の滅亡 大和王権の征服戦争──若井敏明
日本語の誕生 古代の文字と表記──沖森卓也
日本国号の歴史──小林敏男
古事記のひみつ 歴史書の成立──三浦佑之
日本神話を語ろう イザナキ・イザナミの物語──中村修也
東アジアの日本書紀 歴史書の誕生──遠藤慶太
〈聖徳太子〉の誕生──大山誠一
倭国と渡来人 交錯する「内」と「外」──田中史生
大和の豪族と渡来人 葛城・蘇我氏と大伴・物部氏──加藤謙吉
白村江の真実 新羅王・金春秋の策略──中村修也
よみがえる古代山城 国際戦争と防衛ライン──向井一雄
よみがえる古代の港 古地形を復元する──石村　智
古代豪族と武士の誕生──森　公章
飛鳥の宮と藤原京 よみがえる古代王宮──林部　均
出雲国誕生──大橋泰夫
古代出雲──前田晴人
エミシ・エゾからアイヌへ──児島恭子
古代の皇位継承 天武系皇統は実在したか──遠山美都男
持統女帝と皇位継承──倉本一宏
古代天皇家の婚姻戦略──荒木敏夫
高松塚・キトラ古墳の謎──山本忠尚
壬申の乱を読み解く──早川万年
家族の古代史 恋愛・結婚・子育て──梅村恵子
万葉集と古代史──直木孝次郎

歴史文化ライブラリー

地方官人たちの古代史 律令国家を支えた人びと――中村順昭
古代の都はどうつくられたか 中国・日本・朝鮮・渤海――吉田　歓
平城京に暮らす 天平びとの泣き笑い――馬場　基
平城京の住宅事情 貴族はどこに住んだのか――近江俊秀
すべての道は平城京へ 古代国家の〈支配の道〉――市　大樹
都はなぜ移るのか 遷都の古代史――仁藤敦史
聖武天皇が造った都 難波宮・恭仁宮・紫香楽宮――小笠原好彦
天皇側近たちの奈良時代――十川陽一
悲運の遣唐僧 円載の数奇な生涯――佐伯有清
遣唐使の見た中国――古瀬奈津子
古代の女性官僚 女官の出世・結婚・引退――伊集院葉子
平安朝　女性のライフサイクル――服藤早苗
平安京のニオイ――安田政彦
平安京の災害史 都市の危機と再生――北村優季
平安京はいらなかった 古代の夢を喰らう中世――桃崎有一郎
天台仏教と平安朝文人――後藤昭雄
藤原摂関家の誕生 平安時代史の扉――米田雄介
安倍晴明 陰陽師たちの平安時代――繁田信一
平安時代の死刑 なぜ避けられたのか――戸川　点
古代の神社と神職 神をまつる人びと――加瀬直弥
古代の神社と祭り――三宅和朗
時間の古代史 霊鬼の夜、秩序の昼――三宅和朗

中世史

列島を翔ける平安武士 九州・京都・東国――野口　実
源氏と坂東武士――野口　実
熊谷直実 中世武士の生き方――高橋　修
頼朝と街道 鎌倉政権の東国支配――木村茂光
鎌倉源氏三代記 一門・重臣と源家将軍――永井　晋
鎌倉北条氏の興亡――奥富敬之
三浦一族の中世――高橋秀樹
都市鎌倉の中世史 吾妻鏡の舞台と主役たち――秋山哲雄
源　義経――元木泰雄
弓矢と刀剣 中世合戦の実像――近藤好和
騎兵と歩兵の中世史――近藤好和
その後の東国武士団 源平合戦以後――関　幸彦
乳母の力 歴史を支えた女たち――田端泰子
荒ぶるスサノヲ、七変化 〈中世神話〉の世界――斎藤英喜
曽我物語の史実と虚構――坂井孝一
親　鸞――平松令三
親鸞と歎異抄――今井雅晴
畜生・餓鬼・地獄の中世仏教史 因果応報と悪道――生駒哲郎
神や仏に出会う時 中世びとの信仰と絆――大喜直彦

歴史文化ライブラリー

- 神風の武士像 蒙古合戦の真実 ―― 関 幸彦
- 鎌倉幕府の滅亡 ―― 細川重男
- 足利尊氏と直義 京の夢、鎌倉の夢 ―― 峰岸純夫
- 高 師直 室町新秩序の創造者 ―― 亀田俊和
- 新田一族の中世「武家の棟梁」への道 ―― 田中大喜
- 地獄を二度も見た天皇 光厳院 ―― 飯倉晴武
- 東国の南北朝動乱 北畠親房と国人 ―― 伊藤喜良
- 南朝の真実 忠臣という幻想 ―― 亀田俊和
- 中世の巨大地震 ―― 矢田俊文
- 大飢饉、室町社会を襲う！ ―― 清水克行
- 贈答と宴会の中世 ―― 盛本昌広
- 中世の借金事情 ―― 井原今朝男
- 庭園の中世史 足利義政と東山山荘 ―― 飛田範夫
- 出雲の中世 地域と国家のはざま ―― 佐伯徳哉
- 土一揆の時代 ―― 神田千里
- 山城国一揆と戦国社会 ―― 川岡 勉
- 中世武士の城 ―― 齋藤慎一
- 戦国の城の一生 つくる・壊す・蘇る ―― 竹井英文
- 武田信玄 ―― 平山 優
- 歴史の旅 武田信玄を歩く ―― 秋山 敬
- 戦国大名の兵粮事情 ―― 久保健一郎
- 戦乱の中の情報伝達 使者がつなぐ中世京都と在地 ―― 酒井紀美
- 戦国時代の足利将軍 ―― 山田康弘
- 室町将軍の御台所 日野康子・重子・富子 ―― 田端泰子
- 名前と権力の中世史 室町将軍の朝廷戦略 ―― 水野智之
- 戦国貴族の生き残り戦略 ―― 岡野友彦
- 鉄砲と戦国合戦 ―― 宇田川武久
- 検証 長篠合戦 ―― 平山 優
- 織田信長と戦国の村 天下統一のための近江支配 ―― 深谷幸治
- よみがえる安土城 ―― 木戸雅寿
- 検証 本能寺の変 ―― 谷口克広
- 加藤清正 朝鮮侵略の実像 ―― 北島万次
- 落日の豊臣政権 秀吉の憂鬱、不穏な京都 ―― 河内将芳
- 豊臣秀頼 ―― 福田千鶴
- 偽りの外交使節 室町時代の日朝関係 ―― 橋本 雄
- 朝鮮人のみた中世日本 ―― 関 周一
- ザビエルの同伴者 アンジロー 戦国時代の国際人 ―― 岸野 久
- 海賊たちの中世 ―― 金谷匡人
- アジアのなかの戦国大名 西国の群雄と経営戦略 ―― 鹿毛敏夫
- 琉球王国と戦国大名 島津侵入までの半世紀 ―― 黒嶋 敏
- 天下統一とシルバーラッシュ 銀と戦国の流通革命 ―― 本多博之

歴史文化ライブラリー

近世史

細川忠利 ポスト戦国世代の国づくり——稲葉継陽
江戸の政権交代と武家屋敷——岩本　馨
江戸の町奉行——南　和男
江戸御留守居役 近世の外交官——笠谷和比古
検証 島原天草一揆——大橋幸泰
大名行列を解剖する 江戸の人材派遣——根岸茂夫
江戸大名の本家と分家——野口朋隆
赤穂浪士の実像——谷口眞子
〈甲賀忍者〉の実像——藤田和敏
江戸の武家名鑑 武鑑と出版競争——藤實久美子
江戸の出版統制 弾圧に翻弄された戯作者たち——佐藤至子
武士という身分 城下町萩の大名家臣団——森下　徹
旗本・御家人の就職事情——山本英貴
武士の奉公 本音と建前 江戸時代の出世と処世術——高野信治
宮中のシェフ、鶴をさばく 江戸時代の朝廷と庖丁道——西村慎太郎
馬と人の江戸時代——兼平賢治
犬と鷹の江戸時代 〈犬公方〉綱吉と〈鷹将軍〉吉宗——根崎光男
紀州藩主 徳川吉宗 明君伝説・宝永地震・隠密御用——藤本清二郎
近世の巨大地震——矢田俊文
江戸時代の孝行者 「孝義録」の世界——菅野則子
死者のはたらきと江戸時代 遺訓・家訓・辞世——深谷克己
近世の百姓世界——白川部達夫
闘いを記憶する百姓たち 江戸時代の裁判学習帳——八鍬友広
江戸の寺社めぐり 鎌倉・江ノ島・お伊勢さん——原　淳一郎
江戸のパスポート 旅の不安はどう解消されたか——柴田　純
〈身売り〉の日本史 人身売買から年季奉公へ——下重　清
江戸の捨て子たち その肖像——沢山美果子
江戸の乳と子ども いのちをつなぐ——沢山美果子
歴史人口学で読む江戸日本——浜野　潔
それでも江戸は鎖国だったのか オランダ宿 日本橋長崎屋——片桐一男
エトロフ島 つくられた国境——菊池勇夫
江戸時代の医師修業 学問・学統・遊学——海原　亮
江戸の流行り病 麻疹騒動はなぜ起こったのか——鈴木則子
江戸幕府の日本地図 国絵図・城絵図・日本図——川村博忠
都市図の系譜と江戸——小澤　弘
江戸の地図屋さん 販売競争の舞台裏——俵　元昭
踏絵を踏んだキリシタン——安高啓明
墓石が語る江戸時代 大名・庶民の墓事情——関根達人
近世の仏教 華ひらく思想と文化——末木文美士
江戸時代の遊行聖——圭室文雄
松陰の本棚 幕末志士たちの読書ネットワーク——桐原健真

歴史文化ライブラリー

- 龍馬暗殺——桐野作人
- 幕末の世直し 万人の戦争状態——須田 努
- 幕末の海防戦略 異国船を隔離せよ——上白石 実
- 幕末の海軍 明治維新への航跡——神谷大介
- 江戸の海外情報ネットワーク——岩下哲典
- 黒船がやってきた 幕末の情報ネットワーク——岩田みゆき
- 幕末日本と対外戦争の危機 下関戦争の舞台裏——保谷 徹

近・現代史

- 江戸無血開城 本当の功労者は誰か？——岩下哲典
- 五稜郭の戦い 蝦夷地の終焉——菊池勇夫
- 幕末明治 横浜写真館物語——斎藤多喜夫
- 水戸学と明治維新——吉田俊純
- 大久保利通と明治維新——佐々木 克
- 旧幕臣の明治維新 沼津兵学校とその群像——樋口雄彦
- 刀の明治維新 「帯刀」は武士の特権か？——尾脇秀和
- 維新政府の密偵たち 御庭番と警察のあいだ——大日方純夫
- 京都に残った公家たち 華族の近代——刑部芳則
- 文明開化 失われた風俗——百瀬 響
- 西南戦争 戦争の大義と動員される民衆——猪飼隆明
- 大久保利通と東アジア 国家構想と外交戦略——勝田政治
- 明治の政治家と信仰 クリスチャン民権家の肖像——小川原正道
- 文明開化と差別——今西 一
- 大元帥と皇族軍人 明治編——小田部雄次
- 明治の皇室建築 国家が求めた〈和風〉像——小沢朝江
- 皇居の近現代史 開かれた皇室像の誕生——河西秀哉
- 明治神宮の出現——山口輝臣
- 神都物語 伊勢神宮の近現代史——ジョン・ブリーン
- 日清・日露戦争と写真報道 戦場を駆ける写真師たち——井上祐子
- 博覧会と明治の日本——國 雄行
- 公園の誕生——小野良平
- 啄木短歌に時代を読む——近藤典彦
- 鉄道忌避伝説の謎 汽車が来た町、来なかった町——青木栄一
- 軍隊を誘致せよ 陸海軍と都市形成——松下孝昭
- 家庭料理の近代——江原絢子
- お米と食の近代史——大豆生田 稔
- 日本酒の近現代史 酒造地の誕生——鈴木芳行
- 失業と救済の近代史——加瀬和俊
- 近代日本の就職難物語 「高等遊民」になるけれど——町田祐一
- 選挙違反の歴史 ウラからみた日本の一〇〇年——季武嘉也
- 海外観光旅行の誕生——有山輝雄
- 関東大震災と戒厳令——松尾章一
- 激動昭和と浜口雄幸——川田 稔

歴史文化ライブラリー

文化史・誌

歴史文化ライブラリー

歴史文化ライブラリー

マザーグースと日本人――鷲津名都江
金属が語る日本史 銭貨・日本刀・鉄炮――齋藤 努
書物と権力 中世文化の政治学――前田雅之
書物に魅せられた英国人 フランク・ホーレーと日本文化――横山 學
災害復興の日本史――安田政彦

民俗学・人類学

日本人の誕生 人類はるかなる旅――埴原和郎
倭人への道 人骨の謎を追って――中橋孝博
神々の原像 祭祀の小宇宙――新谷尚紀
役行者と修験道の歴史――宮家 準
鬼の復権――萩原秀三郎
幽霊 近世都市が生み出した化物――髙岡弘幸
雑穀を旅する――増田昭子
川は誰のものか 人と環境の民俗学――菅 豊
名づけの民俗学 地名・人名はどう命名されてきたか――田中宣一
番 と 衆 日本社会の東と西――福田アジオ
記憶すること・記録すること 聞き書き論ノート――香月洋一郎
番茶と日本人――中村羊一郎
踊りの宇宙 日本の民族芸能――三隅治雄
柳田国男 その生涯と思想――川田 稔

世界史

中国古代の貨幣 お金をめぐる人びとと暮らし――柿沼陽平
渤海国とは何か――古畑 徹
黄金の島 ジパング伝説――宮崎正勝
琉球と中国 忘れられた冊封使――原田禹雄
古代の琉球弧と東アジア――山里純一
アジアのなかの琉球王国――高良倉吉
琉球国の滅亡とハワイ移民――鳥越皓之
魔女裁判 魔術と民衆のドイツ史――牟田和男
フランスの中世社会 王と貴族たちの軌跡――渡辺節夫
ヒトラーのニュルンベルク 第三帝国の光と闇――芝 健介
人権の思想史――浜林正夫
グローバル時代の世界史の読み方――宮崎正勝

各冊一七〇〇円〜二〇〇〇円（いずれも税別）
▽残部僅少の書目も掲載してあります。品切の節はご容赦下さい。
▽品切書目の一部について、オンデマンド版の販売も開始しました。
詳しくは出版図書目録、または小社ホームページをご覧下さい。